Peter Zimmerling

Morgen Kirche sein

Gemeinde glauben, denken und gestalten

Vandenhoeck & Ruprecht

Bibliografische Information der Deutschen Nationalbibliothek:
Die Deutsche Nationalbibliothek verzeichnet diese Publikation in der
Deutschen Nationalbibliografie; detaillierte bibliografische Daten sind
im Internet über https://dnb.de abrufbar.

© 2023 Vandenhoeck & Ruprecht, Robert-Bosch-Breite 10, D-37079 Göttingen,
ein Imprint der Brill-Gruppe
(Koninklijke Brill NV, Leiden, Niederlande; Brill USA Inc., Boston MA, USA;
Brill Asia Pte Ltd, Singapore; Brill Deutschland GmbH, Paderborn, Deutschland;
Brill Österreich GmbH, Wien, Österreich)
Koninklijke Brill NV umfasst die Imprints Brill, Brill Nijhoff, Brill Hotei,
Brill Schöningh, Brill Fink, Brill mentis, Vandenhoeck & Ruprecht, Böhlau,
V&R unipress und Wageningen Academic.

Alle Rechte vorbehalten. Das Werk und seine Teile sind urheberrechtlich
geschützt. Jede Verwertung in anderen als den gesetzlich zugelassenen Fällen
bedarf der vorherigen schriftlichen Einwilligung des Verlages.

Umschlagabbildung: Morgen Kirche sein_Adobe Stock_434755279_© mellsva

Satz: SchwabScantechnik, Göttingen
Druck und Bindung: ⊕ Hubert & Co, Göttingen
Printed in the EU

Vandenhoeck & Ruprecht Verlage | www.vandenhoeck-ruprecht-verlage.com

ISBN 978-3-525-60017-7

Inhalt

Geleitwort von Landesbischof Tobias Bilz 9

Zum Buch 12

1. Elf zusammenfassende Thesen zur Zukunft der Kirche 16
2. Gemeinde bauen unter den Bedingungen
   der Spätmoderne 27
   2.1 Chancen und Grenzen 27
   2.2 Begriffsklärungen: Kybernetik, Gemeindeaufbau, Oikodomik,
       Gemeindeentwicklung, Church Growth, Church Planting,
       Kirchentheorie, Fresh X 29
   2.3 Gemeindebau als praktisch-theologisches Handlungsfeld –
       Versuch einer historischen Einordnung 32
3. Kirche und Gemeinde. Ein Blick in das Neue Testament 36
   3.1 Die Hauskirche 36
   3.2 Die vierfache Sozialgestalt der Kirche 39
   3.3 Die vom Geist Gottes begabte Gemeinde 40
       3.3.1 Jeder ist begabt 41
       3.3.2 Jeder ist unterschiedlich begabt 43
       3.3.3 Jeder ist zum Nutzen aller begabt 44
       3.3.4 Die Charismen weisen über sich selbst hinaus ... 45
4. Kirche und Gemeinde im Verlauf der Geschichte:
   sieben exemplarische Stationen 47
   4.1 Alte Kirche und frühes Mittelalter: Herausbildung der Parochie ... 47
   4.2 Mittelalter: Entstehung der abendländischen Orden 49
   4.3 Reformation: Hauskirche und Parochie 50
   4.4 Pietismus: »ecclesiola in ecclesia« – Kirchlein in der Kirche ... 52
   4.5 Friedrich Schleiermacher (1768–1834): Personalgemeinde ... 52
   4.6 Emil Sulze (1832–1914): Vereinskirche 54

4.7 Das Problem der toten Gemeinde – Dietrich Bonhoeffers (1906–1945) Forderung nach Umstrukturierung des traditionellen Parochialsystems ... 57
    4.7.1 Praktische Schritte des Gemeindebaus in toten Gemeinden ... 58
    4.7.2 Revolutionäre strukturelle Konsequenzen angesichts toter Gemeinden – damals und heute ... 60

5. Ekklesiologische Grundentscheidungen ... 63

5.1 Theologische und spirituelle Essentials des christlichen Glaubens ... 63
    5.1.1 Ein trinitarisches Gottesverständnis ... 63
    5.1.2 Die Bibel als Inspirationsquelle und Korrekturinstanz ... 64
    5.1.3 Rechtfertigung allein aus Gnaden ... 67
    5.1.4 Kein Glaube ohne Kirche ... 67
    5.1.5 Zusammengehörigkeit von Kontemplation und Aktion ... 68
    5.1.6 Notwendige Impulse der Mystik für den evangelischen Glauben heute ... 69

5.2 Die notwendige »Selbstzwecklichkeit« der Kirche (Dietrich Bonhoeffer) ... 73
5.3 Die Gestalt kirchlicher Ordnung und Ämter ... 75
5.4 Notwendigkeit gelebter Nachfolge ... 78
5.5 »Ja« zur privilegierten Partnerschaft zwischen Staat und Kirche ... 79
    5.5.1 Ausgangspunkt: Minderheitenkirche mit volkskirchlichen Strukturen ... 79
    5.5.2 Fortschreitende Entinstitutionalisierung und Entkirchlichung ... 80
    5.5.3 »Kirche auf dem Markt« (Peter L. Berger): von der Mitgliedschaft durch Geburt zur Freiwilligkeitskirche ... 81
    5.5.4 Ziel: »Kirche in der Zivilgesellschaft« (Wolfgang Huber) ... 85

5.6 Verkündigung des Evangeliums und gesellschaftliche Mitverantwortung als die beiden Brennpunkte kirchlichen Handelns ... 88
    5.6.1 Biblische Begründung ... 88
    5.6.2 Konkrete Umsetzung ... 88

5.7 Kirche und Theologie als wahrheitssuchende Gemeinschaften: die Notwendigkeit religiöser Bildung und Kultur ... 90
    5.7.1 Biblische Begründung ... 90
    5.7.2 Konkretionen ... 90

5.8 Mission: begeistert und vielstimmig ... 92
    5.8.1 Zur Situation heute: missionarische Wende in Kirche und Theologie? ... 92
    5.8.2 Auf dem Weg zu einer Neufassung des christlichen Wahrheitsanspruchs angesichts von Pluralismus und Postmoderne: Konvivenz, Dialog, Mission ... 93
    5.8.3 Zukünftige Herausforderungen. Thesen ... 94

Inhalt

6. **Eine Vielfalt von Konzeptionen des Gemeindebaus. Eine Auswahl** ... 97
   - 6.1 Die Bedeutung der Konzeption für den Gemeindebau 97
   - 6.2 Volkskirchliche Ansätze 98
     - 6.2.1 Der gottesdienstorientierte Ansatz 98
     - 6.2.2 Der empirische Ansatz: Beispiel Gemeinwesenarbeit 100
     - 6.2.3 Der kommunikative Ansatz: Beispiel Gemeindeberatung 103
   - 6.3 Missionarische Ansätze 106
     - 6.3.1 Der ökumenisch-missionarische Ansatz 106
     - 6.3.2 Der evangelistisch-missionarische Ansatz 109
     - 6.3.3 Der charismatische Ansatz: das Konzept der »geistlichen Gemeinde-Erneuerung« 115
     - 6.3.4 Gemeindeaufbau durch Gemeindeneugründung – Churchplanting 117
   - 6.4 Vermittlungskonzepte 120
     - 6.4.1 Die »Doppelstrategie« der VELKD 121
     - 6.4.2 Betriebswirtschaftlich orientierte Ansätze 123
     - 6.4.3 Fresh X – eine neue Form von Gemeinde (von Martin Henninger, Frankenthal) 128

7. **Zur Praxis des Gemeindeaufbaus: exemplarische Konkretionen** 141
   - 7.1 »Eine neue Sprache – befreiend und erlösend« (Dietrich Bonhoeffer). Geistliche Sprachfähigkeit wiedergewinnen 141
     - 7.1.1 Spurensuche: Drei Beispiele aus der Alltagsseelsorge zur Beschreibung der säkularen Situation in Leipzig 141
     - 7.1.2 Grundlegungen 143
     - 7.1.3 Dietrich Bonhoeffers Programm einer »nicht religiösen Interpretation biblischer Begriffe« zur Wiedergewinnung geistlicher Sprachfähigkeit 145
     - 7.1.4 Zwei Beispiele für gelungene geistliche Sprachfähigkeit in der Gegenwart 147
     - 7.1.5 Konsequenzen. Sechs Thesen 149
   - 7.2 Offene Kirchen als missionarische Gelegenheit 152
     - 7.2.1 Zwei persönliche Erfahrungen 152
     - 7.2.2 Das rein funktionale Verständnis von Kirchenräumen und seine Überwindung 153
     - 7.2.3 Neuere praktisch-theologische Deutungen von Kirchenräumen.... 155
     - 7.2.4 Ursachen für die heutige Attraktivität von Sakralräumen 159
     - 7.2.5 Konkrete missionarische Gelegenheiten 163
     - 7.2.6 Konsequenzen im Hinblick auf die Umnutzung von Kirchen ... 166
   - 7.3 Kommunitäten und Einkehrhäuser als evangelische Gnadenorte ... 168
     - 7.3.1 Ein kurzer Blick zurück 168
     - 7.3.2 Kommunitäten und Häuser der Stille als Zentren evangelischer Spiritualität 171

7.3.3 In Kommunitäten und Häusern der Stille primär gepflegte
Formen der Spiritualität 173
7.3.4 Die Notwendigkeit von spirituellen Zentren wie Kommunitäten
und Einkehrhäusern für die Zukunft der Gesamtkirche 176
7.4 Pilgern heute – eine theologische und spirituelle Herausforderung
und Chance für Kirche und Theologie 177
7.4.1 Persönliche Vorbemerkungen 177
7.4.2 Drei theologische Problemfelder 178
7.4.3 Spirituelle Herausforderungen 181
7.5 Erprobungsraum: senfkorn. STADTteilMISSION Gotha
(von Ute Paul, Gotha) 185
7.5.1 Die Vorgeschichte 185
7.5.2 Grundverständnis der senfkorn. STADTteilMISSION 187
7.5.3 Mit Gottes Wirken rechnen 190
7.5.4 Das Team als Community 193
7.5.5 Ausblick 193
7.6 »GLAUBE.DIGITAL«, ein Arbeitsbereich der überkonfessionellen
christlichen Missionsgesellschaft Campus für Christus. Ein Interview
mit dessen Leiter Jochen Geck (Berlin) 195

Nachwort vom Ratsvorsitzenden i. R. Nikolaus Schneider 198

Literaturverzeichnis 201

Geleitwort von Landesbischof Tobias Bilz

Ich übertreibe nicht, wenn ich verrate, dass die Fragen nach der Gestalt der Kirche von morgen meine ständigen Begleiter sind. Ob ich mich mit Ehrenamtlichen oder Hauptberuflichen treffe, Gemeinden besuche oder an Beratungen von leitenden Gremien teilnehme, immer ist auf die eine oder andere Weise die Ahnung im Raum, dass wir in unseren verfassten evangelischen Kirchen vor tiefgreifenden Umbrüchen stehen oder schon mittendrin stecken. Viele fragen sich bange, was von der Kirche übrig bleiben wird, wenn alle gegangen sind, die das jetzt oder bald beabsichtigen, und immer weniger sich für die Taufe (ihrer Kinder) entscheiden. Andere halten freilich hoffnungsvoll nach einer neuen Gestalt von Kirche Ausschau, weil sie den aktuellen Druck durch Mitgliederschwund und Skandale, Krisen und Bedeutungsverlust eher als Geburtswehen für eine neue Kirche deuten.

Zu welcher Gruppe man sich zählt, hängt durchaus davon ab, wie stark man sich den Ausdrucksformen und Lebensäußerungen unserer traditionellen Kirche verbunden fühlt. Was für die einen »weg kann«, ist für die anderen geliebte geistliche Heimat.

Mir kommt es manchmal so vor, als ob wir uns noch in einem Stadium der Unentschiedenheit befinden. Es ist in unseren Gemeinden und Diensten so viel Lebendiges und Verheißungsvolles zu finden. Was davon sollen wir aufgeben? Zugleich bekommen wir die Hände nicht für Neues frei, solange wir alles festhalten wollen, was noch wertvoll erscheint. Wie kommen wir heraus aus diesem Dilemma?

Hinzu kommt, dass viele kirchliche Akteure und Akteurinnen sehr wohl eine Ahnung haben, wohin es gehen könnte. Sie spüren hier und dort Ansätze neuen Lebens und machen sich auf den Weg ins unbekannte Land, ohne darauf zu warten, dass die Amtskirche mit ihren teils umständlichen Entscheidungswegen ihnen dafür einen Auftrag erteilt. Das setzt die unter Druck, die lieber in Ruhe Chancen und Risiken abwägen, bevor sie weitreichende Entscheidungen treffen. Wer hat wirklich den Schlüssel für die Trendwende? Liegt die nicht viel weniger in unserer Hand, als wir meinen? Brauchen wir nicht zuerst eine tiefgreifende geistliche Erneuerung, damit wir mit neuer Kraft und zukunftsträchtigen Ideen ins Gestalten der Kirche von morgen hineinkommen?

In das dreifache Spannungsfeld von Bewahren und Bewegen, Gottes Wirken und menschlichem Beitrag sowie äußerer Gestalt und innerer Substanz hinein hat Peter Zimmerling sein Buch geschrieben. Es ist das geworden, was man einen »Wurf« nennt. Woran liegt das? Zimmerling widersteht der Versuchung, die genannten Gegensätze aufzulösen. Zugleich bleibt er nicht im Ungefähren. Vielmehr benennt er sehr konkret, worin er die Chancen der aktuellen Situation sieht und wünscht seiner Kirche, diese mutig zu ergreifen. Nirgendwo finde ich einen erhobenen Zeigefinger. Da ist auch keine Distanz zu spüren, Distanz zu einer Kirche, der er keine Zukunft mehr geben würde. Stattdessen traut er der vielfältig begabten Gemeinde zu, unter der Führung des Geistes Gottes die Wege unter die Füße zu nehmen, die vor ihr liegen.

Das alles ist bei Peter Zimmerling nicht (nur) eine Frage von persönlicher Überzeugung. Er stürzt sich buchstäblich hinein in die vielfältigen Äußerungen kirchlichen Lebens der Gegenwart, prüft Erneuerungsansätze auf ihre Substanz hin und gewichtet sowohl theologische Grundüberzeugungen als auch konkrete Erfahrungen. Seine Maßstäbe dafür gewinnt er aus Theologie und Kirchengeschichte. Damit wird sein Buch ganz nebenbei zu einem tragenden Fundament für diejenigen, die sich nicht nur auf ihre persönliche Erfahrung und Einsichten verlassen, sondern gut begründete Entscheidungen treffen wollen.

Wenige Dinge, die mich besonders stark ansprechen, möchte ich konkret benennen. An erster Stelle steht für mich, dass Peter Zimmerling zunächst nach der Identität von Kirche fragt, bevor er überlegt, was zu tun ist. Er weiß davon, dass wir zuerst durch das ausstrahlen, was wir sind. Danach kommt, was wir unternehmen. Wenn unsere Worte und Taten nicht in unserer Existenz und somit auch in unserer Bestimmung als Kirche gegründet sind, werden sie ihre Wirkung nicht ausreichend entfalten können.

Davon abgeleitet befasst sich Peter Zimmerling mit dem, was uns als landeskirchlich verfassten evangelischen Christen und Christinnen gegeben ist. Wir können seiner Meinung nach auf wesentliche Erfahrungen und Einsichten zurückgreifen, die tragfähig waren und es auf neue Weise wieder werden könnten. Ich spüre auf vielen Seiten dieses Buches eine große Liebe zur Volkskirche mit ihren Stärken und Schwächen. Es kommt mir so vor, als ob Peter Zimmerling darauf abzielt, dass die Leserinnen und Leser seines Buches mehr die vorhandenen Potentiale der Kirche wahrnehmen und nutzen, als sich an ihren Grenzen abzuarbeiten.

Am Ende des Buches gibt es einen Blick auf verheißungsvolle neue Ansätze von Gemeinde- und Kirchenentwicklung. Sie sind zur Ermutigung und Inspiration gedacht. Auf die eine oder andere Weise ragt die Zukunft immer in die Gegenwart hinein. Deshalb wird der suchende Blick nach vorn gebraucht, der mit einem prophetischen Sensor erspürt, was Neues kommen will. Mit diesem Blick schaut Peter Zimmerling auf das, was Menschen in unterschiedlichen Projekten und Initiativen erproben. Diesen Blick wünsche ich auch den Leserinnen und Lesern, die zu diesem Buch greifen. Mögen sie durch die Lektüre ermutigt werden, ihre eigenen Einsichten mit Hilfe des Gelesenen zu schärfen und daraus Schlussfolgerungen für ihren Beitrag für die Kirche von morgen zu ziehen.

Landesbischof der Evangelisch-Lutherischen Landeskirche Sachsens
Tobias Bilz, Dresden

Zum Buch

Ich lebe seit 18 Jahren in Leipzig, einer Stadt, deren Bürgerinnen und Bürger zu 85 % keiner christlichen Kirche angehören. Nur ungefähr 11 % sind Mitglieder der Evangelisch-Lutherischen Landeskirche Sachsens und 4 % gehören zur römisch-katholischen Kirche.[1] Mitglieder von Freikirchen fallen statistisch nicht ins Gewicht. Meine Überlegungen sind daher geprägt von der Perspektive eines ostdeutschen Hochschullehrers. Manche theologische Positionen, die ich aus meiner Zeit in Hessen und Baden-Württemberg mitgebracht hatte, verloren in Leipzig ihre Plausibilität. Die kontinuierliche Beschäftigung mit Dietrich Bonhoeffer half mir, die eigenen Gedanken zu präzisieren. Die überwiegende Konfessionslosigkeit der Bevölkerung in Ostdeutschland ließ für mich die Frage nach der Zukunft von Kirche und Theologie von Anfang an besonders dringlich erscheinen. Vielleicht kann der ostdeutsche Blick helfen, deren Zukunft in Deutschland insgesamt »ungeschminkter« wahrzunehmen, als das vom Westen aus möglich ist.

Überlegungen zur Zukunft der Kirche sollten aus einer Haltung der Dankbarkeit erwachsen für das, was Gott durch die christlichen Kirchen dem Einzelnen und der Gesellschaft insgesamt in der Vergangenheit geschenkt hat. Sie haben uns das Evangelium vermittelt, indem sie die Bibel bewahrten. Mir ist bewusst, dass in vielen gegenwärtigen kirchlichen und gesellschaftlichen Diskursen nicht die Dankbarkeit, sondern stattdessen die Kritik das Bild bestimmt. Aber wie schon Dietrich Bonhoeffer im Gefängnis feststellte, ist Dankbarkeit die unerlässliche Voraussetzung für klare und ruhige Gedanken und für einen langen Atem.[2] Es geht bei der Dankbarkeit nicht um ein sentimentales Gefühl. Dankbarkeit ist vielmehr ein in ganz konkreten Erfahrungen und Hoffnungen begründeter

---

1 Laut Statistischem Jahrbuch der Stadt Leipzig.
2 Vgl. dazu z. B. Bonhoeffer (1992, S. 64): »Liebste Maria, wir wollen doch bei allem täglichen Hoffen und Bitten um ein baldiges Wiedersehen und Zusammensein keinen Tag vergessen, Gott für das unendlich Viele zu danken, das er gegeben hat und noch täglich gibt. Dann werden alle unsere Gedanken und Pläne klarer und ruhiger werden und wir werden unser persönliches Schicksal leicht und willig auf uns nehmen.«

Lebenshorizont, der vom persönlichen Leben ausgehend gesellschaftliche Dimensionen mitumfasst. Nur in dieser unaufgeregten Nüchternheit werden sich die im Hinblick auf die Zukunft der Kirche notwendigen Einsichten gewinnen und umsetzen lassen.

Dabei sollte zunächst festgehalten werden: Der Auftrag, das Evangelium zu verkündigen, bleibt unabhängig von Größe und Gestalt der Kirche allezeit in Kraft: »Gehet hin und lehret alle Völker: Taufet sie auf den Namen des Vaters und des Sohnes und des Heiligen Geistes und lehret sie halten alles, was ich euch befohlen habe« (Mt 28,19 f.). Von dieser Auftragsgewissheit her werden alle strukturellen Fragen relativiert. Überdies ist damit im Hinblick auf die zukünftige Gestalt der Kirche ein Spielraum der Freiheit eröffnet.

Aus der lutherischen Perspektive auf den Menschen kommt noch etwas anderes hinzu: Wenn es stimmt, dass das Wesen des Menschen darin besteht, ein von Gott geliebter und zu rechtfertigender Sünder beziehungsweise eine Sünderin zu sein, bleibt das Evangelium von der voraussetzungslosen Annahme des Menschen durch Gott von zeitloser Aktualität. Egal, wie groß das religiöse Interesse in einer Gesellschaft jeweils ist, es wird immer Menschen geben, die sich in ihrer Sehnsucht nach Vergebung und Neuanfang vom Evangelium ansprechen lassen. Vielleicht ist das Evangelium nicht systemrelevant – was in einer zunehmend säkularen Gesellschaft wahrscheinlich nur folgerichtig ist –, es ist und bleibt jedoch existenzrelevant.[3]

Nach dem Zeugnis des Neuen Testaments sind das geistliche Amt und die christliche Gemeinde gleichursprünglich. Daraus ergibt sich einerseits die notwendige Reintegration des Amtes in die Gemeinde, andererseits aber seine Unverzichtbarkeit für die Kirche. Aus Sicht der reformatorischen Theologie ist mit dem Amt die Forderung des allgemeinen Priestertums verbunden. Der Göttinger Kirchenhistoriker Thomas Kaufmann sprach in diesem Zusammenhang von der »vielleicht kühnste[n] theologische[n] Idee, die Luther je gehabt hatte«.[4] Konkret leitet sich daraus ab, dass im Prinzip sämtliche Gemeindeglieder ein Amt haben. Wenn die Rede vom allgemeinen Priestertum keine Ideologie bleiben soll, führt sie zur mündigen Gemeinde – und zwar nicht nur im politischen, sondern auch im theologischen Sinn. Alle Gemeindeglieder sind in unterschiedlicher Weise vom Geist Gottes begabt, und es geht in der Kirche darum, dass diese Begabungen entdeckt, gefördert und eingebracht werden.

---

3 So Wolfgang Huber in seinem Festvortrag vor der Rheinischen Genossenschaft des Johanniterordens in Düsseldorf-Kaiserswerth am 5.9.2020.
4 Vgl. Kaufmann (2013).

In diesem Zusammenhang legt sich auch eine Neuausrichtung des hauptamtlichen pastoralen Amtes nahe. Seine Aufgabe bestünde in Zukunft verstärkt darin, als Gesprächspartner und Mentor für die ehrenamtlich Mitarbeitenden zur Verfügung zu stehen. Konkret z. B. die Mitglieder des gemeindlichen Besuchsdienstes regelmäßig zum Austausch einzuladen, um ihnen auf diese Weise eine Form von Supervision anzubieten. Unabhängig von allen notwendigen Wandlungen der Gestalt des Pfarramtes in Zukunft wird seine spirituelle Bestimmung gleich bleiben. Es geht darin nicht primär um Karriere oder Selbstverwirklichung, sondern um den Dienst für Gott.

Eine wesentliche Konsequenz aus der Erkenntnis der mündigen Gemeinde besteht überdies darin, dass die bisher vorherrschende Struktur der Kirche von oben nach unten, das heißt vom jeweiligen Landeskirchenamt oder Oberkirchenrat zur Ortsgemeinde, zur Diskussion gestellt werden sollte. In den vergangenen Jahren ist vielfach die Ortsgemeinde auf Kosten übergeordneter Strukturen vernachlässigt worden. In den kommenden Jahren wird der Pfarrerinnen- und Pfarrermangel diesen Trend noch verstärken. Um keine weißen Flecken kirchlich unversorgter Gebiete entstehen zu lassen, musste das von Pfarrerinnen und Pfarrern zu versorgende Gemeindegebiet sukzessive vergrößert werden – je nach personellen und finanziellen Ressourcen einer Landeskirche in unterschiedlichem Maße. Vom Neuen Testament, aber auch von der reformatorischen Theologie her, wäre eine Umkehrung dieser Entwicklung nötig. Dazu ist jedoch ein Paradigmenwechsel notwendig: die kirchenamtliche Verabschiedung von der Vorstellung der flächendeckenden pastoralen Versorgung. Sukzessive, in einem langsamen Umbauprozess, sollten nur noch die Gemeinden bestehen bleiben, die lebendig sind (zugegebenermaßen ein ziemlich weiches Kriterium) und sich selbst erhalten können. Sinnvoll wäre eine damit verbundene Veränderung der bisherigen kirchlichen Finanzstruktur: Alles Geld sollte zunächst der jeweiligen Einzelgemeinde zukommen und von dort ein bestimmter Prozentsatz für die Unterstützung finanzschwacher Gemeinden und übergemeindliche Aufgaben bereitgestellt werden. Daraus ergibt sich logischerweise der Rückbau der kirchlichen Verwaltungsstrukturen, der auch angesichts abnehmender Kirchenmitgliedschaftszahlen naheliegend wäre. Ich könnte mir ein ähnliches Modell vorstellen, wie es für die lutherischen Kirchen in den USA prägend ist: kein rein freikirchliches Modell, aber doch eine Stärkung der einzelnen Gemeinden und damit der kirchlichen Basis.

Marion Gräfin Dönhoff, die langjährige Herausgeberin der »Zeit«, brachte in verschiedenen Interviews vor ihrem Tod die Überzeugung zum Ausdruck, dass ein Mensch sich nur dann verändert, wenn er nicht anders kann. Ich denke, dass das auch für Gemeinschaften, Organisationen und Institutionen wie die Kirche gilt.

Der Gedankengang des Buches folgt – nach einigen notwendigen Begriffsklärungen – dem für meine Praktische Theologie konstitutiven Dreischritt: Geschichte, Theologie, Praxis. Ihm vorangestellt ist ein Ausblick zur Zukunft der Kirche in Form von elf Thesen.

Zu danken habe ich einer Reihe von Personen, die am Werden des Buches Anteil hatten: meinem Studienfreund und langjährigen württembergischen Pfarrer Reinhard Sayer (Zwerenberg), meinen Mitarbeitern Michael Klein (inzwischen Tübingen) und Kevin Hosmann (Harztor), Margitta Berndt (Herrnhut), die wiederum die Endkorrektur übernommen hat, und Jana Harle und Carlotta Koch für die fabelhafte Begleitung vonseiten des Verlags. Dass Landesbischof Tobias Bilz und Ratsvorsitzender i. R. Nikolaus Schneider ein Geleit- beziehungsweise ein Nachwort verfasst haben, ist für mich mehr als ein freundliches Zeichen unserer langjährigen Verbundenheit.

Leipzig, im Frühjahr 2023   Peter Zimmerling

1. Elf zusammenfassende Thesen zur Zukunft der Kirche

1. Die Kirche braucht ein Bewusstsein ihrer »Selbstzwecklichkeit«, muss selbstgewiss Kirche sein wollen.

Zwar sind gerade Dietrich Bonhoeffers Überlegungen von einer »Kirche für andere«[5] weltweit bekannt geworden. Es war aber derselbe Bonhoeffer, der kurz vor seiner Inhaftierung von der notwendigen »Selbstzwecklichkeit« der Kirche sprach und beklagte, dass das Bewusstsein dafür im Protestantismus weithin unterentwickelt sei.[6] Die Selbstzwecklichkeit der Kirche ist gerade wegen ihres »Für-andere-daseins«, wie Bonhoeffer im »Entwurf für eine Arbeit« in »Widerstand und Ergebung« die Aufgabe der Kirche definiert, unverzichtbar.[7]

Paradoxerweise ist tatsächlich die Berücksichtigung der »Selbstzwecklichkeit« der Kirche die Voraussetzung dafür, dass sie ihren universalen Auftrag erfüllen kann. Nur eine Kirche, die sich ihrer selbst gewiss ist, kann Menschen kraftvoll das Evangelium verkündigen – wobei Selbstgewissheit Unaufdringlichkeit und Unaufgeregtheit impliziert. Essenzieller Bestandteil ihrer Verkündigung ist dabei der Ruf in die Gemeinschaft der Kirche. Mit Bonhoeffers Worten: »Die Kirche als eigenes Gemeinwesen steht also unter einer doppelten göttlichen Bestimmung, der sie gerecht zu werden hat, der Ausrichtung auf die Welt und gerade darin der Ausrichtung auf sich selbst als der Stätte der Gegenwart Jesu Christi. Es ist die Eigenart der Kirche als eines eigenen Gemeinwesens, dass [sie] in der Um*grenzt*heit ihres eigenen geistigen und materiellen Bereiches die *Un*begrenztheit der Christusbotschaft zum Ausdruck bringt und dass gerade die Unbegrenztheit der Christusbotschaft wieder in die Begrenztheit der Gemeinde hineinruft.«[8] Das Kirchesein gehört daher, wie schon das Glaubensbekenntnis zeigt, nicht nur zur Form, sondern auch zur Substanz des christlichen Lebens. Auf Dauer ist kein Christsein ohne Gemeinde und Kirche überlebensfähig. Das wird spätestens im Blick auf die Weitergabe des Glaubens an die nachwachsende

---

5 Bonhoeffer (1998e, S. 560).
6 Bonhoeffer (1998a, S. 411); vgl. hier und im Folgenden Zimmerling (2006, S. 198 f.).
7 Bonhoeffer (1998e, S. 558–560).
8 Bonhoeffer (1998a, S. 406, Hervorhebungen im Text).

Generation deutlich. Eltern sind völlig überfordert, wenn sie darin nicht von gemeindlichen Aktivitäten wie Kindergottesdienst, Jungschar, Religionsunterricht, Konfirmandenarbeit, Jugendarbeit etc. unterstützt werden.

Die Frage ist, ob es in einer von zunehmendem Individualismus geprägten Gesellschaft wie der unseren möglich ist, diese Überlegungen zum Kirchesein auch an Zeitgenossen zu vermitteln, die dem Glauben distanziert gegenüberstehen. Ich denke, dass das durchaus möglich ist. Denn die Sehnsucht nach Gemeinschaft ist aufgrund von zunehmender Einsamkeit in der Gesellschaft groß. Dabei können Gemeinschaftsangebote auf Zeit eine Brücke sein. Ich denke etwa an geistliche Konzertprojekte und das Angebot von gemeinsamen Fastenwochen und von Pilgertagen. Auch der Deutsche Evangelische Kirchentag stellt ein zeitlich begrenztes Gemeinschaftsangebot dar und bietet gerade jungen Menschen die Möglichkeit, die soziale Dimension evangelischer Spiritualität zu erfahren.

2. Spätestens die Geschichte der DDR hat gezeigt, dass ein unaufhebbarer Unterschied zwischen Kirche und Welt besteht, der für das Wesen der Kirche konstitutiv ist.

Auch wenn zu DDR-Zeiten vonseiten mancher kirchlicher Gruppen und Repräsentanten versucht wurde, diesen Unterschied zu verwischen, hat das SED-Regime die Kirchen immer wieder auf die bleibende weltanschauliche Differenz hingewiesen. Dabei soll nicht verschwiegen werden, dass es umgekehrt auch Versuche des Staates gab, die Kirche für seine Zwecke zu vereinnahmen und auf diese Weise seinerseits den Unterschied zwischen Kirche und Welt unkenntlich zu machen. Heute sorgen in Sachsen mehr als 75 % Konfessionslose dafür, dass dieser Unterschied unübersehbar ist. Deren Konfessionslosigkeit ist meist ererbt, und nicht – wie im Westen häufig – erworben. Es gibt inzwischen in vielen Familien eine stabile agnostische Identität. Konfessionslosigkeit gilt als das Natürliche und Normale. Die überwiegende Mehrheit der Konfessionslosen kann offensichtlich gut ohne christlichen Glauben und Kirche leben.

Wiederum stellt sich die Frage, wo es in der Kirche Räume für das Gespräch mit Konfessionslosen, mit Agnostikern und Atheisten, gibt. Ich fürchte, dass die meisten Kirchgemeinden – vor allem, aber nicht nur im Osten – an dieser Stelle überfordert sind. Sie bilden aufgrund ihrer jahrzehntelangen Distanz zur übrigen Gesellschaft weithin geschlossene Milieus, zu denen Nicht-dazu-Gehörende kaum Zugang finden. Dafür könnten evangelische Akademien und die evangelische Erwachsenenbildung entsprechende Plattformen zur Verfügung stellen. Ihre Programmorientierung erlaubt eher als die gemeinschaftsorientierten Ortsgemeinden eine Teilnahme bei Gelegenheit. Lebenspraktische und seelsorgliche

Themen beschäftigen alle Menschen. Wenn überhaupt, wollen sie den Glauben nicht nur denken, sondern vor allem auch erfahren.

3. Eine wichtige Aufgabe der evangelischen Landeskirchen wird auch in Zukunft in der Pflege der im Grundgesetz verankerten privilegierten Partnerschaft zwischen Staat und Kirche bestehen.

Über siebzig Jahre bewährte Partnerschaft zwischen Staat und Kirche im Bereich der alten Bundesrepublik und mittlerweile über dreißig Jahre im wiedervereinigten Deutschland lassen es unwahrscheinlich erscheinen, dass sich daran in nächster Zeit etwas grundlegend ändern wird.[9] Allein die Fülle der diakonischen und bildungsbezogenen Aufgaben, die die Kirchen nach dem verfassungsmäßigen Subsidiaritätsprinzip für den Staat übernommen haben, spricht gegen eine Veränderung. Dabei wird nur eine ihres geistlichen Auftrags gewisse Kirche in der Lage sein, in Zukunft als selbstbewusste Partnerin des Staates aufzutreten – und von diesem mit ihren eigenen Anliegen ernst genommen zu werden. Das gilt nicht nur in diakonischer und sozialethischer Hinsicht, sondern ebenso für ihre missionarische Präsenz in der Gesellschaft und für ihre Rolle als Gegengewicht zu einer immer attraktiveren Erlebnisreligion nicht christlicher Prägung.

Der Auftrag, das Evangelium zu verkündigen, besteht unabhängig von der zahlenmäßigen Größe und dem gesellschaftlichen Ansehen der Kirche. Nur eine evangelische Kirche, die sich selbst aufgegeben hat und für sich keine Zukunft mehr sieht, verurteilt sich selbst zu gesellschaftlicher Bedeutungslosigkeit und zum Untergang.

Dass es sich bei der privilegierten Partnerschaft um eine echte Partnerschaft handelt, ist immer wieder in der Öffentlichkeit bekannt zu machen. Gerade Menschen, die der Kirche fernstehen, erscheint sie als »Fortsetzung des Staates mit religiösen Mitteln«.[10] Von einem Großteil der Bevölkerung wird sie deshalb – trotz ihrer maßgeblichen Beteiligung an der Friedlichen Revolution – auch im Osten Deutschlands nicht mit Freiheit, sondern mit Obrigkeit und Unfreiheit konnotiert. Darüber hinaus muss sich die Kirche in Zukunft offensiver mit der Situation auseinandersetzen, zwar weiterhin volkskirchliche Strukturen zu besitzen, in der Gesellschaft aber lediglich eine *qualifizierte Minderheit* zu sein. Die mit dieser neuen Situation verbundenen Chancen sollten in Zukunft weiter ausgelotet werden. So muss die Kirche nicht mehr alles machen, sondern könnte sich auf bestimmte Arbeitsbereiche konzentrieren, für die sie eine

---

9 Zimmerling (2011, S. 91–99).
10 Christoph Schwöbel, zit. bei Huber (1999, S. 269).

besondere Kompetenz besitzt, z. B. Kinder- und Jugendarbeit, die Begleitung älterer Menschen, Seelsorge, Kirchenmusik. Auch ist das Prinzip »keine weißen Flächen«, das heißt keine Gegend ohne kirchliche Präsenz, angesichts der damit verbundenen Überdehnung der vorhandenen Kräfte zu hinterfragen.

4. Die Verkündigung des Evangeliums und die gesellschaftliche Mitverantwortung bilden die beiden Brennpunkte des kirchlichen Handelns.

Die Verantwortung der christlichen Kirche für die Welt besitzt zwei Brennpunkte. Der erste besteht in der Verkündigung des Evangeliums von Jesus Christus. Mit Bonhoeffer gesprochen: »Eine Verkündigung an die Welt ohne Christuszeugnis, d. h. ohne den allein tragfähigen Grund einer solchen Verkündigung ist für das Neue Testament undenkbar. So ist die entscheidende Verantwortlichkeit der Gemeinde für die Welt immer die Christusverkündigung.«[11] Der andere Brennpunkt besteht in der Mitverantwortung für das menschliche Zusammenleben:[12] »Je ausschließlicher wir Christus als unseren Herrn erkennen und bekennen, desto mehr enthüllt sich uns die Weite seines Herrschaftsbereiches.«[13] Der persönliche Glaube an Jesus Christus und die Teilhabe am Leben der Mitmenschen in der Gesellschaft gehören untrennbar zusammen.

Je nach Größe der christlichen Gemeinde und je nach Staatsform ergeben sich unterschiedliche Möglichkeiten der Mitverantwortung. Noch einmal Dietrich Bonhoeffer: »Es gibt durchaus verschiedene Möglichkeiten für die Gemeinde, ihre Verantwortung gegenüber der Welt wahrzunehmen; anders wird sie es tun in der Missionssituation, anders in der Situation staatlicher Anerkennung der Kirche, anders in Verfolgungszeiten. Die Missionsgemeinde in der Minorität wird durch volle Konzentration auf die Christuspredigt als Ruf zur Gemeinde sich erst die Bahn brechen müssen, um irgendwie weltlich mitverantwortlich arbeiten zu können; für die staatlich anerkannte Kirche und für die Christen in weltlichem Amt und Verantwortung gehört die Bezeugung des Gebotes Gottes über Staat, Wirtschaft etc. zum Christusbekenntnis. Je mehr die Christen in der Situation nach Apokalypse 13 nicht die am Unrechttun der Welt Verantwortlichen, sondern selbst die Unrecht Leidenden sind, desto mehr wird sich ihre Verantwortung für die Welt nur noch in gehorsamem Leiden und in ernster Gemeindezucht bewähren.«[14]

Heute befinden wir uns in Deutschland in einer Situation des Übergangs, was es nicht leicht macht, die Aufgabe der Kirche zwischen Mission und gesellschaft-

---
11 Bonhoeffer (1996i, S. 554).
12 Bonhoeffer (1996i, S. 555).
13 Bonhoeffer (1998a, S. 347).
14 Bonhoeffer (1996i, S. 555).

licher Mitverantwortung konkret zu bestimmen. Beobachter sind sich uneins, ob wir noch in einer spät- oder bereits in einer nachvolkskirchlichen Zeit leben. Die Situation der großen Kirchen wird wahrscheinlich bis auf Weiteres von einer privilegierten Partnerschaft mit dem Staat geprägt bleiben. Daher hat die Stimme der Kirche in gesellschaftlichen Debatten Gewicht. Aufgrund fortschreitender Entkirchlichungs- und Säkularisierungsprozesse wird jedoch gleichzeitig die Erfüllung des missionarischen Grundauftrags der christlichen Gemeinden immer wichtiger und sollte nicht von ihrem diakonischen und sozialethischen Engagement in den Hintergrund gedrängt werden. Eberhard Jüngel sprach auf der EKD-Synode in Leipzig 1999 zu Recht von Mission als dem *Herzschlag* der Kirche.

Die kirchliche Verkündigung darf sich nicht mit einer allgemeinen Ethik der Liebe zufriedengeben, sondern muss in gegenwärtigen ethischen Streitfragen wagen, das konkrete Gebot Gottes in öffentlichen Diskussionen engagiert zu vertreten. Während des Dritten Reiches trat Bonhoeffer dafür ein, dass die kirchliche Verkündigung die weltlichen Ordnungen unter die Christusherrschaft und unter den Dekalog zu führen habe.[15] Ohne explizite Verkündigung der Christusherrschaft und des Dekalogs können, so seine Überzeugung, die weltlichen Ordnungen ihren Dienst nur in beschränktem Maße und in vorläufiger Weise tun. »Also nicht zum Absehen von Christus, sondern zur vollen Verkündigung der Gnade der Christusherrschaft, kann die Kirche durch die Erkenntnis geführt werden, daß hier und da auch ohne *gehörte* Predigt – aber doch niemals ohne das *Dasein Jesu Christi!* – weltliche Ordnung möglich ist. Der unbekannte Gott wird nur als der bekannte, weil offenbarte, gepredigt.«[16] Für die nationalsozialistische Ideologie war der Ruf zur Unterstellung unter die Herrschaft Jesu Christi und die Zehn Gebote eine ungeheure Provokation. Für Christen bedeutete er die innere Befreiung von Führerkult und ideologischer Verblendung. Die Frage ist, an welchen Stellen die Kirche heute gegen Entwicklungen der gegenwärtigen Gesellschaft das konkrete Gebot Jesu Christi zu verkündigen hat.

5. Die Verkündigung sollte von Angeboten zu Begegnung und Geselligkeit flankiert werden.

Der emeritierte Heidelberger Missionswissenschaftler Theo Sundermeier hat schon vor Jahren den Begriff der Konvivenz als zentrale Kategorie der Mission

---

15 Bonhoeffer (1996i, S. 561).
16 Bonhoeffer (1996i, S. 562).

ins Gespräch gebracht.[17] Konvivenz umfasst für Sundermeier die gegenseitige Hilfeleistung, das wechselseitige Lernen und das gemeinsame Feiern. Ich würde als Viertes das evangelistische Zeugnis hinzufügen. Was für die missionarische Begegnung mit Andersgläubigen gilt, trifft meiner Überzeugung nach auch für die Arbeit in Kirchengemeinden zu.

Die Verschränkung von Verkündigung und Begegnungsangeboten lässt sich schon am Wirken Dietrich Bonhoeffers beobachten: Er hielt nicht nur Kindergottesdienst in der Berliner Grunewaldkirche, sondern lud die Kinder gleichzeitig zu Spielenachmittagen in sein Elternhaus ein. Neben den Konfirmandenunterricht traten Ausflugsfahrten mit den Konfirmanden in ein kleines Wochenendhaus im Umland von Berlin. Neben den Kollegs und Seminaren an der Berliner Theologischen Fakultät bot Bonhoeffer Gesprächsabende und Wochenendfreizeiten für Studierende an. In Finkenwalde gehörten im Rahmen von Predigerseminar und Bruderhaus theologische Arbeit und Vita communis von Anfang an untrennbar zusammen.

Heute stellen gerade Frei- beziehungsweise Rüstzeiten eine nicht zu unterschätzende Form der Glaubensvermittlung beziehungsweise -vertiefung dar.[18] Sie werden für alle nur denkbaren Zielgruppen angeboten: für Kinder, Jugendliche, Senioren, Männer, Frauen, Singles, Ehepaare, Geschiedene, Verwitwete, Familien, Gemeinden etc.[19] Ebenso finden sie an den verschiedensten Orten statt: in der Nähe und in der Ferne, im In- und im Ausland, im Luxushotel und auf dem Luxusschiff, in der einfachen Blockhütte und im Kanu. Es gibt Badefreizeiten, Wanderfreizeiten, Fastenfreizeiten und Freizeiten mit Wellnessprogramm, um nur einige wenige zu nennen. Am Beispiel von Gemeindefreizeiten möchte ich kurz zeigen, wie Verkündigungs- und Gemeinschaftsangebote auch dabei zusammengehören. Das Zusammensein der Gemeindeglieder während des ganzen Tages – also anders als im normalen Gemeindeleben über die Gottesdienstzeiten und übrigen Gemeindeveranstaltungen hinaus – führt dazu, ein Stück Alltag miteinander zu teilen und dadurch eine Fülle von Begegnungsmöglichkeiten zu haben. Dadurch wird praktisch erfahrbar, dass Nachfolge Jesu Christi nicht nur die gemeinsame Beschäftigung mit geistlichen Dingen, sondern auch die gegenseitige Fürsorge in alltäglichen Dingen umfasst. Dazu tritt das gemeinsame Feiern, woran deutlich wird, dass Christsein eine festliche Angelegenheit ist.

---

17 Sundermeier (1986).
18 Vgl. im Einzelnen Zimmerling (2010, S. 273–276).
19 Vgl. z. B. den Prospekt der Liebenzeller Mission. Freizeiten & Reisen GmbH, Bad Liebenzell für 2023, der auch digital aufbereitet vorliegt; vgl. auch die entsprechenden Prospekte der AR [Anders Reisen] Reisen Reisevertrieb GmbH, Berlin.

6. Angesichts zunehmender Verdunstung des christlichen Grundwissens innerhalb und außerhalb der Kirche sollten Theologie und Kirche eine religiöse Bildungsinitiative starten.

Diese religiöse Bildungsoffensive ist umso nötiger, als im Raum der evangelischen Kirche Spiritualität und Bildung von Anfang an zwei Seiten derselben Medaille waren. Ohne Bildung bleibt der Glaube unbegriffen: »Zwei Begriffe sind es, auf die gleichsam als auf das Ziel das ganze Leben ausgerichtet ist: Frömmigkeit und Bildung.«[20] Ich frage mich, wie in der Kirche in Zukunft effektiver als bisher elementares Glaubenswissen vermittelt werden könnte. Trotz Konfirmandenarbeit und jahrelangem Religionsunterricht herrscht bei vielen Jugendlichen und jungen Erwachsenen ein eklatanter Mangel an Basiswissen. Mitarbeitende in der Kinder- und Jugendarbeit, im Religionsunterricht, aber auch Lehrende in der Ausbildung an theologischen Fakultäten, evangelischen Fachhochschulen und Kirchenmusikhochschulen sollten sich nicht scheuen, bei der Vermittlung von Glaubensinhalten zu elementarisieren.

Gerade in einer zunehmend säkularen Gesellschaft ist es darüber hinaus dringend nötig, das Vorurteil einer szientistischen Ineinssetzung von christlichem Glauben und Unwissenschaftlichkeit aufzusprengen und zu überwinden. Leider wird der Diskurs zwischen Theologie und Naturwissenschaft in Deutschland derzeit nur von wenigen Theologinnen und Theologen geführt.

7. In einer pluralistischen Gesellschaft ist für die Kirche eine profilierte evangelische Spiritualität überlebensnotwendig.

Solange Kirche und Gesellschaft identisch waren, war die Unterscheidung zwischen beiden vielleicht nicht so dringlich. Je mehr die christliche Gemeinde aber zur Minderheit wird, ist ein klares Profil überlebensnotwendig.[21] Schon vor Jahren hat der amerikanische Religionssoziologe Peter L. Berger die Situation der Kirche in Deutschland als »Kirche auf dem Markt« gedeutet. Die Konkurrenz anderer spiritueller Anbieter hat seitdem weiter zugenommen. Längst haben die christlichen Groß- und Freikirchen in unserer Gesellschaft ihr religiöses Monopol verloren.

Was ist angesichts dieser Situation konkret zu tun? Einerseits geht es darum, sich der eigenen spirituellen Grundlagen zu vergewissern und andererseits mit anderen konfessionellen und religiösen Traditionen respektvoll umgehen zu lernen. Ich bin überzeugt, dass sich beides gegenseitig bedingt. Das ist auch in

---

20 Melanchthon (1910, S. 373).
21 So auch Fritz Lienhard in Aufnahme von Überlegungen Michael Nüchterns in Lienhard (2012, S. 31).

psychologischer Hinsicht gut begründbar: Jemand, der in der eigenen spirituellen Tradition zu Hause, sich des eigenen Glaubens gewiss ist, wird eher willig und fähig sein, sich angstfrei auf das Kennenlernen anderer Traditionen einzulassen als jemand, der sich seiner eigenen Glaubenstradition unsicher ist. Die Begegnung mit einer anderen Religion stellt immer eine Fremdheitserfahrung dar, die automatisch eine Infragestellung der eigenen Position bedeutet. Das beste Mittel, die instinktiven menschlichen Abwehrmechanismen gegenüber dem religiös Fremden außer Kraft zu setzen, ist eine reflektierte eigene Spiritualität. Theologie und Kirche werden sich gerade auf dem Weg der Selbstvergewisserung ihrer eigenen spirituellen Traditionen in der Gesellschaft dauerhaft am wirksamsten für die Achtung anderer religiöser Traditionen einsetzen können.

Vor diesem Hintergrund ist es dringend nötig, den traditionellen protestantischen Vorbehalt gegenüber jeder Form von Glaubensvermittlung an Erwachsene zu überwinden. Im Zusammenhang damit wurde vor allem die Glaubensübung lange als mit evangelischer Spiritualität unvereinbar betrachtet. Diese sei gesetzlich und verdunkle die voraussetzungslose Annahme des Menschen durch Gott. Heute gewinnt das Lernen durch Erfahrung auf allen Gebieten des Lebens immer mehr an Bedeutung. Es ist darum unerlässlich, mit den genannten Vorbehalten gegenüber der Vermittlung von Spiritualität zu brechen. Dietrich Bonhoeffer war einer der ersten wissenschaftlichen Theologen, der im vergangenen Jahrhundert gezeigt hat, dass der Aspekt der Vermittlung und Einübung des Glaubens dessen Geschenkcharakter keineswegs schwächen muss, sondern ihn erst zur Entfaltung kommen und zur persönlichen Erfahrung werden lässt.[22] Wo finden religiös suchende Menschen Anschauungsfelder des Glaubens? Benötigt werden unterschiedliche Experimentierfelder für spirituelle Erfahrungen. Der Deutsche Evangelische Kirchentag, aber auch Freizeiten unterschiedlichster Art sind ein Beispiel dafür. Genauso erfüllen evangelische Kommunitäten wie Taizé in diesem Zusammenhang eine wichtige Aufgabe.

8. Da die Rechtfertigungslehre das Zentrum evangelischen Glaubens bildet, sind spirituelle Formen nötig, die sie für jeden Menschen erfahrbar machen.

Es wird eine Vielfalt an Formen gebraucht, damit von der Postmoderne geprägte Menschen die christliche Botschaft von Schuld und Vergebung erfahren können. Sonst bleibt der Rechtfertigungsglaube eine abstrakte Glaubenslehre. Dazu gehören Formen der gottesdienstlichen Beichte. Die Thomasmesse z. B. hat

---

22 Vgl. dazu vor allem seine Bücher »Nachfolge« (Bonhoeffer 2002a), »Gemeinsames Leben« (Bonhoeffer 2002b), aber auch »Widerstand und Ergebung« (Bonhoeffer 1998b).

hier vielversprechende Riten entwickelt. Dazu gehört die persönliche Beichte. Im Hinblick auf Jugendliche und junge Erwachsene bilden neuere meditative Beichtformen die Chance, Beichte im Vollzug kennenzulernen.

Allerdings gilt es in diesem Zusammenhang, ein tief sitzendes Vorurteil zu überwinden. Es ist für Theologie und Kirche höchste Zeit, Schulderkenntnis und Schuldbekenntnis als Zeichen der Würde des Menschen zu entdecken. Sündersein darf nicht länger als Ausdruck einer entmündigenden Erfahrung missverstanden werden, sondern muss als *heilsam rettende Erfahrung* begriffen werden. Schuldigwerden gehört zum Humanum wesentlich dazu. Eine Leugnung, Bagatellisierung oder Verdrängung meiner Schuld bedeutet demgegenüber eine Missachtung meines Menschseins. Das Eingeständnis des Sünderseins wahrt den Unterschied zwischen Schöpfer und Geschöpf.

9. Evangelische Theologie und Kirche müssen endgültig ihre Phobie vor geprägten Formen überwinden.

Im Laufe der Geschichte des Protestantismus, verstärkt im 20. Jahrhundert, sind spirituelle *Formen* mehr und mehr verloren gegangen. Bis vor wenigen Jahren konnte der Eindruck aufkommen, als sei die Gestaltlosigkeit geradezu ein Markenzeichen des landeskirchlichen Protestantismus.[23] Es ist hier nicht der Raum, die Gründe für diesen Vorgang zu erläutern. Mitverantwortlich war jedenfalls ein »Transponieren der Christusnachfolge ins ›Bürgerliche‹«.[24] Daneben führte die protestantische Angst vor der toten Form zu einer regelrechten Phobie vor festen Formen.[25] Dem Mangel an spirituellen Formen im Protestantismus stehen exegetische Beobachtungen, die Selbstverständlichkeit spiritueller Formen bei den Reformatoren und neuere humanwissenschaftliche Einsichten diametral entgegen. Angesichts der Pluralität religiöser Angebote, aber auch des Lebens in einer Risikogesellschaft, »[bedarf] die Bewahrung und Weitergabe von grundlegendem Orientierungswissen [...] einer Absicherung durch Symbole und Riten«.[26] Für die Zukunft des Protestantismus wird entscheidend sein, ob es gelingt, der nächsten Generation Zugänge zu alltagsverträglichen spirituellen Formen wie z. B. Tischgebeten und Zu-Bett-bring-Ritualen zu eröffnen.

Damit ist impliziert, dass evangelische Spiritualität in Zukunft stärker Emotionalität und Sinnlichkeit integrieren sollte. Eine trinitarisch konzipierte Frömmigkeit bietet dafür die theologische Begründung. Menschen wollen den

---

23 Grethlein (1991, S. 114).
24 Grethlein (1991, S. 114).
25 Vgl. z. B. Steffensky (2000).
26 Grethlein (1991, S. 115).

Glauben heute nicht nur denken, sondern auch spüren. Ob Menschen in Zukunft Zugang zum christlichen Glauben bekommen, ist nicht zuletzt auch davon abhängig, ob ihre Emotionalität und Körperlichkeit darin vorkommt.[27] Seit dem Zweiten Vatikanischen Konzil lässt sich in der evangelischen Frömmigkeitspraxis eine Rezeption vieler ursprünglich katholischer Spiritualitätsformen beobachten (z. B. Lichterbäume, die Öffnung von Kirchen außerhalb der Gottesdienstzeiten, Pilgern, Exerzitien). Darin steckt einerseits ein wichtiges ökumenisches Potenzial. Mit einem abgewandelten Wort Karl Rahners gesprochen: Die Zukunft des Christentums wird in unserem Land ökumenisch sein oder es wird nicht mehr sein. Andererseits stellt sich die Frage, wie die entsprechenden, ursprünglich im katholischen Raum beheimateten, Formen mit dem evangelischen Rechtfertigungsglauben stärker theologisch verbunden werden können.

10. Kirchenräume sind in der säkularen Gesellschaft eine missionarische Gelegenheit.

Menschen strömen in die Kirchen, wenn keine Gottesdienste stattfinden, und verlassen sie wieder rechtzeitig vor Gottesdienstbeginn. Das konnte ich jahrelang in der Leipziger Nikolaikirche unmittelbar vor dem Universitätsgottesdienst beobachten: Zwischen dem Ende des Gemeindegottesdienstes und dem Beginn des Universitätsgottesdienstes war gewöhnlich eine Pause, in der zahlreiche Besuchergruppen in die Kirche kamen. Wenn dann der Gottesdienst der Universitätsgemeinde begann, verließen die Besucherinnen und Besucher fluchtartig die Kirche. Es stimmt nachdenklich, dass Menschen gerade dann in die Kirchen strömen, wenn darin keine Gottesdienste stattfinden.

Um in der postmodernen Risikogesellschaft emotional überleben zu können, braucht es Orte der *Verlässlichkeit*. Darin liegt ein wesentlicher Grund für die wachsende Sehnsucht vieler Zeitgenossen nach sakralen Räumen. Von ihnen – offensichtlich eher als vom Gottesdienst – erhoffen sie sich symbolische und rituelle Vergewisserung ihres Lebens und Glaubens. Diese Sehnsucht wird angesichts der prognostizierten Zunahme des globalen Risikopotenzials in Zukunft noch stärker werden. Wie könnte die Kirche auf die Sehnsucht nach Räumen der Verlässlichkeit gerade auch bei Konfessionslosen eingehen? Ich denke hier an ein vermehrtes Angebot individuell zu vollziehender, niedrigschwelliger spiritueller Rituale in kunsthistorisch wichtigen Kirchen und in Citykirchen. Vorstellbar sind Lichterbäume, Gästebücher, Karten mit vorformulierten Gebeten, Zettel zum Aufschreiben persönlicher Fürbitten, aber auch Angebote zu Segnung, Handauflegung, Salbung und Einzelbeichte. Ebenso hat die Kirchenpädagogik

---

27 Vgl. dazu speziell im Hinblick auf den Gottesdienst Meyer-Blanck (1997, S. 133).

Methoden aus der Museumspädagogik aufgegriffen, um Menschen geistliche Zugänge zum Kirchenraum auf sinnliche und emotionale Weise zu eröffnen.

11. Ein zentrales Problem von Theologie und Kirche ist die Sprache.

Schon Dietrich Bonhoeffer bemühte sich mit seinem Programm einer »nichtreligiösen Interpretation biblischer Begriffe« um eine neue Sprache, »dass sich die Menschen über sie entsetzen und doch von ihrer Gewalt überwunden werden«.[28] In dem Gedicht »Von guten Mächten treu und still umgeben« ist ihm die Umsetzung dieses Programms mindestens an einer Stelle gelungen.[29] Es ist nicht ohne Grund heute das bekannteste geistliche Gedicht des 20. Jahrhunderts.

Wie schon gesagt, strömen Menschen in die Kirchen, wenn kein Gottesdienst stattfindet, das heißt, wenn keiner redet. Viele Predigten sind wenig anziehend, weil viel zu abstrakt. Von den Kanzeln werden – im Bild gesprochen – häufig Goldbarren ausgeteilt, die im Alltag als Zahlungsmittel untauglich sind. Die Kunst würde darin bestehen, schwierige theologische Sachverhalte in einfachen Bildern auszudrücken und so mit dem Alltag der Hörerinnen und Hörer kompatibel zu machen. Ich schlage vor, in der Verkündigung der Poesie mehr Platz als bisher einzuräumen. Sie führt über die nüchterne Informationssprache der Gegenwart hinaus und vermag Menschen existenziell anzusprechen. Darin liegt – je nach Lebensalter – ein wesentlicher Grund für die Hochschätzung von Paul-Gerhardt-Liedern oder für die Begeisterung für Lobpreis-Lieder. Überdies sollten in Zukunft nonverbale Elemente wie Segnung, Handauflegung und Salbung die verbale Verkündigung flankieren und unterstützen. Schließlich ist zu fragen, welche Ideen heute praktikabel sind, um in Kirche und Gesellschaft wieder eine Bibelbewegung auszulösen. Denn ich bin überzeugt: Ohne biblischen Rückbezug wird auch die gelungenste religiöse Sprache den Menschen das Evangelium von Jesus Christus nicht nahebringen können.

---

28 Bonhoeffer (1998c, S. 436).
29 Bonhoeffer (1998f, S. 607 f.).

2. Gemeinde bauen unter den Bedingungen der Spätmoderne

2.1 Chancen und Grenzen

Ein wichtiger Grund für die Aktualität von Fragen im Zusammenhang mit dem Gemeindebau liegt in Folgendem: Dass die Volkskirche gegenwärtig in einer Krise steckt, ist gemeinsame Überzeugung aller Beobachter. West- und Mitteleuropa gehen durch eine Phase der Entkirchlichung und Entchristlichung, für die es in anderen Weltgegenden keine Parallelen gibt. Der amerikanische Soziologe Peter L. Berger sprach im Hinblick auf diese Länder schon vor Jahren von einem »Katastrophengebiet für die Kirche«.[30] Die Kirche steht deshalb unter Veränderungsdruck. Die Bochumer Praktische Theologin Isolde Karle spricht von »Reformstress«.[31] In der Evangelisch-Lutherischen Landeskirche Sachsens etwa hat in den vergangenen Jahren eine Strukturreform die andere abgelöst. Auch die EKD insgesamt hat mit ihrem im Juni 2006 vorgelegten Impulspapier »Kirche der Freiheit. Perspektiven für die Evangelische Kirche im 21. Jahrhundert«[32] und neuerdings mit dem Papier »Hinaus ins Weite – Kirche auf gutem Grund. Zwölf Leitsätze zur Zukunft einer aufgeschlossenen Kirche«[33] von 2020 die Unausweichlichkeit von Reformen zum Ausdruck gebracht. Vor allem die demografische Entwicklung, aber auch Kirchenaustritte etwa aufgrund von forcierten Säkularisierungsprozessen werden in den kommenden Jahrzehnten zu einem weiteren Mitgliederverlust führen. Dazu kommt – bedingt durch den Mitgliederschwund und die staatliche Steuergesetzgebung – ein gravierender Rückgang der Kirchensteuereinnahmen.

Im Bild gesprochen: Über Zähne redet man erst, wenn sie einem wehtun. Genauso ist es mit der Diskussion über die Zukunft der Kirche und neue Formen des Gemeindebaus: Die Kirche steckt in einer Krise. Darum die Suche nach Wegen aus ihr heraus.

---

30 Berger (1998, S. 14); vgl. auch Huber (1999, S. 223 ff.).
31 Vgl. Karle (2011).
32 Kirchenamt der EKD (2006).
33 EKD (2020).

Ist man sich in der Diagnose weithin einig, sehen die vorgeschlagenen Therapien sehr unterschiedlich aus.[34] Allerdings lässt sich trotz aller Unterschiedlichkeit mindestens eine Gemeinsamkeit ausmachen: Den meisten Lösungsansätzen, jedenfalls denjenigen, die sich nicht fatalistisch mit dem weiteren Mitgliederverlust abfinden wollen, ist die Fortentwicklung der Kirche im Hinblick auf mehr Partizipation und Mündigkeit ihrer Mitglieder gemeinsam.[35]

Ich selbst gehe im Folgenden von zwei Voraussetzungen aus: zum einen davon, dass Überlegungen und Aktivitäten zum Gemeindebau nur dann nachhaltig sein werden, wenn sie an Vorhandenes anknüpfen. Konzeptionen, die die bestehenden volkskirchlichen Verhältnisse nicht berücksichtigen, werden wirkungslos verpuffen. Im Hinblick auf die Zukunft der Kirche gilt: Nicht Revolution, sondern Reformation! Auch in den politischen Revolutionen sind meist nur die alten Eliten durch neue ersetzt worden. Positive Veränderungen hat es auf Dauer allein durch den mühsamen und langwierigen Umbau bestehender gesellschaftlicher Verhältnisse gegeben.

Zum anderen ist mir die Erkenntnis wichtig, dass die Sache des Gemeindebaus so alt ist wie die christliche Kirche. Dabei hat es – wie wir gleich sehen werden – seit dem Urchristentum eine schier unendlich anmutende Vielfalt von Gestaltungsformen von Kirche und Gemeinde gegeben. Das zeigt schon der oberflächliche Blick auf die Gestalt der gemeindlichen Versammlungsorte durch die Zeiten hindurch. Angefangen hat alles mit der ersten kleinen Hausgemeinde nach Ostern im (vor einigen Jahren wieder ausgegrabenen) Wohnhaus des Petrus in Kapernaum.[36] Die erste christliche Gemeinde in Europa, von der wir wissen, war ebenso eine Hausgemeinde, die sich bei der Purpurkrämerin Lydia in Philippi versammelte (Apg 16,16-49). Von dort führte die Entwicklung zur Staatskirche im Imperium Romanum mit dem für viele Jahrhunderte größten Kirchbau der Welt, der Hagia Sophia in Konstantinopel, dem heutigen Istanbul. Zeitlich noch vorher waren in der zweiten Hälfte des 3. Jahrhunderts die Klöster mit ihren Männer- und Frauengemeinschaften in den Wüsten Ägyptens, Palästinas und Syriens entstanden.

Heute lässt sich die Pluralität der kirchlichen Gestaltungsformen allein in den evangelischen Kirchen vielleicht am besten durch den Vergleich der Personal-

---

34 Diese Tendenz lassen schon seit der Jahrtausendwende Verlautbarungen zum Thema aus so unterschiedlich geprägten Kirchen wie der Evangelischen Kirche von Berlin-Brandenburg und der Evangelischen Landeskirche in Baden in den vergangenen Jahren gleichermaßen erkennen. Um nur eine winzige Auswahl zu nennen: Zeddies (1998); Huber (1999); Schmoll (1999); Douglass, Scheunemann und Vogt (1999).
35 Büro der Landessynode der Evangelischen Kirche in Berlin-Brandenburg (1998), Fischer (2000).
36 Vgl. Stuhlmacher (1992, S. 197).

gemeinde des Berliner Doms mit der Gemeinde in einer Favela am Rand einer brasilianischen Großstadt illustrieren, die sich in einer Blechhütte zu ihrem Gottesdienst versammelt. Wir stehen mit unserem Nachdenken somit in einem bald zweitausendjährigen Prozess des Bauens von Kirche und Gemeinde. Das sollte uns Geduld geben und vor Kurzatmigkeit bewahren.

2.2 Begriffsklärungen: Kybernetik, Gemeindeaufbau, Oikodomik, Gemeindeentwicklung, Church Growth, Church Planting, Kirchentheorie, Fresh X

Bis zum Beginn des 20. Jahrhunderts wurde das, was wir heute unter Gemeindebau verstehen, unter dem Begriff der »Kybernetik« (deutsch »Steuerungskunst«) subsumiert. Der Erlanger Praktische Theologe Gerhard von Zezschwitz hatte den Begriff unter Berufung auf 1Kor 12,18 bei seinen Erörterungen zum Kirchenregiment eingeführt.[37] Im Fokus standen dabei die Steuerungsfunktionen des Pfarramtes beziehungsweise des kirchenleitenden Amtes. Nach dem Zweiten Weltkrieg wurde der Begriff jedoch mehr und mehr für die technische Disziplin der Steuerung und Kommunikationsabläufe in Maschinen und biologischen Systemen verwendet.[38] Diese Bedeutung hat sich im allgemeinen Sprachgebrauch eingebürgert. Darum sind die Versuche, im Rahmen der Praktischen Theologie den Begriff für die Unterdisziplin des Gemeindebaus zurückzugewinnen, bisher erfolglos geblieben.

Der griechische Begriff »oikodome« meint wörtlich Hausbau.[39] Seine biblische Verwendung etwa in 1Kor 14,4 und Eph 4,11–16 ist, wie Philipp Vielhauer in seiner Habilitationsschrift »Oikodome« 1940 gezeigt hat, nicht adäquat ins Deutsche übersetzbar. »Erbauung« klingt zu individualistisch, sodass die ekklesiologische Seite des Begriffs zu kurz kommt. »Gemeindeaufbau« oder »Gemeindestruktur« klingt zu statisch, sodass die dynamische Seite des Begriffs unberücksichtigt bleibt. Problematisch am Begriff des Gemeindeaufbaus ist überdies, dass er in dem Sinn eines Neubaus missverstanden werden kann. Dadurch würden jedoch die bereits bestehenden kirchlichen Gemeindestrukturen missachtet. Der Sache nach geht es bei der »oikodome« um das innere wie äußere Wachstum der Gemeinde, das dadurch entsteht, dass sich die starken und schwa-

---

37 Zezschwitz (1876).
38 Vgl. hier und im Folgenden Grethlein (2007, S. 494).
39 Vgl. hier und im Folgenden Möller (2004, S. 45 f.).

chen Glieder am Leib Christi mit ihren Gaben gegenseitig begaben und so zu Christus als dem Haupt des Leibes hinwachsen (Eph 4,11–16).

Aufgrund der genannten Schwierigkeiten fand »oikodome« im Lauf der Zeit die verschiedensten Übersetzungen wie z. B. »Gemeindepflege«, »Gemeindeorganisation«, »Gemeindewachstum«, »Kirchenreform«, »Auferbauung der Gemeinde«, »Gemeindeaufbau«, »Gemeindeberatung« oder »Gemeindeentwicklung«. Christian Möller hat versucht, die Lehre vom Gemeindeaufbau unter dem Begriff »Oikodomik« zu etablieren, und folgendermaßen definiert: »Oikodomik ist diejenige Lehre, in der es um die theologischen Bedingungen für Aufbau und Wachstum der christlichen Gemeinde geht.«[40] Dabei betont er – in Aufnahme von Eph 4,11–16 – das göttliche Handeln als Voraussetzung für jede Form von Gemeindeaufbauaktivität. Durchsetzen konnte er sich mit der Etablierung des griechischen Begriffs nicht, zumal seine Definition eine Engführung darstellt, da in ihr die strukturellen beziehungsweise institutionellen Aspekte des Gemeindebaus zu kurz kommen.

Für den Begriff »Gemeindeentwicklung« ist konstitutiv, dass er anders als »Gemeindeaufbau« schon sprachlich an das Vorhandene anknüpft, das weiterentwickelt werden soll.[41] Der Begriff entstammt dem seit den 1970er Jahren in der EKHN praktizierten Konzept der Gemeindeberatung, das organisationssoziologische Erkenntnisse auf den Bereich der Kirchengemeinde übertrug. Problematisch an ihm ist, dass es umgekehrt die theologische Dimension zu kurz kommen lässt, die im Vorgegebensein der Kirche durch Gottes Handeln besteht.

Die neuere Gemeindeaufbaudiskussion seit den 1970er Jahren verdankte sich vor allem Impulsen aus dem angelsächsischen Raum und hier vor allem aus den USA. Zunächst gewann der Begriff »Church Growth« auch in Deutschland an Einfluss. Er wurde wesentlich geprägt durch den früheren Indienmissionar und später am Fuller Theological Seminary in Pasadena (Kalifornien) lehrenden Donald McGavran. McGavran entwickelte Kriterien für das zahlenmäßige Wachstum von Gemeinden, die sich in den USA breiter Zustimmung und Rezeption erfreuten. Entsprechend stehen beim »Church Growth« die Bemühungen um das messbare Wachstum von Einzelgemeinden im Vordergrund. Dabei sind die kirchlichen Verhältnisse in den USA vorausgesetzt. Von daher impliziert das Church-Growth-Konzept normalerweise die Gründung einer neuen Gemeinde. Bei den vorgegebenen parochialen und volkskirchlichen Verhältnissen in Deutschland ließe sich ein solches Konzept im Rahmen der Landeskirchen höchstens in modifizierter Weise umsetzen.

---

40 Möller (2004, S. 45).
41 Vgl. Grethlein (2007, S. 494).

Weitere Konzepte aus diesem Kontext sind das »Church Planting« und die Fresh-X-Bewegung. Beide Konzeptionen sind relativ neu und stammen ursprünglich aus der anglikanischen Kirche in England. Church Planting beschreibt Prozesse, die zur Gründung neuer lokaler christlicher Gemeinden führen. Dabei sind in der Regel Mitglieder einer bereits bestehenden Gemeinde aktiv, doch zielt Church Planting darauf ab, dass sich schließlich eine eigenständige Ortsgemeinde entwickelt, auch wenn sie konfessionell oder durch die Zugehörigkeit zu einem Netzwerk weiterhin in Beziehung zur Muttergemeinde steht.[42]

Fresh X umfasst eine Vielzahl von sehr unterschiedlichen Gemeindebauaktivitäten an ganz verschiedenen, auch säkularen, Orten.[43] Charakteristisch ist der Wechsel der Blickrichtung: Traditionellerweise lädt die Gemeinde zu sich ein. Bei Fresh X gehen Christen aus der Kirche hinaus und erkunden mit den Menschen außerhalb, was Glaube für sie in ihrer Situation bedeuten könnte. Gemeinde ist nicht mehr die Parochie, sondern dort, wo Menschen sich treffen, um über ihren Glauben nachzudenken: im Zug, im Schulhaus, im Café, an der Uni. Es wird nicht erwartet, dass sich Menschen darüber hinaus an den traditionellen Gottesdiensten beteiligen.

Der Begriff der »Kirchentheorie« wird seit dem Beginn des 20. Jahrhunderts für ein spezifisch praktisch-theologisches Selbstverständnis von Kirche im Hinblick auf ihre Organisationsgestalt und ihre funktionalen Aufgaben verwendet. Gegenwärtig wird er im evangelischen Raum in Abgrenzung zum Begriff der »Ekklesiologie« gebraucht und erfährt eine Neudefinition durch seine Verbindung mit anderen wissenschaftlichen Disziplinen wie Betriebswirtschaft, Organisationslehre, Geografie und Soziologie. Der frühere Kieler Praktische Theologie Reiner Preul war der Erste, der 1997 eine Kirchentheorie veröffentlichte. Darin übernahm er den Versuch, kybernetische und systemtheoretische Überlegungen in traditionelle ekklesiologische Ansätze zu integrieren. Seitdem zeichnen sich kirchentheoretische Entwürfe eher durch ein umgekehrtes Vorgehen aus: Ausgehend von soziologischen Ansätzen werden in diese ekklesiologische Überlegungen integriert.

---

42 Siehe im Einzelnen 6.3.4.
43 Siehe im Einzelnen 6.4.3.

2.3 Gemeindebau als praktisch-theologisches Handlungsfeld – Versuch einer historischen Einordnung

Die Grundlagen für den Gemeindeaufbau als eigenständiger Unterdisziplin der Praktischen Theologie wurden bereits in der Zeit vor dem Ersten Weltkrieg gelegt. Der sächsische Pfarrer Emil Sulze war am Ende des 19. und zu Beginn des 20. Jahrhunderts hierfür ein wichtiger Pionier. Angesichts von Riesengemeinden – seine Johannes-Parochie in Chemnitz umfasste 1872 47000 Mitglieder, der einzelne Pfarrer hatte 8000 bis 15000 Gemeindeglieder zu betreuen – forderte er die Aufteilung in überschaubare Seelsorgebezirke. Entscheidend war für ihn der Aufbau eines aktiven, seelsorglich geprägten Gemeindelebens im Kontext eines neu zu errichtenden Gemeindehauses.

Ein weiterer Pionier des Gemeindeaufbaus war in den 1920er Jahren Bruno Gutmann, dessen Buch »Gemeindeaufbau aus dem Evangelium« 1925 erschien.[44] Dabei stellt das Wort »Gemeindeaufbau« wohl eine Sprachschöpfung Gutmanns dar und stammt aus der äußeren Mission. Er hat mehrere Jahrzehnte als Missionar der Leipziger Mission bei dem Stamm der Dschaggas am Kilimandscharo (im heutigen Tansania) gearbeitet[45] und in seinem Buch von den Erfahrungen in Afrika her Folgerungen für den Gemeindeaufbau in Europa beziehungsweise speziell in Deutschland gezogen. Im Zentrum steht seine Erkenntnis, dass es zu einem nachhaltigen Gemeindeaufbau nur dann kommen kann, wenn der einzelne Mensch auch in seinen sozialen Beziehungen gesehen wird. Erst unter Berücksichtigung seines natürlichen Eingebundenseins in Familie, Stamm und Volk kann sinnvollerweise auch von der Gemeinde als Leib Christi die Rede sein. Sonst muss die missionarische Verkündigung des Evangeliums letztlich ohne Bodenhaftung bleiben und ins Leere gehen. Gutmann fordert, sensibel die sozialen Bindungen wahrzunehmen, in denen die Adressaten des Evangeliums leben, und zu versuchen, diese Beziehungen vom Evangelium her in den Leib Jesu Christi zu integrieren. Christian Möller kommt zum Resümee: »Die bleibende Bedeutung Gutmanns für die Frage nach Gemeindeaufbau sehe ich also darin, dass er von seinen afrikanischen Erfahrungen her leidenschaftlich an den Artikel der Schöpfung erinnert, während heute über Gemeindeaufbau, zumal über missionarischen Gemeindeaufbau, fast ausschließlich vom zweiten und vom dritten Artikel her nachgedacht wird, was zweifellos zu einer Verkürzung führen muss.«[46] Auffälligerweise spielten schon unter den ersten Jüngern Jesu

---

44 Vgl. hier und im folgenden Möller (1991, S. 159 ff.).
45 Vgl. zur Biografie Gutmanns neuerdings: Prüfer (2015).
46 Prüfer (2015, S. 170).

und später auch in der Jerusalemer Urgemeinde Verwandtschaftsbeziehungen eine wesentliche Rolle.

Hinter Gutmanns Beitrag zum Gemeindeaufbau stand neben seinen Erfahrungen in Afrika eine durch den Ersten Weltkrieg grundlegend veränderte kirchliche Situation. Diese war verantwortlich für die erste große Welle der Gemeindeaufbaudiskussion im vergangenen Jahrhundert, die zur Etablierung des Gemeindeaufbaus als Unterdisziplin der Praktischen Theologie führte. Was war geschehen? 1918 war in Deutschland das landesherrliche Kirchenregiment durch die Revolution abrupt zu Ende gegangen. Die protestantische Staatskirche gab es nicht mehr; gleichzeitig war eine aus der Reformationszeit herrührende fast vierhundertjährige Kirchenverfassung aufgehoben. Mit dem Ende des Staatskirchentums wurde die evangelische Kirche des Staates als ihrer äußeren Stütze beraubt. Damit kam ihre schon vorher bestehende Schwäche und Reformbedürftigkeit ans Licht. Im Grunde genommen stand nach dem Ende des Ersten Weltkriegs zum ersten Mal die Frage nach dem Weiterbestand der evangelischen Landeskirchen zur Entscheidung an. Dass zwar die Staatskirche abgeschafft wurde (Art. 137 der Weimarer Reichsverfassung beginnt mit dem Satz: »Es besteht keine Staatskirche«), aber trotzdem weiterhin enge Beziehungen zwischen Kirche und Staat bestanden, hatte die Kirche letztlich der Sozialdemokratie zu verdanken, die in den ersten Jahren der Weimarer Republik den Ton angab. Sie stellte ihre antikirchlichen Ressentiments zurück. Dennoch stand die evangelische Kirche der Weimarer Republik in ihrer überwiegenden Mehrheit distanziert, ja sogar feindlich, gegenüber und war weithin geprägt von einer politischen und kulturellen Rückwärtsgewandtheit. Für die gesamte Zeit der Weimarer Republik galt: »Wie schwer fiel es der Kirche, den Zugang zur sozialen, wirtschaftlichen und politischen Wirklichkeit der Gegenwart zu finden! Sie wollte ›Volkskirche‹ sein und blieb doch im Ghetto ihrer Traditionen sitzen, sprach über einen Graben der Distanz zu einem Volk, das ihre Sprache nicht mehr verstand. Die so brennende Frage nach der politischen Verantwortung des Christen im demokratischen Staat, der jetzt die geltende Obrigkeit war, ist nie konkret gestellt worden.«[47]

Es lässt sich vor diesem Hintergrund leicht nachvollziehen, warum gerade in den 1920er und 1930er Jahren die Frage nach der Gestalt der evangelischen Kirche die Gemüter beschäftigt hat. Ekklesiologische Überlegungen bekamen aufgrund der politischen Umwälzungen eine unerhörte Dringlichkeit. Eine Reihe von Vertretern theologischer Neuansätze und kirchlicher Erneuerungsbewegungen machten sich um die zukünftige Gestalt der Kirche Gedanken und

---

47 Kupisch (1975, S. 114 f.).

betrieben aktiv deren geistliche Erneuerung. Dazu gehörte vor allem die von Karl Barth begründete sogenannte Dialektische Theologie. Hierzu zählte ebenso die Berneuchener Bewegung, aus der 1931 die Evangelische Michaelbruderschaft hervorging. In den 1930er Jahren verschärfte sich mit dem Naziregime und dem Kirchenkampf die Frage nach der zukünftigen Gestalt der evangelischen Kirche in Deutschland noch einmal. Um was es dabei letztlich ging, hat Dietrich Bonhoeffer in einem Brief an Eberhard Bethge vom 9.10.1940 auf den Begriff gebracht: »Es ist die Frage, ob nach der Trennung von der päpstlichen und der weltlichen Autorität in der Kirche eine Autorität in der Kirche aufgerichtet werden kann, die allein vom Wort und Bekenntnis her begründet ist. Ist eine solche Autorität nicht möglich, dann ist die letzte Möglichkeit evangelischer Kirche vorbei; dann gibt es wirklich nur Rückkehr nach Rom oder unter die Staatskirche oder den Weg in die Vereinzelung, in den ›Protest‹ des echten Protestantismus gegen falsche Autoritäten. Es ist kein Zufall, sondern göttliche Notwendigkeit, dass es heute um die Autorität des echten Kirchenregiments geht.«[48]

In der Zeit nach dem Zweiten Weltkrieg kam es im Westen Deutschlands durch das Erschrecken über die Nazigräuel zu einer Privilegierung der Kirchen durch den Staat. Seitdem ließen sich drei weitere Gemeindeaufbauwellen beobachten. In der DDR begann die erste bereits Anfang der 1960er Jahre,[49] im Westen erst Ende der 1960er Jahre. Sie hing zusammen mit steigenden Austrittszahlen und dem Rückgang des gesellschaftlichen Einflusses der Kirche. Damals entstand eine Vielzahl von neuen Gemeindeaufbaukonzeptionen. In ihrem Fokus stand die Erneuerung der Ortsgemeinden.

Die zweite Gemeindeaufbauwelle nach dem Zweiten Weltkrieg verdankte sich der durch die Wiedervereinigung erneut gravierend veränderten kirchlichen Situation in Gesamtdeutschland. In der alten Bundesrepublik gehörten 1990 mehr als 85 % der Bevölkerung einer der beiden großen christlichen Kirchen an. Durch den Beitritt der DDR wurde die Bundesrepublik zu einer Drei-Drittel-Gesellschaft: 1/3 Evangelische, 1/3 Katholische, 1/3 Konfessionslose beziehungsweise Angehörige anderer Religionen. Die neue Situation beinhaltete einen spürbaren Entkirchlichungsschub. Eine Konsequenz war die Gründung des Instituts zur Erforschung von Evangelisation und Gemeindeentwicklung in Greifswald im Jahr 2004, das von einzelnen Landeskirchen zusammen mit der EKD finanziell mitgetragen wurde.

Inzwischen stehen wir mitten in der dritten Welle der Überlegungen zur Zukunft der Kirche. Seit 2022 gehört erstmals weniger als die Hälfte der deut-

---

48 Bonhoeffer (1996h, S. 66).
49 Vgl. dazu im Einzelnen Ratzmann (1980).

schen Bevölkerung einer der beiden großen Kirchen an. Die Diskurse zum Gemeindebau haben sich von Orientierung an der Erneuerung der Ortsgemeinden zur projektorientierten Vision einer »mixed economy« im Rahmen von Fresh-X-Initiativen verschoben. Dem entspricht, dass in der wissenschaftlichen Praktischen Theologie kirchentheoretische Überlegungen mehr und mehr in das Zentrum des Interesses getreten sind und die Auseinandersetzung zwischen den unterschiedlichen Gemeindeaufbaukonzepten abgelöst haben.

3. Kirche und Gemeinde. Ein Blick in das Neue Testament

3.1 Die Hauskirche

Entscheidende Zelle der Gemeinde ist im Urchristentum die Hauskirche. Außer im Tempel versammelte sich die Urgemeinde in den Privathäusern vermögender Gemeindeglieder (Apg 12,12–17). Diese Hausgemeinden waren zum Teil eher klein. Die in Apg 1,15 angegebene Zahl von 120 Personen scheint einen äußersten Grenzwert darzustellen. Eine Vorstellung von der Größe der Hausgemeinden vermittelt auch das Haus des Petrus in Kapernaum. Für die kleine christliche Minderheit der damaligen Gesellschaft, die noch dazu immer wieder von staatlicher und kirchlich-offizieller Seite verfolgt wurde, bot sich das private Haus als Ort der spezifisch christlichen gottesdienstlichen Versammlungen an. Klassische Belegstelle dafür ist Apg 2,46: »Sie [d. h. die Mitglieder der Jerusalemer Urgemeinde] waren täglich einmütig beieinander im Tempel und brachen das Brot hier und dort in den Häusern, hielten die Mahlzeiten mit Freude und lauterem Herzen« (vgl. auch Phlm 2; 2Joh 10; 2Tim 4,19). Das »einmütige Beieinandersein« der Urgemeinde weist darauf hin, dass die erste Jerusalemer Gemeinde eine verbindliche Lern- und Lebensgemeinschaft bildete. Das Haus war nicht nur Ort der Gottesdienste, sondern auch Ort der christlichen Unterweisung (Apg 20,20) und der Evangelisation (Apg 5,41).

Der Bochumer Neutestamentler Peter Wick hat in seiner Habilitationsschrift »Die urchristlichen Gottesdienste« herausgestellt, dass Jerusalemer Tempel, Synagoge und Haus *zusammen* die gottesdienstliche Praxis des Judentums zur Zeit Jesu prägten – und zwar nicht als voneinander mehr oder weniger unabhängige Alternativen, sondern als Teile eines komplexen Systems, dessen einzelne Elemente miteinander verknüpft waren und aufeinander verwiesen.[50] Für die junge christliche Gemeinde wurde die dritte Form des jüdischen Gottesdienstes, der Hausgottesdienst, entscheidend, aus dem der spezifisch christliche Gottesdienst erwuchs. Im Zentrum des jüdischen Hausgottesdienstes standen die gemeinsamen Mahlzeiten, das persönliche Gebet und die Schrift-

---

50 Ratzmann (1980, S. 52 ff., Zusammenfassung S. 360 f.).

lehre im Familienkreis. Die Mahlzeiten wurden von Segensgebeten eröffnet und beschlossen. Bei herausgehobenen Mahlzeiten waren zusätzlich Schriftlesung und Schriftlehre integrale Bestandteile. Das zeigt die Ordnung für das Passahfest (vor allem die der Seder-Feier am Vorabend).[51] In der Passahhaggada (Liturgiebuch mit Schriftlesungen für das Passahfest) ist die Schriftlehre – erlebnispädagogisch sehr geschickt – mit bestimmten Symbolhandlungen verbunden, zu denen z. B. der Genuss von Symbolspeisen wie Mazzen und Bitterkräutern gehört. Der jüngste Teilnehmer am Passahmahl hat die Aufgabe, die Frage nach dem Sinn des Festes zu stellen: »Wodurch unterscheidet sich diese Nacht von allen anderen?« Er gibt dadurch das Signal für den Beginn der Schriftlehre durch den Familienvater.

Aus der Tradition des im Haus gefeierten letzten Abendmahls Jesu am Gründonnerstag (sei es im Rahmen eines Passahmahls oder einer anderen gottesdienstlichen Mahlzeit) haben sich zusammen mit den häuslichen Mahlfeiern des irdischen Jesus mit »Zöllnern und Sündern«, mit Wirtschaftskriminellen und Prostituierten, die ersten eigenständigen gottesdienstlichen Feiern der Urgemeinde entwickelt. Die judenchristliche Jerusalemer Gemeinde verblieb zwar zunächst innerhalb des jüdischen Synagogenverbandes, das heißt, sie nahm auch nach Pfingsten an den Gottesdiensten in den Synagogen und im Jerusalemer Tempel teil, eventuell auch an dessen Opferkult. Daneben entwickelte sich in der christlichen Gemeinde jedoch mehr und mehr ein liturgisches Eigenleben, zu dem die eigen geprägten Versammlungen »hin und her in den Häusern« gehörten.

Wesentlich für den Gottesdienst der Urgemeinde in den Häusern scheinen dabei vier Aspekte gewesen zu sein, die Lukas in Apg 2,42 summarisch hervorhebt: »Sie blieben aber beständig in der Lehre der Apostel und in der Gemeinschaft und im Brotbrechen und im Gebet.« Die spätere kirchliche Tradition fasst in ähnlicher Weise die wesentlichen Vollzüge des Gemeindelebens zusammen mit den griechischen Begriffen »martyria«, »koinonia«, »diakonia«, »leiturgia«. Dazu kam als grundlegender gottesdienstlicher Ritus die Taufe, die dem Summarium unmittelbar vorausgeht (Apg 2,41).

Der christliche Glaube hat überhaupt nur deswegen Weltgeltung erlangt, weil aus ihm die Kirche, eine Gemeinschaft von Menschen, eine »koinonia«, erwuchs. Die soziale Dimension ist für den christlichen Glauben essenziell. Ja, Glaube ist soziale Praxis. Die lateinische Übersetzung des griechischen Wortes »koinonia«, »Gemeinschaft«, ist »communio«. Am Beginn der weltweiten Ausbreitung des Christentums stand die »communio« der Gemeinde von Jeru-

---

51 Petuchowski (1987, S. 28 ff.); Chagall (1966).

salem. Es handelte sich dabei nach der Überzeugung ihrer Mitglieder um eine durch den Glauben an Jesus Christus konstituierte, ermöglichte und geschenkte neue Gemeinschaft von Menschen. Die Gemeinschaft der ersten Jerusalemer Gemeinde fand einen besonderen Ausdruck darin, dass viele Mitglieder einen erheblichen Anteil ihres Besitzes (sowohl Mobilien wie auch Immobilien) für Bedürftige der Gemeinde zur Verfügung stellten. Das geschah als Einzeltat freiwillig (Apg 5,1-11) und immer wieder (Apg 4,32-37). Insofern handelte es sich dabei um keinen »allgemeinen Liebeskommunismus«, wie man aus Apg 2,44 f. vielleicht schließen könnte. Wenn Lukas davon spricht, dass die Urgemeinde alle Dinge gemeinsam hatte, so benutzt er eine Vorstellung aus der griechischen Philosophie und will zum Ausdruck bringen, dass im Leben der Urgemeinde verwirklicht war, was bei den Griechen als ersehntes Ideal galt. Der Glaube an Jesus machte die Mitglieder der Urgemeinde bereit, um der Bedürftigkeit der anderen Gläubigen willen auf irdische Güter zu verzichten (vgl. z. B. Lk 12,33).

Wir wissen von ähnlichen Erscheinungen bei den Essenern. Dort war jedoch jeder bei seiner endgültigen Aufnahme in den Orden dazu *verpflichtet,* all seine Güter der gemeinsamen Verwaltung zu übergeben.[52] Demgegenüber war der »Liebeskommunismus« der Urgemeinde ein *freiwilliger* (Apg 5,4). Er scheint in einer radikalen Steigerung der pharisäischen Armenfürsorge bestanden zu haben. Zudem war diese Form des Teilens von Besitz wohl auf die erste Zeit der Urgemeinde beschränkt und durch die besondere Situation ihrer Mitglieder bedingt. Im Verlauf der Kirchengeschichte sind Bestrebungen, im Raum der christlichen Gemeinde auf Privateigentum zu verzichten, immer wieder aufgebrochen. Man denke nur an die mittelalterlichen Bettelorden. Eigentlich ist es erstaunlich, dass in der Urgemeinde das Verfügungsrecht über den Besitz bei den Mitgliedern verblieben ist. Ein erheblicher Teil der Urgemeinde stammte aus Galiläa. Da er in Jerusalem ohne Erwerbsmöglichkeit war, war er auf die Unterstützung durch andere angewiesen. Die Übersiedlung der Galiläer nach

---

52 Philo schreibt in einem seiner Essener-Berichte über die essenische Gemeinschaftsorganisation Folgendes: »Zuerst also, kein Haus ist das Eigentum einer einzelnen Person, ohne daß es nicht in der Tat das Haus aller wäre; denn, außer dem sie in Bruderschaften gemeinsam leben, steht ihre Wohnung auch den Mitgliedern derselben Sekte offen, die von anderswoher kommen. Folglich haben sie eine einzige Kasse für alle und gemeinsame Ausgaben. Gemeinsam sind die Kleider und gemeinsam die Lebensmittel; auch haben sie den Brauch der gemeinschaftlichen Mahlzeiten angenommen. Das Teilen desselben Daches, derselben Lebensweise und desselben Tisches findet man tatsächlich nirgends besser verwirklicht. Und das ist der Grund dafür: Alles, was sie als Lohn für ihr Tagwerk verdienen, behalten sie nicht für sich selbst, sondern legen es vor allen nieder, damit es zur gemeinsamen Verfügung stehe für die, welche sich davon bedienen wollen« (S. 84-87 der Schrift Philos »Quod Omnis Probus liber sit«, zit. nach Stuhlmacher 1992, S. 205). Philos Berichte werden durch Originaltexte von Qumran bestätigt.

Jerusalem brachte zudem eine enge Lebensgemeinschaft mit sich. So lag der Versuch nahe, das Eigentum zentral zu verwalten. Dazu kam noch das essenische Vorbild einer verpflichtenden Gütergemeinschaft für alle.

Um zusammenzufassen: Die früheste christliche Gemeinde in Jerusalem – und das gilt modifiziert auch für die paulinischen Gemeinden im Raum des Hellenismus – charakterisieren drei Merkmale.[53] Erstens gründet sie in der Christuspredigt (Apg 2,14 ff.) und ist damit christozentrisch ausgerichtet. Zweitens wird sie wesentlich von kleineren gottesdienstlichen Zusammenkünften in den Häusern von Mitgliedern der Gemeinde geprägt (Apg 2,46). Drittens werden gemeinsames Leben, das heißt das partielle Teilen des Alltags, und Umverteilung der Güter betont (Apg 2,44 f.).

3.2 Die vierfache Sozialgestalt der Kirche

Der Kirchenrechtler Hans Dombois hat überzeugend nachgewiesen, dass vier Sozialgestalten für die Kirche essenziell sind. Sie bilden sich in den ersten vier Jahrhunderten des Christentums heraus und reichen ansatzweise allesamt bereits in die Urchristenheit zurück: universale Kirche, partikulare Kirche, Gemeinde und Orden. Ortsgemeinde und universale Kirche sind dabei gleich ursprünglich, was bereits an der Doppelbedeutung des neutestamentlichen Begriffs der »ekklesia« im Sinne von Gesamtgemeinde (1Kor 15,9) und Einzelgemeinden (1Kor 1,2) sichtbar wird. Beide Gestalten von Kirche besitzen die gleiche Dignität. Sehr bald entwickelte sich auch die dritte Gestalt von Kirche, die Partikularkirche, die begrifflich neben und sachlich innerhalb der universalen Kirche steht. Ansätze zur Entstehung von Partikularkirchen finden sich wiederum schon im Neuen Testament. Hier ist z. B. die durch die paulinische Mission entstandene griechisch geprägte Kirche zu nennen (vgl. auch 1Kor 16,1, wo Paulus von »den Gemeinden in Galatien« spricht). An der Wende vom dritten zum vierten Jahrhundert entstand schließlich eine vierte Sozialgestalt von Kirche, die später unter der Bezeichnung »Orden« begrifflich zusammengefasst wurde. Unter Orden sind alle selbstständigen Gruppen zu verstehen, »die auf Grund besonderer Berufung und freier Wahl ihrer Glieder in bewußter Korrelation zu der grundsätzlich jedem Christen zugänglichen ›Kirche‹ und ›Gemeinde‹ stehen, aber eben darum selbst nicht Kirche oder Gemeinde zu sein beanspruchen [...]. Aus dieser bewußten Begrenzung und bejahten Bezogenheit ergibt sich über den präzisen und engeren Begriff des Ordens hinaus der hier gemeinte, für die

---

53 Vgl. dazu Banks (2000, S. 611).

Struktur der Kirche charakteristische Verbandstypus, dessen weiteste, schon etwas blasse Umschreibung man im Begriff der ›besonderen Dienstgemeinschaft‹ versuchen könnte.«[54] Neutestamentliche Analogien zum späteren christlichen Ordenswesen lassen sich im Zusammenleben der Jünger und Jüngerinnen mit dem irdischen Jesus (Lk 8,1–3), ansatzweise auch in der Jerusalemer Urgemeinde finden (Apg 2,42–47). Den Orden kommt wie den drei anderen Sozialgestalten für die Kirche konstitutive Bedeutung zu. Sie sind deshalb nicht ausschließlich durch den Verweis auf außergewöhnliche Entstehungsbedingungen, wie z. B. eine verweltlichte oder reich gewordene Kirche und darauf reagierende besondere asketische Bestrebungen, zu erklären. Vielmehr besitzen die Orden eine für die drei anderen Gestalten der Kirche auf Dauer unverzichtbare spirituelle und institutionelle Prägekraft. Die vier Sozialformen der Kirche stellen nämlich keine isolierten Größen dar, sondern verweisen aufeinander und sind untereinander verbunden. Die im 20. Jahrhundert entstandenen evangelischen Kommunitäten und geistlichen Gemeinschaften bilden im Protestantismus die vierte Sozialgestalt von Kirche. Vorläufer waren im 18. Jahrhundert z. B. die Herrnhuter Brüdergemeine und im 19. Jahrhundert die Diakonissenmutterhäuser. Darüber hinaus hat es seit der Reformation immer evangelische Damenstifte (wie etwa die Heideklöster in Niedersachsen) mit verbindlichem gemeinsamen Leben gegeben.

3.3 Die vom Geist Gottes begabte Gemeinde

Ernst Käsemann wies in seinem berühmten Aufsatz »Amt und Gemeinde im Neuen Testament« von 1960 nach, dass Paulus in 1Kor 12–14 eine Gemeindeordnung nicht vom Amt, sondern vom Charisma her konzipiert.[55] Die Wiederentdeckung der charismatischen Dimension der Gemeinde machte ein großes Defizit der Reformation offenbar: Diese trat zwar in der Theorie für das allgemeine Priestertum ein, erreichte aber in der Praxis keine Überwindung der Pfarrerzentriertheit des Gemeindelebens.

Es war vor allem Rudolf Bohren, der die exegetischen Erkenntnisse Käsemanns für die Praktische Theologie und die Gemeindepraxis fruchtbar zu machen versuchte. Er entwickelte daraus eine Theologie der vom Heiligen Geist begabten Gemeinde.[56] Haben die Laien den Geist und werden sich seiner immer

---

54 Dombois (1974, S. 40).
55 Käsemann (1964).
56 Bohren (1963).

mehr bewusst, indem sie ihn in eigenen und fremden Charismen erfahren, ist die Kirche auf dem Weg zum allgemeinen Priestertum einen wesentlichen Schritt vorangekommen. Wie dringlich dem jungen Bohren dieses Anliegen war, zeigen herausfordernde Thesen wie die folgende: »Ich meine, daß wir in Zukunft die Wahl haben, entweder nach Rom zurückzukehren oder aber die Fahne der Priesterschaft aller Gläubigen aus dem Reformationsmuseum herauszuholen und hinter ihr herzugehen [...]«[57] Eine Konsequenz bestand in Bohrens neuer Konzeption der Kasualien: Diese sollen nicht länger vom ordinierten Pfarrer, sondern von Gemeindegliedern »hin und her in den Häusern« durchgeführt werden.[58]

3.3.1 Jeder ist begabt

Leider ist der deutsche Begriff »Charismatiker« wenig geeignet, die Sache, um die es im Neuen Testament geht, sinnvoll zum Ausdruck zu bringen. Der moderne Sprachgebrauch von »Charisma«, »charismatisch« und »Charismatiker« ist ganz von seiner Verwendung in der Religionssoziologie Max Webers geprägt.[59] Weber umschreibt mit den Begriffen sämtliche Formen außerordentlicher Begabungen. Gegenüber Paulus ist damit eine irreführende Richtung eingeschlagen, für den »Charismatiker« ein Synonym für »Christ« ist.

Der Geist steht nach der paulinischen Charismenlehre nicht im Gegensatz zur menschlichen Begabung, sondern nimmt sie im Charisma in Dienst: »Was der Mensch an natürlichen Fähigkeiten und Begabungen besitzt, wird – wie der ganze Mensch – vom Geist in den einen Leib in Christus eingebracht und das empfängt der Mensch neu als Gabe des Geistes und kann es als solche in der Gemeinde zur Wirksamkeit bringen.«[60] Der Geist erweckt im Kontext der christlichen Gemeinde aber auch ganz neue Begabungen in einem Menschen: »Der Geist kann das Vorhandene zu noch ›höherer Macht und Tätigkeit‹ steigern und kann in seiner schöpferischen Macht im Christen ganz neue Kräfte wachrufen, die erst durch sein Gläubigwerden und durch sein Leben in der christlichen Gemeinde und deren Erfordernissen in ihm geweckt werden.«[61] Ein den neutestamentlichen Vorstellungen angemessenes Charismenverständnis muss Raum lassen für die Verleihung unspektakulärer und spektakulärer Geistesgaben an begabte und unbegabte Menschen durch den gleichen Geist.

---

57 Bohren (1979, S. 27).
58 Bohren (1979).
59 Ratschow (1981, S. 681 f.).
60 Giesriegl (1989, S. 100).
61 Giesriegl (1989, S. 101).

Die Verleihung von Charismen durch den Geist Gottes bedeutet eine »Erweckung zum Eigenen, zur Originalität«.[62] Die Geistbegabung stellt also gegenüber der Persönlichkeit des Menschen nichts Fremdes oder gar Feindliches dar. Im Gegenteil: Durch den Geist »[bewegt] Gott das Denken und Wollen des Menschen von innen her so [...], daß sie sich ihm mit eigenem Glauben ergeben und mit eigener Liebe gehorchen«.[63]

Haben die Laien den Geist und werden sich seiner immer mehr bewusst, indem sie ihn in eigenen und fremden Charismen erfahren, ist die Kirche auf dem Weg zum allgemeinen Priestertum einen wesentlichen Schritt vorangekommen. Ohne Planung, ohne ein Interesse am Charisma bleiben die Charismen allerdings unentdeckt, unentwickelt und ungenutzt. Darum ist zu überlegen: Wo bilden herkömmliche Kirchengemeinden einen Erfahrungsraum für die Charismen? Wo wird im Leben der Gemeinde das Zusammenspiel der unterschiedlichen Charismen sichtbar? Wo werden Gemeindeglieder gelehrt, dass der Geist durch Charismen wirksam ist und in ihnen erfahren werden kann? Wo werden Gemeindeglieder ermutigt, ihre Begabungen zu erproben?

Eine wesentliche Voraussetzung zur Erweckung der eigenen charismatischen Möglichkeiten liegt in der Selbstliebe, die als »Kraft zur Nächstenliebe« zu verstehen ist: Nur jemand, der sich nicht länger durch Hemmungen und Ängste selbst begrenzt, hat Zugang zu seiner charismatischen Wirklichkeit. »Unsere charismatischen Möglichkeiten werden durch Vertrauen erweckt: durch Gottvertrauen, durch Selbstvertrauen und durch Zutrauen der Nächsten.«[64] Der charismatisch begabte Mensch ist der über eigene und fremde Festlegungen hinausgehende Mensch der Möglichkeiten. Die Charismen werden dort wach, wo der Glaube die Lebens- und Todesängste überwindet. Umgekehrt gilt, dass gerade die Erfahrung von Charismen Menschen über eigene und fremde Festlegungen hinausführt.

Konstitutiv für den Raum des Vertrauens und damit Nährboden für die Charismen ist die christliche Gemeinde. Hier wird das »Zutrauen der Nächsten« konkret und führt zur gegenseitigen Freisetzung von Charismen. Einer der stärksten Eindrücke während meiner Mitarbeit als Pfarrer einer evangelischen Kommunität bestand darin, dass ich erlebte, wie unsichere und farblose junge Menschen ihre Begabungen entdeckten und in das gemeinsame Leben einbrachten, angeregt durch Herausforderungen der Gemeinschaft und durch Ermutigung vonseiten anderer Mitglieder. Bei der Vorbereitung von Geburts-

---

62 Thielicke (1978, S. 104).
63 Schlatter (1962, S. 332).
64 Vgl. hier und im Folgenden Moltmann (1991, S. 201).

tagsfeiern etwa war Kreativität im Hinblick auf die Gestaltung des Raumes, aber auch bei der Ausarbeitung des Festprogramms gefragt. Öfter kam es in der Alltagsarbeit zu Engpässen, sodass jüngere Mitglieder der Gemeinschaft plötzlich Aufgaben übernehmen mussten, die sie sich nie zugetraut hätten. Bisweilen konnte ich nur staunen, mit welcher Geschwindigkeit sich manche junge Männer und Frauen zu selbstbewussten, engagierten Mitgliedern der Gemeinschaft entwickelten.

3.3.2 Jeder ist unterschiedlich begabt

Ein herausragendes Kennzeichen der Charismen besteht nach dem NT in ihrer Vielfalt und Unterschiedlichkeit. Die Charismen sind so zahlreich und verschieden wie die Menschen selbst. Gerade die Verschiedenheit der Charismen stellt paradoxerweise ein gemeinschaftsstiftendes Potenzial dar. Weil kein Christ alle Gaben besitzt, ist er auf die Gemeinschaft mit den anderen Gemeindegliedern und deren Begabungen angewiesen.

Die Abwehr und die Angst vieler Zeitgenossen vor dem Anderen und Fremden in einer pluralistischer und unüberschaubarer werdenden Gesellschaft sind psychologisch erklärbar. Die durch die Vielfalt ihrer Gnadengaben zur Einheit befreite charismatische Gemeinde hat angesichts dieser Situation die Chance, deutlich zu machen, dass enorme Verschiedenartigkeit und liebevolle Einheit sich nicht ausschließen, sondern sich gegenseitig bedingen. Die charismatische Gemeinde ist ein Raum, in dem die Andersartigkeit des anderen nicht als Bedrohung, sondern als Ergänzung und Bereicherung erfahren werden kann. Mehr noch: Sie macht sichtbar, dass die bleibende Andersheit der anderen sogar die Voraussetzung dafür ist, dass mein eigenes Leben gelingt und dass umgekehrt meine besondere Eigenheit dazu hilft, dass das Leben der anderen bereichert wird. Die charismatische Gemeinde kann zeigen, »daß das Geisteswirken weder pluralistisch im Sinne eines dissoziierenden Pluralismus noch individualistisch im Sinne eines abstrakt unifizierenden Individualismus zu verstehen ist«.[65]

Angesichts unserer Massengesellschaft mit ihren Uniformierungstendenzen ist zu überlegen, ob die paulinische Betonung der Einheit der Charismen heute nicht durch eine Betonung ihrer Vielfalt ergänzt werden müsste.[66] Ein weiterer Grund für diese Erweiterung der Blickrichtung liegt in der unterschiedlichen gemeindlichen Situationen damals und heute: In der jungen korinthischen Gemeinde scheint ein Aufbruch der unterschiedlichsten Charismen stattgefunden zu haben,

---

65 Welker (1992, S. 230).
66 Vgl. Moltmann (1991, S. 198).

der ihre Einheit zu zerstören drohte. Im volkskirchlichen Protestantismus jedoch prägt durch die jahrhundertelange Konzentration der Gaben auf den kirchlichen Amtsträger der scheinbar charismenlose, unmündige Laie häufig immer noch die Gemeindewirklichkeit. Darum ist weniger die Einheit als vielmehr die Freiheit als Voraussetzung zur Freisetzung der verschiedenen Gaben zu betonen. Die charismatische Gemeinde sollte zum Raum einer kreativen Freiheit werden, in dem sich die unterschiedlichsten Gaben entfalten können.

3.3.3 Jeder ist zum Nutzen aller begabt

Paulus hat in 1Kor 12,7 (aber auch insgesamt in 1Kor 12–14 und in Röm 12) für die weitere Geschichte der Christenheit deutlich gemacht, dass die Charismen dem Aufbau der Gemeinde dienen sollen: Die Charismen sind »zum Nutzen aller« gegeben. Die christliche Gemeinde ist der Raum, in dem sich die Charismen entfalten können und auf den sie bezogen bleiben. Es gehört zum Wesen der Charismen, dass keiner über alle verfügen muss. Durch die Charismen führt der Geist den Einzelnen aus der Fixierung auf sich selbst heraus und befreit ihn zu einem Leben in Beziehungen mit anderen Menschen und darüber hinaus mit der übrigen geschaffenen Welt. Dieser Zielhorizont bildet ein unverzichtbares Korrektiv gegenüber Vereinzelung und Überforderung von Pfarrerinnen und Pfarrern, aber auch einzelner besonders engagierter Gemeindeglieder.[67]

In dem Moment, wo Menschen sich der ihnen von Gott verliehenen Geistesgaben bewusst werden, wird es sie automatisch dazu drängen, diese im Leben der Gemeinde einzubringen. Indem sie ihre Gaben entdecken und ausüben, werden sie sich ihrer Würde als Mitarbeiter und Mitarbeiterinnen der Gemeinde gewiss. Die Entdeckung der Gnadengaben als »Dienstgaben zum Aufbau des Leibes Christi« bildet die Voraussetzung, die falsche Scheidung zwischen sogenannten Geistlichen und Laien zu überwinden. So kann ein Mitarbeiterkreis entstehen, der geistliche Verantwortung zu tragen vermag.

Da die Charismen über den kirchlichen Kontext hinaus auch »zum Leben und Dienen« in der Welt gegeben sind, kann grundsätzlich jede Begabung zum Charisma werden: »Die Charismen sind so zahlreich und verschieden wie die Menschen, und sie umfassen die ganze Breite des menschlichen Alltags.«[68] In einer veränderten gesellschaftlichen Situation, geprägt von Globalisierung, Digi-

---

67 Vgl. Käsemann (1972, S. 213 f.).
68 Koordinierungsgruppe der Charismatischen Erneuerung in der Katholischen Kirche (2007, S. 26).

talisierung, Klimaveränderung und weltweiten Flüchtlingsbewegungen, sind andere Charismen nötig als während der Zeit des Urchristentums.

3.3.4 Die Charismen weisen über sich selbst hinaus

Die Charismen zielen als Vorwegerfahrung der Neuschöpfung auf die Erneuerung der Menschheit, ja der Schöpfung als Ganzes, hin. »Die charismatische Erfahrung ist [...] die Erfahrung, daß dieses alt gewordene, verfehlte und mit Verfehlungen beladene Leben wieder zu blühen beginnt und also wieder jung wird.«[69] In den Gnadengaben ist das Zukünftige schon gegenwärtig – und zwar im »Modus des Heilens«.[70] Darum stehen sie unter eschatologischem Vorbehalt. In den Charismen ist der Geist nicht mehr als das »Angeld« des Zukünftigen.[71] Auch für den Charismatiker gilt, »daß man den Geist hat und zugleich doch ins Warten gestellt ist«.

Paulus spitzt in 1Kor 13,8 die Tatsache, dass auch die Charismen unter eschatologischem Vorbehalt stehen, sogar noch zu. Er ist der Überzeugung, dass sie mit der Vollendung der neuen Schöpfung aufhören werden: »Die Liebe hört niemals auf, wo doch das prophetische Reden aufhören wird und das Zungenreden aufhören wird und die Erkenntnis aufhören wird« (1Kor 12,8). Eschatologisch betrachtet sind die Charismen also gerade Zeichen für die Vorläufigkeit dieses Äons. Die Charismen haben ihren Sinn verfehlt, wenn sie nicht zu mehr Glaube, Liebe, Hoffnung hinführen. Nicht die Charismen, sondern die Früchte des Geistes haben ewigen Wert.

Der eschatologische Vorbehalt, unter den Paulus seine Charismenlehre stellt, macht auch vorsichtig gegenüber allen Versuchen, die urchristlichen Charismen schablonenhaft wiederherstellen zu wollen.[72] Dabei wird übersehen, dass der Geist Gottes nicht »geist-los« zu allen Zeiten auf die gleiche Weise wirkt. Als Geist Jesu Christi verbindet er sich zu den unterschiedlichen Zeiten mit je neuen Formen menschlichen Handelns, um dadurch das Evangelium anschaulich, das heißt, für die jeweiligen Zeitgenossen verständlich zu machen. Das Beispiel der Krankenheilung zeigt, dass kulturelle Umstände auf die Gestalt eines Charismas Einfluss haben.[73] Weil die ärztliche Heilkunst heute viel weiter fortgeschritten ist und viel mehr Menschen zur Verfügung steht als in neutestamentlicher Zeit, gehört eine Krankheit zunächst in den Zuständigkeitsbereich des Arztes.

---

69 Moltmann (1991, S. 208).
70 Schütz (1987, S. 498 f.).
71 Vgl. hier und im Folgenden Käsemann (1972, S. 215).
72 Vgl. Rebell (1989, S. 149).
73 Vgl. im Folgenden Rebell (1989, S. 149 ff.).

Es mutet äußerst merkwürdig an, wenn in Industrienationen in pfingstlich-charismatischen Gruppen für die spontane Heilung eines Armbruchs gebetet wird. Ganz anders sieht das Problem in Gegenden der Zwei-Drittel-Welt ohne ausreichende ärztliche Versorgung aus. Damit soll nicht bestritten werden, dass es auch in Industrienationen legitim ist, für Kranke zu beten – allerdings darf deswegen nicht auf die medizinische Behandlung verzichtet werden. Genauso stellt sich die Frage, ob die in manchen Teilen des pfingstlich-charismatischen Christentums zu beobachtende Fixierung auf das Charisma der Zungenrede sinnvoll ist. Eine Kirchengemeinde kann gut ohne die Gabe der Glossolalie leben. Sie ist jedoch zum Untergang verurteilt, wenn es in ihren Reihen niemanden gibt, der die Fähigkeit besitzt, verantwortlich mit Geld umzugehen.

4. Kirche und Gemeinde im Verlauf der Geschichte: sieben exemplarische Stationen

Der Blick in die Geschichte ermöglicht mindestens einen zweifachen Erkenntnisgewinn: Zum einen wird dabei sichtbar, dass die Kirche im Verlauf ihrer zweitausendjährigen Geschichte in sehr unterschiedlichen Gestaltungsformen existierte. Zum anderen wird erkennbar, dass sie allesamt nur für eine bestimmte – längere oder kürzere Zeit – funktioniert haben und danach von einer neuen Gestalt ergänzt oder sogar abgelöst wurden.

4.1 Alte Kirche und frühes Mittelalter: Herausbildung der Parochie[74]

Im Neuen Testament war, wie wir sahen, jede Ortsgemeinde Kirche Gottes, »ekklesia theou«, im vollgültigen Sinn. Nicht zuletzt aufgrund der Auseinandersetzung mit gnostischen Gruppen und dem Montanismus kam es im Verlauf des 2. und 3. Jahrhunderts zur Bildung einer bischöflich verfassten Kirche.[75] Die einzelne Gemeinde wurde zur »paroikia«/Parochie (Ortsteil) im Sinne eines kirchlichen Verwaltungsbezirks innerhalb der »dioikia«/Diözese des Bischofs. Dieser hatte normalerweise in der Stadt seinen Sitz, die auch Mittelpunkt eines römischen Verwaltungsbezirks war. Der Bischof erhielt die Aufgabe, für die Parochien Presbyter beziehungsweise »parochi«/Ortsgeistliche einzusetzen. Parallel zur Herausbildung eines monarchisch verstandenen Bischofsamtes trat der Unterschied zwischen Klerus und Laien immer deutlicher hervor. Der berühmte Bischof Cyprian von Karthago schrieb um 250 allerdings noch, dass er als Bischof nichts ohne den Rat seiner Presbyter und ohne die Zustimmung seiner Gemeinde unternommen habe (ep. 41,4).

---

74 Vgl. dazu ausführlicher Möller (1990b, S. 1–147) und Möller (1984, S. 316–335).
75 In den Pastoralbriefen wird ansatzweise bereits eine bischöfliche Verfassung der Einzelgemeinde erkennbar (1Tim 3,1 ff.).

Mit der weiteren Ausbreitung der Kirche und ihrer Entwicklung zur Staatskirche im 4. Jahrhundert wurde das Bischofsamt jedoch weiter zentralisiert und von der einzelnen Ortsgemeinde entfernt. Fortan ging alle Macht vom Bischof aus, der das Taufrecht besaß, das für den Eintritt in die christliche Gemeinde, nach der Konstantinischen Wende auch für die Aufnahme in den politischen Reichsverband, entscheidend wurde. »Die Bischöfe teilten nur zögernd ihre Vollmachten mit den Presbytern, darum wurde das System der Taufkirche weithin zunächst ein System der Großpfarreien.«[76]

Diese kirchliche Struktur überstand relativ unbeschadet die Stürme der Völkerwanderungszeit, in deren Gefolge das weströmische Reich unterging. Allerdings gewannen seit dem 6. Jahrhundert auf dem Gebiet der germanischen Nachfolgestaaten des Römischen Reiches mit dem Eigenkirchenwesen wieder Laien Einfluss auf die Leitung und Verwaltung der Gemeinden.[77] Als adlige Grundherren ihre Gutsoratorien zu regulären Gottesdienststätten ausweiteten oder auf Landkirchen des Bistums, die unter ihrer maßgeblichen Beteiligung errichtet worden waren, Einfluss nahmen, um sie vor bischöflichen Eingriffs- und Aufsichtsrechten abzuschirmen, entstanden Eigenkirchen. Die adligen Grundherren waren dabei auch für die Besoldung der Priester an den Eigenkirchen verantwortlich.

Das Aachener Kapitular von 818/819 stellte die Eigenkirchen unter die Visitation des Bischofs, der auch der Berufung eines Priesters durch den Grundherrn zustimmen musste. Außerdem wurden die Grundherren zu einer ausreichenden Besoldung der Priester an den Eigenkirchen verpflichtet. Wenig später erkannte die römische Synode von 826 ausdrücklich die Besitzansprüche der Grundherren über die Eigenkirchen an.

Zum Abschluss kam die Ausbildung des parochialen Systems der Kirchenzugehörigkeit im 9. Jahrhundert durch das Karolingische Zehntgebot. Es zwang sämtliche Kirchen zur Anlage von Zehntregistern und damit zu einer strengen territorialen Grenzziehung der Pfarreien. Dies war nötig, um festzustellen, welche Häuser an welche Kirche den Zehnten zu zahlen hatten. So entstand endgültig die Parochie als ein scharf abgegrenztes Territorium innerhalb der bischöflichen Diözese. Schon im 8. Jahrhundert war der Pfarrzwang begründet worden, der die Gemeinde in den Grenzen ihrer Parochie halten sollte. Der Pfarrer musste vor Beginn des Gottesdienstes fragen, ob Fremde anwesend seien, um Orts- und Gemeindefremde von der Messe fernzuhalten. Nur für Durchreisende wurde eine Ausnahme gemacht.

---

76 Holtz (1967, S. 9).
77 Möller (1984, S. 319 f.).

Am Ende der Christianisierung der Germanen stand im frühen Mittelalter eine Parochialverfassung der Kirche mit Pfarrzwang, Zehntabgabe und Beichtzwang. Die Zugehörigkeit zu einer Parochie war für alle Einwohner verpflichtend. Allein Juden bildeten eine Ausnahme. Die Strukturierung von Kirche und Gemeinde erfolgte nach streng territorialen Gesichtspunkten. Die Gemeinde als Parochie wurde das unterste Glied einer von Rom über den örtlichen Bischof der Diözese bis zum Pfarrer hierarchisch geleiteten Kirche. De iure ist es nach CIC 216 in der römisch-katholischen Kirche bis heute so geblieben.

4.2 Mittelalter: Entstehung der abendländischen Orden

Das Ordenswesen spielte im Mittelalter – als eine Art Gegengewicht zur parochial verfassten Kirche – eine maßgebliche Rolle.[78] Der erste abendländische Orden, die Benediktiner, die auf Benedikt von Nursia (480/490 bis ca. 547) zurückgehen, entstand bereits an der Wende von der Alten Kirche zum Mittelalter im 6. Jahrhundert. Inmitten der Stürme der Völkerwanderungszeit wurden die Benediktinerklöster mit ihrer »stabilitas loci« (Verbot des Ortswechsels) zur »Schule des Abendlandes«. Ohne die geistliche und kulturelle Kraft des westlichen Mönchtums ist die weitere Geschichte Europas nicht denkbar. In den folgenden Jahrhunderten löste eine monastische Erneuerungsbewegung die nächste ab. Ich rufe nur die wichtigsten in Erinnerung: Bruno und die Kartäuser; Bernhard von Clairvaux und die Zisterzienser (12. Jahrhundert); Franz von Assisi und die Minderbrüder (13. Jahrhundert); Dominikus und der Predigerorden; Teresa von Avila und der Karmel (16. Jahrhundert); Ignatius von Loyola und die Gesellschaft Jesu.

Die Orden repräsentierten die nicht parochiale, charismatische Seite der Kirche. In immer neuen Gestaltungsformen versuchten sie, an die neutestamentliche Gestalt von Christsein – nach der Bergpredigt – anzuknüpfen und diese ihrer jeweiligen Zeit vorzuleben. Um Klöster und Ordensprediger bildeten sich Kloster- und Personalgemeinden. Das Mittelalter war in spiritueller Hinsicht wesentlich uneinheitlicher, als normalerweise angenommen wird. So konnten die Gemeindeglieder in den Städten zwischen unterschiedlichen Verkündigungs- und Spiritualitätsformen der Benediktiner, Franziskaner, Dominikaner und Ortspriester wählen. Die unterschiedlichen Orden waren immer auch Gemeindegründungsbewegungen, die zur Bildung von Reformgemeinden führ-

---

78 Eine gut zu lesende Darstellung der verschiedenen Bewegungen des Mönchtums stellt immer noch Walter Niggs Werk »Vom Geheimnis der Mönche« dar (Nigg 1953).

ten. Es ging ihnen um eine Vertiefung der Spiritualität im Sinne einer Rückkehr zum Urchristentum. Meist wurden die Orden von der römischen Universalkirche – nach einer oft schwierigen Anfangszeit – anerkannt. In der Folge entstand besonders in den Städten eine Konkurrenzsituation zwischen Pfarr- und Ordensgemeinden, die zwar im Konzil von Trient im 16. Jahrhundert juristisch gelöst wurde, aber de facto bis heute immer wieder aufflammt.

4.3 Reformation: Hauskirche und Parochie

Die Reformation knüpfte an das Parochialsystem des Mittelalters an. Durch den Wegfall der Orden und der römischen Universalkirche verhalf sie dem parochialen Gemeindekonzept endgültig zum Sieg. In den Jahrhunderten nach der Reformation stellten Ortsgemeinde und Regionalkirche die beiden einzig verbliebenen Sozialgestalten von Kirche dar. Dabei war der Sieg des Parochialsystems durch die Reformation theologisch begründet. Die Lehre von der Kirche als »creatura verbi«, als Schöpfung des Wortes, wird konkret in der Ortsgemeinde, das heißt in den zum Gottesdienst versammelten Gemeindegliedern, der »congregatio sanctorum«, wie es im Augsburger Bekenntnis, Art. 7, heißt. In seiner Schrift: »Daß eine Christliche Versammlung oder gemeyne recht und macht habe, alle lere zu urteylen und lerer zu beruffen, grund und ursach aus der Schrift« (1523) zog Luther die organisatorischen Konsequenzen daraus und gestand der Gemeinde das Recht zur Pfarrwahl und urteilenden Mitausübung des Predigtamtes zu. Das gepredigte Wort baute für den Reformator Gemeinde und brauchte keine bischöfliche oder anders geartete Reglementierung von oben, sondern nur theologisch gut ausgebildete Personen, die das Wort Gottes dem Evangelium gemäß predigten. Zum Aufbau einer Gemeindediakonie schlug Luther exemplarisch für das sächsische Leisnig die Ordnung eines »gemeinen Kastens« vor, an dem auch die bürgerliche Obrigkeit mitbeteiligt werden sollte.

Die im Hinblick auf den Gemeindebau wichtigste Schrift Luthers war sein Werk »Deutsche Messe und ordnung Gottes diensts« von 1526.[79] Für diejenigen, die »so mit Ernst Christen sein wollen«, thematisierte Luther in der Vorrede dieser Schrift die Bildung einer Hausgemeinde. Allerdings wurde diese Form von Gemeinde aus Mangel an geeigneten Personen beziehungsweise Furcht vor Sektiererei nicht umgesetzt. Indem Luther später die evangelische Hauskirche schuf, verwirklichte er den Gedanken in anderer Form. Die Zugehörigkeit zu ihr basierte nicht auf herausragender Frömmigkeit, sondern auf sozialen Gründen. Das Zen-

---

79 Luther (WA 19, S. 72–113).

trum der Hauskirche bildete die leibliche Familie von Eltern und Kindern; dazu kamen die übrigen unverheirateten Familienangehörigen und die anderen Mitglieder der frühneuzeitlichen Großfamilie: auf dem ländlichen Bauernhof die Knechte und Mägde und im städtischen Handwerkshaus die Gesellen; zusätzlich bei beiden das übrige Gesinde. Für diese Großfamilie, nicht für den kirchlichen Konfirmandenunterricht, hat Luther den Kleinen Katechismus geschrieben. Im Rahmen der Hauskirche wurde viele Generationen lang eine ausgeprägte Andachtsfrömmigkeit gepflegt, zu der neben dem Katechismus das Lesen von Andachtsbüchern und das Singen der evangelischen Choräle als die drei wesentlichen Bestandteile gehörten. Es war vor allem die von familiären und beruflichen Beziehungen geprägte Hauskirche, in der die Weitergabe des Evangeliums – unterstützt von der Parochie – im Protestantismus jahrhundertelang erfolgreich gelang.

Aus der Schweizer Reformation ist im Hinblick auf den Gemeindebau, weil originell und über die Schweiz hinauswirkend, die Einrichtung der sogenannten »Prophezei« am Zürcher Großmünster durch Zwingli erwähnenswert. Der Reformator sorgte seit 1525 dafür, dass sich im Chor des Zürcher Großmünsters täglich Geistliche und Studenten zu theologischer Arbeit versammelten. Unmittelbar nach jeder Auslegungsstunde wurde das Ergebnis der Exegese dem Volk in einer »lectio publica«, in einer öffentlichen Vorlesung, gepredigt. Auf diese Weise sollte die Gemeinde an der Ausbildung der Pfarrer beteiligt werden. Diese Übung, die zur Heranbildung einer in den biblischen Gedanken verwurzelten Gemeinde diente, brachten protestantische Flüchtlinge mit nach England, die später zum Vorbild für die »prophesyings« im Puritanismus wurden.

Calvin wies in den »Ordonnances Ecclesiastiques« von 1541 für den Gemeindeaufbau vier Urämter aus der Bibel nach: Pastoren, Älteste, Lehrer und Diakone. Die Ältesten hatten das Leitungsamt inne, Pastoren waren Wort- und Sakramentsverwalter, Doktoren (Lehrer) waren für den Unterricht, Diakone für die Fürsorge verantwortlich. Diese Ordnung kam nicht in Genf, sondern erst in Frankreich bei den Hugenotten in den »Gemeinden unter dem Kreuz« zum Tragen. Vor allem wirkte sie später im 19. Jahrhundert als Inspiration bei der Entstehung einer presbyterial-synodalen Verfassung in vielen europäischen evangelischen Kirchen mit.

4.4 Pietismus: »ecclesiola in ecclesia« – Kirchlein in der Kirche

Philipp Jakob Spener (1635–1705) gilt vielen als der Vater des Pietismus. Er ist berühmt geworden durch seine »Pia desideria« von 1675, erstmals gedruckt als Vorrede zu einer neuen Ausgabe von Johann Arndts Evangelienpostille. Darin knüpfte Spener an Luthers Vorrede zur Deutschen Messe an und schlug vor, zur Förderung der Bibelkenntnis und des allgemeinen Priestertums neben dem Sonntagsgottesdienst zusätzliche Bibelbesprechstunden unter der Woche einzuführen. Es ging Spener in diesen Bibelstunden darum, die in der Orthodoxie nicht an der Auslegung beteiligte Gemeinde wieder zum Austausch über biblische Texte zu bringen. Deshalb sollten sogenannte »collegia pietatis« eingerichtet werden, in denen Bibeltexte besprochen wurden, nach Speners Vorstellung »die alte apostolische Art der Kirchenversammlungen«. Dabei hatte er Versammlungen vor Augen, wie sie Paulus in 1Kor 14 beschreibt. Hier tritt nicht einer allein auf, um zu lehren, vielmehr beteiligen sich all diejenigen, die Gaben und Erkenntnisse verliehen bekommen haben. Es ging Spener darum, dass der in den reformatorischen Kirchen immer mehr verstummte Laie wieder zum mündigen Partner des ordinierten Amtes werde.

Bereits seit 1670 waren in Frankfurt am Main, dessen Kirchenpräsident Spener war, solche »collegia pietatis« entstanden. Er lud die Erbauungsversammlungen zu sich ins Pfarrhaus ein. Später wurden sie um ihres Öffentlichkeitscharakters willen in der Kirche abgehalten. Eine Reihe von Freunden Speners neigte der kirchlichen Separation zu. Für sie war die Staatskirche zur Hure Babel geworden und deshalb rettungslos verloren. Speners Verdienst bestand darin, dass die von ihm geförderten »ecclesiolae in ecclesia« sich nach ihrem Selbstverständnis in Richtung von »ecclesiolae pro ecclesia« entwickelten. Heute sind Kreise und Gruppen neben dem Sonntagsgottesdienst aus dem Leben vieler Kirchengemeinden nicht mehr wegzudenken. Spener machte durch sein Wirken in Frankfurt am Main den Weg dazu frei.

4.5 Friedrich Schleiermacher (1768–1834): Personalgemeinde

Der Berliner Pfarrer und Theologieprofessor Friedrich Schleiermacher, der evangelische Kirchenvater des 19. Jahrhunderts, ist auch für den Gemeindebau wichtig.[80] Es ging ihm in seinen entsprechenden Überlegungen um die Über-

---

80 Vgl. hier und im Folgenden besonders Möller (1991, S. 18 ff.) und Pohl-Patalong (2003, S. 90 ff.).

windung der durch die Aufklärung zur moralischen Lehranstalt gewordenen Staatskirche. Sein Ziel war eine Volkskirche im Sinne einer Kirche des Volkes, das in einzelnen, lebendigen Gemeinden wieder zu seiner eigenen Stimme finden und mündig werden sollte. Dazu brauchte das Volk Prediger, die als »Repräsentanten der Gemeinde« dem Volk Stimme gaben, indem sie ihr eigenes religiöses Bewusstsein zur Darstellung brachten und auf diese Weise das religiöse Bewusstsein des Volkes weckten. Schleiermacher forderte von den Predigern: »Wir müssen die Zuhörer als Christen aufnehmen, und nicht als solche die es erst werden sollen und durch die Ängstlichkeit des Gesetzes hindurch geführt werden müssen.«[81] Er meinte, dass die Sache des Glaubens vielleicht am besten »dadurch wieder zu Stande komme, dass man sie voraussetzt«.[82] Unter dieser Voraussetzung würde die »Circulation des religiösen Bewusstseins« – so seine Überzeugung – am ehesten zur Entfaltung kommen.

Der frühe Schleiermacher plädierte entschieden für die freie Wahl des Predigers durch die Gemeindeglieder, den er nicht als »Hirt für eine bestimmte Herde« verstand, sondern als »Redner [...] für alle, die hören wollen«.[83] Ihm schwebten Personalgemeinden vor, die sich um eine möglichst starke religiöse Persönlichkeit sammelten. Subjektive Wahl nach frommer Neigung setzte er damit über vorgegebene Formen der institutionalisierten Kirche.[84] Die Personalgemeinde des Predigers wurde in der Nachfolge Schleiermachers, der selber ein berühmter Prediger war, zu einer für das 19. Jahrhundert typischen Form der Gemeindebildung. Dabei haben sich Formen von Personalgemeinden durch alle kirchlichen Umbrüche das ganze 20. Jahrhundert hindurch gehalten.

Mit seinem Gemeindeaufbaukonzept wollte Schleiermacher erreichen, dass es unter den Gemeindegliedern zu einer gegenseitigen Mitteilung von Gaben kam. Schleiermachers Ziel war im Sinne von Jer 31 eine herrschaftsfreie Gemeinde, in der keiner über dem andern ist und keiner den anderen mehr belehren muss. Hinter diesen Überlegungen stand ein aufklärerisches Pathos. Zugleich waren sie aber vom Schwung der Herrnhuter Gemeindepraxis getragen, von der Schleiermacher als Mitglied der Brüdergemeine in Schulzeit und Studium bleibend geprägt wurde.

Der ältere Schleiermacher setzte gegenüber den »Reden« von 1799 in seiner »Kurzen Darstellung des theologischen Studiums« und der »Glaubenslehre« neue Akzente. Zentralbegriff wurde jetzt der »Gemeingeist«, in dem individuelle und gemeinschaftliche Dimension des Christseins aufeinander bezogen waren.

---

81 Schleiermacher (1850, S. 239).
82 Schleiermacher (1843, S. 7).
83 Schleiermacher (o. J., S. 154, vierte Rede).
84 Pohl-Patalong (2003, S. 92).

Der Gemeingeist ist dafür verantwortlich, dass die Kirche überhaupt zu einem Ganzen wird.[85] Wie der Einzelne »nur in der Gemeinschaft und durch sie zu einem neuen Leben gelangt, so hat auch jeder seinen Anteil an dem Hl. Geist nicht in seinem persönlichen Selbstbewusstsein für sich betrachtet, sondern nur, sofern er sich seines Seins in diesem Ganzen bewusst ist, d. h. als Gemeinbewusstsein«.[86] Im Zusammenhang mit seinen Überlegungen zu einer neuen Gemeindeverfassung der Altpreußischen Union betonte Schleiermacher stärker als früher die Ortsgemeinde. Sie war »die einfachste vollkommen kirchliche Organisation, innerhalb welcher eine leitende Tätigkeit stattfinden kann.«[87]

Was für die theologische Entwicklung Schleiermachers insgesamt gilt, lässt sich auch im Hinblick auf seine Überlegungen zum Gemeindeaufbau beobachten: Er lässt seine von der Romantik geprägten Vorstellungen mehr und mehr hinter sich und wendet sich einem stärker biblisch-reformatorisch geprägten Gemeindeverständnis zu. Wie schon für das Neue Testament und die Reformation wird auch für Schleiermacher die Ortsgemeinde zur grundlegenden christlichen Vergemeinschaftungsform.

4.6 Emil Sulze (1832-1914): Vereinskirche

Die durch die Industrialisierung ausgelöste Landflucht führte im 19. Jahrhundert zur Bildung von Massengemeinden in den Großstädten. In den neuen Stadtvierteln entstanden unhaltbare soziale Zustände, denen Johann Hinrich Wichern in Hamburg und Adolf Stoecker in Berlin unter anderem durch Diakonie und Volksmission abzuhelfen versuchten. Der sächsische Pfarrer Emil Sulze (1832–1914), der durch herrnhutische Frömmigkeit geprägt worden war, steht paradigmatisch für die sich damals formierende sogenannte Gemeindebewegung. Das Ziel seiner Gemeindeaufbaukonzeption war die überschaubare seelsorgliche Gemeinde. Sulze wurde dadurch zum »Vater des neuzeitlichen Gemeindedenkens«.[88] Seine Impulse wurden 1901 in der Konferenz für evangelische Gemeindearbeit aufgenommen und in den vielfachen Bemühungen um Gemeindereformen bis zum Ersten Weltkrieg weitergeführt.

Es ging ihm sowohl um eine neue Organisation der Gemeinde als auch um ein neues Verständnis von Gemeinde. Beides hat sich in seinem Buch »Die evan-

---

85 Schleiermacher (2012, § 320).
86 Schleiermacher (1960, S. 3, § 123).
87 Schleiermacher (2012, § 277).
88 Knospe (1964, S. 105).

gelische Gemeinde« von 1891 niedergeschlagen.[89] Grundlegend in struktureller Hinsicht war seine Forderung nach Teilung der übergroßen Parochien in überschaubare Gemeinden.

Als Sulze 1872 in die Johannes-Parochie nach Chemnitz berufen wurde, umfasste diese Großgemeinde 47000 Seelen.[90] Auf den einzelnen Pfarrer kamen, je nach Bezirk, 8000–15000 Seelen. Bei einer Kircheninspektion legte Sulze ein umfassendes Reformprogramm vor, in dem er die Teilung der Riesenparochie forderte. Diesem Wunsch wurde stattgegeben, sodass Sulze sein Reformprogramm in der Folgezeit praktisch erproben konnte. Er erstrebte eine Gemeinde, die von gegenseitiger Seelsorge und diakonischer Hilfe geprägt war. Dazu unterteilte er seine Gemeinde noch einmal in drei Seelsorgebezirke mit einer Richtzahl von drei- bis fünftausend Menschen. Den drei Bezirksgeistlichen wurden Bezirkshelfer an die Seite gestellt, von Sulze »Presbyter« genannte, die seelsorgliche und diakonische Aufgaben zu erfüllen hatten. Jeder »Presbyter« war für etwa 250 Personen beziehungsweise fünfzig Familien zuständig. In Dresden errichtete Sulze später darüber hinaus einen »Hausväterverband«, dessen Mitglieder für jeweils einen Wohnblock zuständig waren. In ihrer Tätigkeit wurden sie von einem Presbyter begleitet. Schließlich entstand innerhalb jedes Gemeindebezirks eine Gemeindeversammlung, dem die Presbyter, Hausväter und andere aktive Gemeindeglieder angehörten. Hier wurden die unterschiedlichen seelsorglichen und diakonischen Aufgaben koordiniert und alle Mitarbeitenden begleitet und unterstützt. Sulzes Gemeindeaufbaukonzeption fand auch architektonischen Ausdruck: Damals entstand das Gemeindehaus, das den Vereinshäusern der Inneren Mission nachgebildet war. »Die typische Kirchengemeinde trat jetzt architektonisch nicht mehr nur durch den Kirchturm in Erscheinung, sondern ebenso durch das Gemeindehaus. ›Die Kirchengemeinde wird damit, im Schaubild dargestellt, zu einer Ellipse mit zwei Brennpunkten: dem Kirchturm und dem Gemeindehaus.‹«[91]

Was war der Grund für die enorme Durchschlagskraft von Sulzes Gemeindeaufbaukonzeption beziehungsweise die der Gemeindebewegung am Ende des 19. Jahrhunderts? Bis heute wird ja das Bild einer deutschen evangelischen Kirchengemeinde maßgeblich von Sulzes Ideen geprägt. Angesichts der Entwurzelung und Verelendung breiter Arbeitermassen in den Großstädten bot die Gemeindebewegung in dreifacher Hinsicht Hilfe: Durch die Einteilung

---

89 Vgl. zu Sulzes Konzeption von Gemeindeaufbau besonders Möller (1991, S. 138 ff.) und Pohl-Patalong (2003, S. 97 ff.).
90 Das Gleiche erlebte er später in Dresden-Neustadt, wo seine Gemeinde sechzigtausend Gemeindeglieder zählte, die er 1881 wie in Chemnitz in kleinere Seelsorgebezirke aufteilen konnte.
91 Pohl-Patalong (2003, S. 105 f.).

in überschaubare Gruppen und Kreise sollten neben den religiösen genauso die sozialen und schließlich auch die seelischen Bedürfnisse der Gemeindeglieder gestillt werden. Darum spielte in den Veranstaltungen im Gemeindehaus von Anfang an das diakonische und das gesellige Moment eine maßgebliche Rolle. Die Gemeindebewegung hat mit ihrem Eintreten für eine überschaubare Gemeinde dafür gesorgt, dass die Gemeindeglieder einerseits als Einzelne und andererseits ganzheitlich mit ihren sozialen und seelsorglichen Nöten von der Kirche wahrgenommen wurden.

Sulzes Gemeindeaufbaukonzept ist von Anfang an heftig kritisiert worden. Letztlich lief die Kritik darauf hinaus, dass Sulzes Forderung einer seelsorglichen Gemeinde, in der die Mitglieder einander kennen und füreinander einstanden, ein Idealbild darstellte, das in der traditionellen Kirchengemeinde nicht zu verwirklichen war. Vonseiten der lutherischen Theologie wurde die Kritik dahingehend präzisiert, dass durch die Konzentration auf die seelsorgliche Gemeinde das reformatorische Gemeindeverständnis überformt wurde: Kirchengemeinde sei im Sinne von Confessio Augustana, Art. 7 »lediglich die Gemeinschaft des Wortes und Sakramentes«. Der schärfste Kritiker, Bernhard Dörries, meinte auf dem evangelisch-sozialen Kongress 1901 in Braunschweig: »Die Kirchenglocken rufen sie [die Gemeinde] aus ihrer Unsichtbarkeit hervor, aber mit dem Segenswunsch kehrt sie wieder in ihr Dunkel zurück. Sie lebt und wirkt auch dann, aber sie wirkt wie das Salz, wie der Sauerteig und muss sich daran genügen lassen, dass Gott ihr Wirken sieht und segnet und es an den Tag bringt zu seiner Zeit, was sie zu seiner Ehre schafft und vollbringt.«[92]

Heute lässt sich eine dreifache Kritik beobachten:[93] Sie richtet sich zum Ersten gegen die mit der Gemeindebewegung verbundene Vorstellung, dass nur die aktive Partizipation am Gemeindeleben, wie es sich im Gemeindehaus darstellt und für die Kerngemeinde charakteristisch ist, vollgültiges Christsein darstelle. Zum Zweiten wird die mit der Gemeindebewegung einhergehende Milieuverengung der christlichen Gemeinde kritisiert: Nur diejenigen Gemeindeglieder fänden sich im Gemeindehaus ein, deren ästhetischer Geschmack im Rahmen der dortigen Veranstaltungen bedient werde. Zum Dritten wird negativ angemerkt, dass die Gemeindebewegung zu einer Verfestigung des territorial geprägten Parochialsystems geführt habe. Andere christliche Vergemeinschaftungsformen, wie sie sich im Laufe des 19. Jahrhundert ansatzweise herauszubilden begonnen hätten, seien dadurch wieder zurückgedrängt worden.

---

92 Zitiert nach Möller (1991, S. 141).
93 Vgl. dazu z. B. Pohl-Patalong (2003, S. 230–252).

Was ist von dieser Kritik zu halten? Positiv an der Gemeindeaufbaukonzeption der Gemeindebewegung möchte ich hervorheben, dass sie auf die wirklichen Nöte der Gemeindeglieder in der zweiten Hälfte des 19. Jahrhunderts reagiert hat. Ich kann auch nichts Negatives an dem Versuch sehen, eine seelsorgliche Gemeinde zu verwirklichen. Vielleicht hätte die Gemeindebewegung sich deutlicher bewusst machen sollen, dass eine derartige Vision sich in einer Volkskirche nicht für alle Gemeindeglieder durchsetzen lässt. Zu verschieden sind die Interessen der Gemeindeglieder, zu unterschiedlich die Wünsche im Hinblick auf den Partizipationsgrad. Dass allerdings Christsein auch im Alltag eine ekklesiologische Komponente besitzt, ist im Protestantismus lange übersehen worden. Hier hat Sulze mit seiner Forderung nach einer seelsorglichen Gemeinde einen kraftvollen Gegenakzent gesetzt. Es ist gut, dass dieser Gegenakzent in den letzten einhundert Jahren nicht wieder verstummt ist.

Etwas anderes ist die Frage nach unterschiedlichen Vergemeinschaftungsformen evangelischen Christseins. Dabei hat die Gemeindebewegung sicherlich zu einseitig auf die Parochie gesetzt. Dass dabei romantische Vorstellungen mitschwangen, soll nicht bestritten werden. Aber angesichts des Verlustes der Heimat, den im 19. Jahrhundert viele Menschen im Gefolge der Industrialisierung aufgrund von Wanderungsbewegungen erlitten, war das Bedürfnis nach neuer Beheimatung durch unterschiedliche Geselligkeitsformen, eben auch im Rahmen der christlichen Gemeinde, nur zu verständlich.

4.7 Das Problem der toten Gemeinde – Dietrich Bonhoeffers (1906–1945) Forderung nach Umstrukturierung des traditionellen Parochialsystems

Bonhoeffers Gedanken zu toten Gemeinden finden sich alle im Zeitraum, in dem er Direktor des Predigerseminars der Bekennenden Kirche in Finkenwalde war, also in der Zeit, als er aktiv an der kirchlichen Erneuerung im Rahmen der Bekennenden Kirche mitarbeitete. Einmal handelt es sich dabei um einen Teil seiner Homiletikvorlesung von 1936/37,[94] zum anderen um einen Abschnitt aus der »Nachfolge« (1. Auflage 1937)[95] und schließlich um 1936 geschriebene Briefe an Wolfgang Staemmler, führendes Mitglied des Provinz-Sächsischen Bruderrates, und an den ehemaligen Finkenwalder Seminaristen Gerhard Vibrans, der

---

94 Bonhoeffer (1996f).
95 Bonhoeffer (2002a, S. 201 ff.).

in einer »toten« Gemeinde der Kirchenprovinz arbeitete.[96] Bonhoeffers Aussagen zu toten Gemeinden stehen in unmittelbarem Zusammenhang zu seinen Überlegungen zum Gemeindeaufbau beziehungsweeise speziell zur Volksmission.

Neben Vorschlägen zu praktischen Schritten des Gemeindebaus in »toten Gemeinden«, die z. B. durch fehlende Gottesdienstteilnahme geprägt waren, war Bonhoeffer bereit, drei radikale, ja revolutionäre Konsequenzen zu ziehen. Dazu gehörte zum einen der Abschied vom flächendeckenden Parochialsystem, zum anderen die Umgestaltung des Einzelpfarramts und schließlich – unmittelbar damit verbunden – die Forderung, spirituelle Zentren wie das sogenannte Bruderhaus in Finkenwalde einzurichten.

4.7.1 Praktische Schritte des Gemeindebaus in toten Gemeinden

Es lässt sich eine Reihe von praktischen Schritten erkennen, die Bonhoeffer im Hinblick auf den Gemeindeaufbau angesichts toter Gemeinden vorschlägt. Er entwickelte sie aufgrund der Anfragen von ehemaligen Finkenwalder Seminaristen, die mittlerweile in der Gemeindearbeit vor Ort standen.

Der ehemalige Finkenwalder Vikar Gerhard Vibrans war in ein völlig entkirchlichtes Kirchspiel versetzt worden. Von dort schrieb er an Bonhoeffer: »Mein Filial Schweinitz mit 600 Seelen ist eine *sehr* arme Gemeinde. Dort gehen jeden Sonntag durchschnittlich 15 Menschen von 600!! in die Kirche. […] Nun will ich jeden Sonntag im Ornat einen Pilgergang durchs ganze Dorf machen, um den Leuten überhaupt erst mal zum Bewusstsein zu bringen, dass Sonntag ist. […] Es ist nun so, dass die Konfirmanden am Sonntag in der Kirche Dienst haben. Andernfalls müssen sie sich entschuldigen. Erfolg: 27 sind es, 1 entschuldigt sich, 25 fehlen. […] zur Kirche gehen sie noch lange nicht, das ist eben hier nicht Mode. Daran würde ich mich sehr bald gewöhnen. Mein Gehalt kriegte ich ja doch, auch wenn keiner drin sei, so habe sich ein Vorgänger geäußert. […] Am Trinitatis*fest* war außer der Küsterin niemand da!!!«[97] Bonhoeffers Anwort an Vibrans beginnt mit dem Eingeständnis der eigenen Ratlosigkeit: »Dein Bericht […] macht mich nicht weniger ratlos als Dich«.[98] Bei allen Überlegungen Bonhoeffers zum Gemeindeaufbau angesichts toter Gemeinden fällt wohltuend auf, dass er nirgends den Anschein erweckt, irgendwelche Methoden zu kennen, die garantiert funktionieren. Vielmehr gewinnt der Leser den Eindruck, dass er einerseits Gottes Gottsein respektiert wissen

---

96 Bonhoeffer (1996c, S. 175 ff.); Bonhoeffer (1996d, S. 180 ff.).
97 Bonhoeffer (1996b, S. 171 f.; Hervorhebungen im Text).
98 Bonhoeffer (1996d, S. 180 f.).

will und andererseits den vor Ort Verantwortlichen keine Vorschriften machen, sondern ihnen die Letztverantwortung erhalten möchte.

Wichtig ist Bonhoeffer der die gottesdienstliche Verkündigung flankierende Besuch in den Häusern: »Ich glaube ja auch noch, dass bei treuer Besuchsarbeit die Leute auch wieder zur Kirche kommen werden«.[99] Weiter hebt Bonhoeffer hervor, dass der Gemeindeaufbau nicht Sache des Pfarrers bleiben darf. Es geht darum, dass ein Kern von Gemeindemitgliedern sich neben dem Pfarrer den Aufbau der Gemeinde zu eigen macht.[100] Bonhoeffer knüpft hier an die Aussendungsrede Jesu in Mt 10,11–15 an, wo ausdrücklich gesagt wird, dass die Jünger in demselben Haus bleiben sollen, solange sie an einem Ort sind. Von dort geht die weitere Arbeit aus. »Die Arbeit in der Gemeinde wird ihren Ausgangspunkt nehmen von den Häusern, ›die es wert sind‹, Jesu Boten zu beherbergen. Gott hat noch überall eine betende und wartende Gemeinde. Hier werden die Jünger im Namen ihres Herrn demütig und willig aufgenommen. Hier wird ihre Arbeit im Gebet mitgetragen werden, hier ist eine kleine Schar, die stellvertretend für die ganze Gemeinde dasteht.«[101] Im Hinblick auf die Gestaltung der Gottesdienste fordert Bonhoeffer zur Improvisation auf: »Bei zwei oder drei Leuten würde ich nicht auf die Kanzel gehen, sondern es mehr wie eine Bibelstunde halten. Du kannst da ganz ruhig frei sein in der Gestaltung«.[102] Dahinter steht Bonhoeffers Einsicht, dass der traditionelle Gemeindegottesdienst weithin nicht missionarisch ist: »Das liegt zum Teil an der Liturgie, die einen recht reifen Glauben voraussetzt.«[103]

Bonhoeffer schlägt noch zusätzliche Mittel vor, um Menschen in einer toten Gemeinde zu einer Entscheidung für oder gegen das Evangelium zu führen. So schreibt er im Brief an Gerhard Vibrans: »Könntest Du nicht mal als Ortspastor einen Brief an die ganze Gemeinde schreiben […] in dem Du ihnen Deine Not sagst, sie ernsthaft ermahnst einen neuen Anfang zu manchen um des Wortes Gottes willen (nicht um Deinetwillen!) und sie aufforderst Dir in einer Gemeindeversammlung klar und offen zu sagen, warum es mit ihrer Stellung zur Kirche so bestellt ist? Kriegst Du die Leute nicht in der Kirche, so erreichst Du sie sicher durch solche Hirtenbriefe […]«.[104] Bonhoeffer rät also, die Menschen mit ihren Anfragen an die Kirche ernst zu nehmen; die Gründe kennenzulernen, warum sie nicht zum Gottesdienst kommen, und dadurch indirekt

---

99 Vgl. dazu Bonhoeffer (1996d, S. 181).
100 Bonhoeffer (1996f, S. 515).
101 Bonhoeffer (2002a, S. 201 f.).
102 Bonhoeffer (1996d, S. 181).
103 Bonhoeffer (1996f, S. 514).
104 Bonhoeffer (1996d, S. 181).

zu erfahren, wie ein Gottesdienst aussehen müsste, den sie besuchen würden.[105] Er plädiert außerdem für eine Intensivierung der Jugendarbeit und schlägt das Angebot eines Zielgruppengottesdienstes vor, der aktiv von Jugendlichen mitgestaltet werden soll. »Ebenso einmal an alle Jugendlichen einen Brief mit Einladung zum Jugendgottesdienst, an dem sie aktiv teilnehmen.«[106] Außerdem empfiehlt er den Aufbau einer Literaturarbeit in der Gemeinde: Jugendschriften zum Verteilen und das Einrichten eines Schriftentischs in der Kirche.

Bei allen Vorschlägen geht es Bonhoeffer darum, dass der Entscheidungscharakter der Verkündigung zur Geltung gebracht wird, das heißt wirklich zur Wirkung kommen kann, bevor ein endgültiger Schlussstrich unter das kirchliche Engagement in einem Ort gezogen werden kann. »Du musst eben jeden Tag so arbeiten, dass Du eines Tages mit gutem Gewissen sagen kannst: es ist hier gepredigt worden und sie haben nicht gewollt. Oder es geschieht das Wunder und sie hören wieder.«[107]

Hervorgehoben zu werden verdient schließlich, dass Bonhoeffer nicht nur Vorschläge machte, sondern sich auch praktisch engagierte, indem er selbst in die Gemeinden seiner Vikare fuhr, um diesen menschlich und seelsorgerlich beizustehen und im Gottesdienst zu predigen.[108]

4.7.2 Revolutionäre strukturelle Konsequenzen angesichts toter Gemeinden – damals und heute

Im Brief an den späteren Präses des Provinz-Sächsischen Bruderrates schreibt Bonhoeffer: »Wenn ich jetzt immer wieder die Berichte von Br. Vibrans [...] lese, dann fragt man sich doch wie auch hier bei den vorpommerschen Verhältnissen immer wieder, ob wir nicht heute zu einer gründlichen Neuordnung des Kräfteeinsatzes kommen müssen. Unser heutiger Konservativismus ist hier wirklich auch theologisch durchaus nicht so eindeutig gerechtfertigt.«[109] Im Antwortbrief an Gerhard Vibrans wird Bonhoeffer noch deutlicher: »Wenn ein Dorf nicht hören will, dann gehen wir ins andere. Es gibt da Grenzen.«[110] Die Gründe für die Absage an das flächendeckende Parochialsystem sind theo-

---

105 Ähnlich geht die Willow-Creek-Gemeinde im Hinblick auf die Gestaltung der sogenannten »Seekers services« vor (Braoudakis 1998, S. 77 ff.; vgl. auch Strobel 1995, S. 27 ff.).
106 Bonhoeffer (1996d, S. 181).
107 Bonhoeffer (1996d, S. 181).
108 Bonhoeffer (1996e, S. 194 f.). Vgl. dazu z. B. den Bericht Wolfgang Schraders, eines ehemaligen Finkenwalders, vom Besuch Bonhoeffers in seiner Gemeinde (Zimmermann 1964, S. 117). Siehe auch 6.1.1.
109 Bonhoeffer (1996c, S. 178).
110 Bonhoeffer (1996d, S. 181).

logischer, aber auch seelsorgerlicher und rein praktischer Natur. Theologisch argumentiert Bonhoeffer mit der Aussendungsrede Jesu an seine Jünger aus den Evangelien und mit dem prophetischen Verstockungsmotiv. Dadurch kann er die Entscheidung einer Gemeinde ernst nehmen und ihr die Verantwortlichkeit im Hinblick auf den Glauben zurückgeben. Außerdem möchte Bonhoeffer den sinnlosen Kräfteverschleiß junger Theologen beenden.

Auch heute kommt es zu einem derartigen Verschleiß, wenn z. B. in den neuen Bundesländern eine einzelne Pfarrerin für zehn Gemeinden mit ihren Predigtstellen verantwortlich ist. Angesichts einer solchen Arbeitssituation sind Depressionen und Burn-out-Syndrome geradezu vorprogrammiert.[111] In der Bekennenden Kirche waren nicht genug einsatzbereite Pfarrer vorhanden. Heute sind es daneben finanzielle Gründe, die es immer weniger möglich machen, am flächendeckenden parochialen Versorgungssystem festzuhalten. Insofern wird eine Kräftekonzentration unausweichlich.

Durch die Entstehung einer Bruderschaft der ehemaligen Finkenwalder Vikare und die Einrichtung des Bruderhauses, einer Art Pfarrerkommunität, bahnte sich eine Veränderung der traditionellen Gestalt des parochialen Einzelpfarramts an. Bonhoeffer war der Überzeugung, dass der isolierte Ortspfarrer kaum die Kraft aufbringen konnte, das Evangelium in einer zunehmend säkularen Gesellschaft kraftvoll auszurichten. Der einzelne Pfarrer bedurfte der brüderlichen Unterstützung durch seine Kollegen.»Der Pfarrer, insbesondere der junge Pfarrer, leidet an seiner Vereinzelung. […] Sowohl in der Frage nach dem Inhalt der Verkündigung wie in der tatsächlichen Ausrichtung der Verkündigung bedarf er der brüderlichen Hilfe und Gemeinschaft. Die Jahre des Kirchenkampfes haben daher überall, wo die Verantwortung für das Amt ernst genommen wurde, Pfarrerbruderschaften entstehen lassen.«[112]

Mit der Errichtung des Bruderhauses in Finkenwalde ging Bonhoeffer noch einen Schritt über die Pfarrerbruderschaften hinaus. Das Bruderhaus wurde von einer Theologenkommunität mit gemeinsamem Leben auf Zeit getragen. Im Katholizismus stellen bis heute vor allem die Priestermönche eine entsprechende dienstbereite Gruppe dar. In den neuen Bundesländern kam es in den vergangenen Jahrzehnten zur Ansiedlung einer Reihe von katholischen Ordensgemeinschaften, die in der von Bonhoeffer skizzierten Weise ihren Dienst versehen. Ich frage mich, wo es vergleichbare Dienstgemeinschaften im Raum der evangelischen Kirche gibt.

Für zukünftige Überlegungen am wichtigsten ist, dass Bonhoeffer das Bruderhaus von Anfang an als spirituelles Zentrum für die ganze Kirche kon-

---

111 Vgl. den erschütternden Bericht von Eichler (2010, S. 81 ff.).
112 Bonhoeffer (1996a, S. 76).

zipiert hat. Konsequenterweise war das Bruderhaus in Finkenwalde die erste evangelische Kommunität, die auf Beschluss der Gesamtkirche, das heißt der Bekennenden Kirche, entstanden ist. Im Antrag auf Einrichtung des Bruderhauses schrieb Bonhoeffer: »Der vereinzelt im Amt stehende Pfarrer braucht immer wieder ein geistliches Refugium, in dem er sich in strenger christlicher Lebensführung in Gebet, Meditation, Schriftstudium und brüderlicher Aussprache für sein Amt stärkt.«[113]

Heute sehen wir deutlicher als vor fast neunzig Jahren, wie wichtig es ist, dass Gemeindepfarrer von Zeit zu Zeit eine Phase der Retraite in Anspruch nehmen, um neu zu sich und zu Gott zu kommen: durch Austausch mit anderen, geistliche Begleitung und das Erleben geistlicher Heimat. Eine Reihe von Landeskirchen verpflichtet inzwischen ihre Pfarrerinnen und Pfarrer, regelmäßig solche Besinnungszeiten einzuplanen. Angesichts der zunehmenden Bedeutung des Ehrenamtes für die kirchliche Arbeit ist bemerkenswert, dass Bonhoeffer bei der Konzeption des Bruderhauses als spirituelles Zentrum nicht nur Amtsträger, sondern auch Laien vor Augen hatte: »Auch Laien muss solche Zufluchtsstätte geboten werden«,[114] heißt es in dem bereits zitierten Antrag auf Errichtung des Bruderhauses.

Dass Bonhoeffers Überlegungen nichts von ihrer Aktualität verloren haben, zeigt die Vielzahl von katholischen Klöstern, Exerzitien- und Einkehrhäusern, die nach der Friedlichen Revolution in den östlichen Bundesländern entstanden sind und deren Angebote sich – auch bei evangelischen Christen – reger Nachfrage erfreuen.[115] Dasselbe gilt für die evangelischen Kommunitäten.[116] Es ist dringend nötig, dass die evangelische Kirche in Zukunft die Einrichtung solcher geistlichen Zentren wie Einkehrhäuser und Kommunitäten stärker als bisher fördert und deren Weg konstruktiv-kritisch begleitet.

---

113 Bonhoeffer (1996a, S. 77).
114 Bonhoeffer (1996a, S. 77).
115 Ich denke hier z. B. an das Zisterzienserinnenkloster St. Marien zu Helfta bei Eisleben.
116 Zum Teil als Niederlassungen westdeutscher Kommunitäten wie z. B. die Jesus-Bruderschaft Gnadenthal in Hennersdorf (Sachsen) und Volkenroda (Thüringen) und die Station der Christusbruderschaft Selbitz in Wittenberg und auf dem Petersberg bei Halle an der Saale.

5. Ekklesiologische Grundentscheidungen

5.1 Theologische und spirituelle Essentials des christlichen Glaubens

5.1.1 Ein trinitarisches Gottesverständnis

Für die Betonung eines trinitarischen Gottesverständnisses angesichts eines zunehmenden religiösen Pluralismus sprechen mehrere Gründe.
- Ein trinitarisches Gottesverständnis bietet den Vorteil, die gesamte Wirklichkeit auf ein und denselben Gott beziehen zu können. Der Mensch hat es überall – in Natur, Geschichte und eigener Existenz – mit ein und demselben dreieinigen Gott zu tun.[117] Ein trinitarisches Gottesverständnis macht deutlich: Der christliche Glaube umfasst die Bejahung der Welt als Gottes Schöpfung. Die Kultur muss nicht länger dem Säkularismus preisgegeben werden.[118] Zusammen mit der übrigen geschaffenen Welt ist auch sie Herrschaftsbereich des dreieinigen Gottes, ist weder bloß Domäne des Bösen noch ein dem Menschen zur willkürlichen Beherrschung übertragener Raum. Einerseits befreit das den Menschen dazu, in der Welt zu wirken, andererseits bleibt der Mensch auch für sein Handeln in der Welt vor Gott verantwortlich.
- Ein einsamer Gott im Himmel ist nur schwer als liebender Gott verständlich zu machen. Nur wenn Gott ewige Gemeinschaft ist, lässt sich begründen, warum Gott auch in seiner Offenbarung in Jesus Christus ganz und gar Liebe und Anteilnahme ist. Die Voraussetzung des Verständnisses von Gott als liebender Gemeinschaft ist ein radikal trinitarischer Ansatz der Gotteslehre. Die christliche Gotteslehre muss bei der Offenbarungsdreiheit der göttlichen Personen, nicht bei ihrer Einheit, einsetzen. Entsprechend sollte christliche Spiritualität nicht von einem abstrakt-monotheistischen Gottesverständnis ausgehen, sondern von einem dezidiert gemeinschaftlichen Gottesbegriff. Ein solcher Ansatz ist unverzichtbar für den Dialog mit dem Judentum und

---
117 Seeberg (1953, S. 145).
118 Beyschlag (1988, S. 274 ff.).

dem Islam, wenn das Christentum sein eigenes Profil festhalten und in den Dialog einbringen will.[119]
- Mit einem abstrakt verstandenen metaphysischen Gott ist überdies keine Glaubensgemeinschaft möglich. Die Konkretheit und Anschaulichkeit, die die Offenbarung der göttlichen Personen in den biblischen Texten auszeichnet, ist die Bedingung dafür, dass Menschen mit dem dreieinigen Gott in Beziehung treten können.
- Ein trinitarisches Gottesverständnis ist angesichts fortschreitender Pluralisierungsprozesse in unserer Gesellschaft besonders geeignet, den christlichen Glauben denkerisch in der Postmoderne zu verantworten.[120] Es erlaubt, größte Verschiedenheit mit höchster Einheit zu verbinden. Gerade die bleibende Unterschiedenheit der göttlichen Personen ist im Rahmen der Trinitätslehre als Voraussetzung für ihre Einheit zu verstehen.
- Die Erkenntnis des dreieinigen Gottes stellt schließlich eine wichtige Begründung für die sozialethische Dimension des christlichen Glaubens dar. Die Trinität als Gemeinschaft sich liebender, gleichwertiger Personen ist der Zielhorizont, auf den hin gesellschaftliche Veränderungsprozesse Gestalt gewinnen sollten. Ein trinitarisches Gottesverständnis kann so zur Inspirationsquelle und Verpflichtung für die Umgestaltung der kirchlichen und gesellschaftlichen Verhältnisse in Richtung auf Gleichheit und Anteilhabe aller Menschen bei gleichzeitiger Pflege ihrer Unterschiede werden.

5.1.2 Die Bibel als Inspirationsquelle und Korrekturinstanz

Der Ausgangspunkt der Reformation bestand in einem neuen Verständnis und Umgang mit der Bibel. Luther verstand sie als »viva vox evangelii«, als lebendige Stimme des Evangeliums, durch die Gott unmittelbar zum Menschen redet. Von daher wird verständlich, dass reformatorische Theologie nicht primär wissenschaftlich-dogmatische oder wissenschaftlich-exegetische Theologie, sondern im Kern existenzielle und erfahrungsbezogene Theologie ist. Sie will den Menschen in seiner Personmitte – ganzheitlich – ansprechen.

Allerdings kam es bald nach dem Tod der Reformatoren durch die altprotestantische Verbalinspirationslehre und später in der Aufklärung und im Rationalismus durch die historisch-kritische Methode zu einer Neuinterpretation des bibelorientierten Ansatzes der Reformation. Beide Male handelte es sich jedoch de facto um seine Infragestellung. Die altprotestantische Ortho-

---

119 So auch Moltmann (2002).
120 Vgl. dazu Grözinger (1989).

doxie missverstand die Bibel als Steinbruch für dogmatische Sätze. Aus dem lebendigen Wort, durch das Gott den Menschen anredet, wurde das für wahr zu haltende System theologischer Wahrheiten, abgesichert durch die Lehre von der Verbalinspiration. Die spätere historisch-kritische Methode untergrub ihrerseits – zum Teil ungewollt – das Vertrauen in die Bibel als Anrede Gottes an den Menschen, indem sie ausschließlich ihren Charakter als literarisches Produkt der Spätantike betonte und aus wissenschaftlichen Gründen von ihrem Anspruch als Offenbarungsurkunde absehen zu müssen meinte. Für den evangelischen Glauben hatte das auf Dauer fatale Konsequenzen: Entweder die Gemeindeglieder zogen sich auf einen Fundamentalismus zurück, der die Irrtumslosigkeit der Schrift rational zu beweisen suchte beziehungsweise die Schrift zum Gesetzbuch für alle Lebenslagen machte. Andere hörten auf, die Bibel zu lesen, weil sie die wissenschaftlichen Methoden der Bibelexegese nicht ausreichend kannten und Angst hatten, bei der persönlichen Lektüre die biblischen Texte misszuverstehen. Eine dritte, derzeit sicher größte Gruppe gab die Bibel als ernst zu nehmendes Gegenüber überhaupt auf.[121]

Glücklicherweise hat die evangelische Kirche parallel dazu profilierte Formen geistlicher Schriftauslegung hervorgebracht. Prominente Beispiele dafür sind Martin Luther, Nikolaus Ludwig Graf von Zinzendorf und Dietrich Bonhoeffer. Beim Vergleich der drei Ansätze zur geistlichen Schriftauslegung fällt auf, dass sich bei allen Gemeinsamkeiten auch Unterschiede erkennen lassen. Sie hängen mit der jeweiligen Zeitsituation und theologischen Frontstellung zusammen, in denen die drei Protagonisten ihre Konzeptionen entwickelten. Martin Luthers geistliche Schriftauslegung ist fokussiert auf den Literalsinn der Bibeltexte und ihr rechtfertigungstheologisches Potenzial. Angesichts einer überbordenden Fülle von Auslegungsvarianten im Spätmittelalter und der Furcht vor dem Gericht Gottes, von der die Gläubigen im Bann gehalten wurden, geht es ihm um Eindeutigkeit im Verständnis der Schrift und um Gewissheit im rechtfertigenden Glauben. Darum die Konzentration seiner geistlichen Schriftauslegung auf Jesus Christus. Er ist der einzige Mittler zwischen Gott und Mensch (1Tim 2,5). In ihm ist die Liebe Gottes sichtbar geworden. »Was Christum treibet« wird zum Verständnisschlüssel und zum Qualitätskriterium der biblischen Texte.

Nikolaus Ludwig von Zinzendorf geht es bei seiner Form von geistlicher Schriftauslegung angesichts des in Aufklärung und Rationalismus um sich greifenden deistischen Gottesverständnisses um den nahen Gott. Mit der Erfindung der Losungen verfolgt er das Ziel, dass Leserinnen und Leser die lebendige

---

121 Ähnlich auch Ruhbach (1987, S. 126f.).

Stimme Jesu Christi in der Bibel selbst zu hören vermögen.[122] Dadurch sollen die Gläubigen lernen, in einer persönlichen Glaubensgemeinschaft mit Jesus Christus zu leben. Der Graf antwortet mit seinem Konzept einer geistlichen Schriftauslegung auf zwei tief greifende Verunsicherungen des christlichen Glaubens zu seiner Zeit. Angesichts der Infragestellung der Autorität der Schrift durch die Aufklärung drohte sie ihre Funktion als primäres Mittel der Verbindung des Menschen mit Gott zu verlieren. Zinzendorf leugnete die Ergebnisse der historisch-kritischen Bibelauslegung nicht. Durch die Losungen wurden sie jedoch relativiert. In den ausgewählten Losungsversen, so seine Überzeugung, konnten Menschen zweifelsfrei die Stimme Jesu Christi ohne weitere Auslegung, also unmittelbar, hören. Gleichzeitig sollte die damit verbundene Konzentration des Glaubens auf Jesus Christus das Gottesbild des Deismus vom fernen Gott überwinden helfen. Durch seine Menschwerdung ist Gott dem Menschen nahegekommen. Im Leiden und Sterben Jesu Christi zeigt sich Gottes Liebe zum Menschen: »Nichts als die Lehre von seinem Leiden und Tode (denn das ist das Nobelste, das man sich vorstellen kann) macht ihn mir zum Gott [...] Denn es kann niemand so denken und so was ausführen als Gott. Die Noblesse seines Gemüts setzt ihn bei mir weit mehr über alles weg als seine Taten, die hat mich zum Proselyten gemacht, aber kein theologischer Beweis, den ich jemals gehört.«[123] Es lässt sich kaum eine schönere Liebeserklärung an Gott denken als diese Formulierung: Die Noblesse des Gemüts Jesu Christi hat den Grafen zum Gläubigen gemacht! Die Anziehungskraft von Zinzendorfs Glauben beruhte zu seiner Zeit nicht zuletzt darauf, dass er mit seiner speziellen Konzeption einer geistlichen Schriftauslegung eine Antwort auf die Infragestellung des christlichen Gottesverständnisses durch den Deismus und der Göttlichkeit der Heiligen Schrift durch die beginnende historisch-kritische Bibelauslegung fand.

Auch die geistliche Schriftauslegung Dietrich Bonhoeffers muss auf dem Hintergrund der Herausforderungen seiner Zeit verstanden werden. Er gehörte zu den Pionieren der Meditation im Protestantismus.[124] Dabei fällt auf, dass er an vielen Stellen an Luthers Meditations- und Gebetsverständnis anknüpft. Theologisch geht es ihm in seiner Meditation um die Sicherung der Bibel als des fremden Wortes Gottes, das sich der Mensch nicht selbst sagen kann. Der theologische Liberalismus des 19. Jahrhundert hatte den Abstand zwischen Gott und dem Menschen bis zur Unkenntlichkeit eingeebnet. Im Endeffekt war Gott zu einem himmlischen Doppelgänger des Menschen geworden. Im Dritten Reich

---

122 Vgl. im Einzelnen Zimmerling (2014, S. 125–129).
123 Synode, 22.09.1750 (zit. nach Zinzendorf 1948, S. 32).
124 Vgl. im Einzelnen Zimmerling (2006, S. 69–76).

hatte der Nationalsozialismus mit seinem Raunen von der göttlichen Vorsehung und den sogenannten unumstößlichen Naturordnungen die Offenbarung Gottes in Jesus Christus sogar völlig in den Hintergrund gedrängt. Bonhoeffers geistliche Schriftauslegung will das Gottsein Gottes um des Menschseins des Menschen willen wieder zur Geltung zu bringen. Mit Luther gesprochen: »Wir sollen Mensch und nicht Gott sein. Das ist die Summa.«[125] Dazu muss der Bibeltext mit seiner eigenen Stimmer zu Gehör kommen. Voraussetzung dafür sind ein Vertrauensvorschuss aufseiten der Lesenden und deren Bereitschaft, sich Zeit zum Hören zu nehmen.

5.1.3 Rechtfertigung allein aus Gnaden

Zentrum des evangelischen Glaubens ist die Erkenntnis von der voraussetzungslosen Annahme des Menschen durch Gott. Dass das reformatorische Rechtfertigungsverständnis sich auch ökumenisch durchgesetzt hat, ist spätestens seit der Unterzeichnung der »Gemeinsamen Erklärung« in Augsburg am 31.10.1999 nicht mehr zu leugnen.[126] Bei der »Rechtfertigung allein aus Gnade um Christi willen durch den Glauben« (CA 4) handelt es sich um den »Articulus stantis et cadentis Ecclesiae«, den Artikel, mit dem die Kirche steht und fällt (so erstmals bei Valentin Ernst Löscher 1673–1749). In der Sache geht die Formulierung auf Martin Luther selbst zurück. Christlicher Glaube muss an diesem Zentralpunkt der reformatorischen Erkenntnis ansetzen und immer wieder zu ihm hinführen. Dass die Zentrierung des christlichen Glaubens auf die Rechtfertigung des Menschen durch Gott gerade in Zeiten des religiösen Pluralismus hochaktuell ist, zeigt sich nicht zuletzt an der Betonung des menschlichen Handelns in vielen religiösen Angeboten. Unterschiedliche Formen der Beichte stellen eine wesentliche Möglichkeit dar, die Rechtfertigungslehre konkret zu erfahren.

5.1.4 Kein Glaube ohne Kirche

So sehr Luther den Glauben des Einzelnen von klerikaler Bevormundung befreien wollte, intendierte er doch nie eine Spiritualität unabhängig von der christlichen Gemeinde. Das zeigt besonders schön seine Auslegung des dritten Glaubensartikels im Kleinen Katechismus. Die Stelle ist ein klassischer Beleg dafür, dass sich in Luthers Glauben der Einzelne und die Gemeinde komple-

---

125 Luther (WA Br 5, S. 415, 45 f., im Brief vom 30.6.1530).
126 Das gilt meines Erachtens unbeschadet der Tatsache, dass es eine Reihe berechtigter Einwände gegen Entstehungsvorgang und Inhalt der »Gemeinsamen Erklärung« gibt.

mentär zueinander verhalten:[127] »Ich glaube, dass ich nicht aus eigener Vernunft noch Kraft an Jesus Christus, meinen Herrn, glauben oder zu ihm kommen kann; sondern der Heilige Geist hat mich durch das Evangelium berufen, mit seinen Gaben erleuchtet, im rechten Glauben geheiligt und erhalten; *gleichwie* er die *ganze Christenheit* auf Erden beruft, sammelt, erleuchtet, heiligt und bei Jesus Christus erhält im rechten einigen Glauben; *in welcher Christenheit* er mir und *allen Gläubigen* täglich alle Sünden reichlich vergibt und am Jüngsten Tage mich und *alle Toten* auferwecken wird und mir samt *allen Gläubigen* in Christus ein ewiges Leben geben wird.« Im landeskirchlichen Protestantismus herrscht dagegen bis zum heutigen Tag ein Frömmigkeitstypus vor, der weitgehend von Subjektivismus und Innerlichkeit geprägt ist. Die Konsequenz der Ausblendung der christlichen Gemeinde aus dem Glauben ist eine entscheidungs- und profillose protestantische Spiritualität. Die neuzeitliche Denkfigur von Gott und der Einzelseele stellt eine Abstraktion dar. Das zeigt sich spätestens in dem Moment, wo Eltern den christlichen Glauben an ihre Kinder weitergeben wollen. Wie wichtig wird hier der Religionsunterricht und der Jugendkreis der Kirchengemeinde! Dringend nötig ist ein neues Bewusstsein, dass es christlichen Glauben nicht unabhängig von der Kirche gibt, sondern nur eingebunden in die »Gemeinschaft der Heiligen«, wie es im Apostolischen Glaubensbekenntnis heißt. Aus Hebr 12,1 stammt die Formulierung, dass jeder Christ umgeben ist von einer »Wolke von Zeugen«. Der christliche Glaube braucht die Kirche als Inspirationsraum, Unterstützung und Bewährungsfeld.

5.1.5 Zusammengehörigkeit von Kontemplation und Aktion

Die Reformation hat neu ans Licht gebracht, dass sich der Glaube im Alltag, das heißt in Familie und Beruf, zu bewähren hat, und damit gegenüber der mittelalterlichen Spiritualität eine notwendige Korrektur vorgenommen. Dabei hat sie jedoch über der Nächstenliebe, dem Alltagsgottesdienst, nicht die Stille vor Gott, die Kontemplation, vergessen. Ausdrücklich empfahl Luther den Weg der Stille als einen Weg zu Gott: »Gleichwie die Sonne in einem stillen Wasser gut zu sehen ist und es kräftig erwärmt, kann sie in einem bewegten, rauschenden Wasser nicht deutlich gesehen werden. Darum, willst du auch erleuchtet und warm werden durch das Evangelium, so gehe hin, wo du still sein und das Bild dir tief ins Herz fassen kannst, da wirst du finden Wunder über Wunder.«[128] Das Leben aus der Stille bewahrt vor Kurzatmigkeit und verhindert, dass christ-

---

127 Gegen Schütz (1951/1986, S. 17 ff.).
128 Luther (WA 10 I, S. 1, 62), zit. nach Huber (2002, S. 20).

liches Handeln zum Aktionismus verkommt. Damit befindet sich reformatorische Spiritualität im Einklang mit der Spiritualität Jesu. In deren Zentrum steht das sogenannte Doppelgebot der Liebe: »Jesus aber antwortete ihm: ›Du sollst den Herrn, deinen Gott, lieben von ganzem Herzen, von ganzer Seele und von ganzem Gemüt.‹ Dies ist das höchste und größte Gebot. Das andere aber ist dem gleich: ›Du sollst deinen Nächsten lieben wie dich selbst‹« (Mt 22,37–39). Das heißt, die Liebe zu Gott verliert ihre Bodenhaftung, wenn sie nicht mit der Liebe zum Mitmenschen verknüpft wird (vgl. dazu auch Jesu Aussagen in der Bergpredigt: Mt 5,21–26). Umgekehrt kühlt die Liebe zum Nächsten schnell ab, wenn sie nicht immer wieder aus der Quelle der Gottesliebe, das heißt der Liebe Gottes zu mir und meiner Liebe zu Gott, erneuert wird.[129]

Im evangelischen Glauben gehören zwei Pole, Kontemplation und Aktion, Gottesliebe und Nächstenliebe, Ewigkeitshorizont und Hinwendung zur Welt, unauflöslich zusammen.

5.1.6 Notwendige Impulse der Mystik für den evangelischen Glauben heute

Ein mystikfreier evangelischer Glaube stellt eine Unmöglichkeit dar. Ich bin davon überzeugt, dass die Mystik für Kirche und Theologie überlebensnotwendig ist. Die folgenden acht Impulse der Mystik können zu einer Bereicherung evangelischer Spiritualität beitragen.[130]

1. Die Mystik ruft der Christenheit in einem von Säkularisierungs- und Entkirchlichungsprozessen geprägten Zeitalter ins Gedächtnis zurück, dass im Zentrum evangelischer Spiritualität die personale Glaubensbeziehung zwischen Gott und Mensch steht. Kern evangelischer Mystik ist der lebendige Jesus Christus und die durch Bibel und Kirche vermittelte Gemeinschaft mit ihm.

2. Evangelische Spiritualität kann von der Mystik die Gewissheit der Nähe Gottes lernen. Dadurch erhält das Gottesverhältnis einen warmen und innigen Zug. Gerhard Tersteegen hat in seinem Lied »Gott ist gegenwärtig« (EG 165) die Nähe Gottes in klassischer Weise zum Ausdruck gebracht. Er kann sich dabei auf eine Reihe von biblischen Aussagen berufen. Im Johannesevangelium wird der Begriff der Freundschaft gebraucht, um die intime Beziehung zwischen Christus und seinen Jüngern zu beschreiben: »Ihr seid meine Freunde«,

---
129 Vgl. hierzu im Einzelnen Bockmühl (1980, S. 25 ff.).
130 Vgl. dazu im Einzelnen Zimmerling (2015, S. 256–260).

sagt Jesus zu seinen Jüngern (Joh 15,14). Im Gefolge davon hat sich der Begriff der Gottesfreundschaft herausgebildet, um das Wesen christlicher Mystik zu beschreiben. Er bringt zum Ausdruck, dass es darin um ein liebendes Gegenüber und Ineinander, jedoch um keine Identität zwischen Gott und Mensch geht.

3. Evangelische Spiritualität kann von mystischer Spiritualität ein Leben in der Erwartung von Gotteserfahrungen lernen.

Altes und Neues Testament berichten von einer Fülle von Gotteserfahrungen. Ja, die Bibel stellt ein Kompendium der Gotteserfahrung von Männern und Frauen im Verlauf der jüdischen und urchristlichen Geschichte dar. Für die Glaubensglut der Mystikerinnen und Mystiker sind nicht zuletzt ihre intensiven Erfahrungen mit Gott verantwortlich. Viele von ihnen haben intensiv über ihre Gotteserfahrungen nachgedacht und sie zu interpretieren versucht. Das gilt für so unterschiedliche Vertreterinnen und Vertreter wie Teresa von Avila oder Dag Hammarskjöld gleichermaßen.[131]

4. Evangelische Spiritualität kann von der Mystik neu die Liebe als Grundmotiv des Glaubens lernen.

Jahrhundertelang wurde – vor allem im Protestantismus – »das Christliche in der Temperierung der Leidenschaften« gesehen.[132] Dietrich Bonhoeffer weist zu Recht darauf hin, dass sich in der Bibel, vor allem im Alten Testament, nirgends eine solche Forderung erkennen lässt. Die Mystik kann dazu beitragen, zu einem leidenschaftlichen, glutvollen Glauben zurückzufinden. Ein bekanntes Beispiel für die Glut der Liebe zu Gott im Rahmen evangelischer Mystik ist das Lied »Ich steh an deiner Krippen hier« (EG 37) von Paul Gerhardt. Wie ein Liebhaber seine Geliebte will der Gläubige Christus auf Rosen betten. Die Liebe zu Gott soll sogar äußere, sinnliche Ausdrucksform finden. Gerhard Tersteegen etwa verschrieb sich seinem »Blutbräutigam Christus« mehrfach mit dem eigenen Blut.

5. Evangelische Spiritualität kann durch die Mystik die Askese wieder als Chance zur Freiheit entdecken.

In ihrem Dienst für Jesus Christus kennen Mystikerinnen und Mystiker kein Maß. Für ihn wollen sie Abhängigkeiten und Gebundenheiten hinter sich lassen. Der Gedanke des Verzichts wird von Jesus und Paulus im Neuen Testament als selbstverständlich vorausgesetzt und auf die Nachfolge angewandt: »Will mir jemand nachfolgen, der verleugne sich selbst und nehme sein Kreuz auf sich

---
131 Vgl. dazu im Hinblick auf den evangelischen Raum Zimmerling (2015, bes. S. 37–201).
132 Bonhoeffer (1998d, S. 441).

und folge mir« (Mt 16,24); »Ein jeglicher, der da kämpft, enthält sich aller Dinge« (1Kor 9,25). Urchristliche Askese geschieht freiwillig aus Liebe zu Gott und den Menschen. Weil Mystiker aus Liebe Askese üben, verliert diese ihren muffigen Beigeschmack. Ihre Askese lässt Raum für die Bejahung der guten Gaben der Schöpfung. Als bei einem Besuch Teresa von Avilas Lieblingsspeise aufgetragen wurde, gab sie einer Laienschwester, die nicht verstehen wollte, warum die Heilige das Essen so ungeniert genießen konnte, die berühmte Antwort: »Lobe lieber die Freundlichkeit deines Herrn und merke dir: wenn Rebhuhn, dann Rebhuhn, wenn Buße, dann Buße.«[133] Es fällt auf, dass evangelische Mystiker die Askese anders als diejenigen im katholischen Raum nur selten thematisieren. Wenn es geschieht, dann höchstens indirekt, indem katholische Mystikerinnen und Mystiker als Vorbilder zur Nachahmung oder deren Schriften zur Lektüre empfohlen werden.

6. Evangelische Spiritualität kann von der Mystik die Integration von unausweichlichem Leid und Schmerz in die Spiritualität lernen.[134]

Die moderne Leistungsgesellschaft hat das Sensorium für den Wert von Leiden und Krankheit verloren. Sie weiß nichts mehr von der Erkenntnis des englischen Literaturwissenschaftlers C. S. Lewis: »Gott flüstert in unseren Freuden, er spricht in unserem Gewissen; in unseren Schmerzen aber ruft er laut. Sie sind Sein Megafon, eine taube Welt aufzuwecken.«[135] Schon das Neue Testament kennt einen schöpferischen Umgang mit dem Leid. Wie Gott den Apostel Paulus in 1Kor 12,9 erkennen lässt, ist Leiden Teil der Nachfolge Jesu Christi: »Lass dir an meiner Gnade genügen; denn meine Kraft ist in den Schwachen mächtig.« Der seelsorgliche Gewinn der Integration des Leidens in den Glauben ist enorm: Jeder Christ kann in der Gewissheit leben, es immer und überall mit dem gnädigen Gott zu tun zu haben – was auch immer ihm widerfährt. In mystischer Frömmigkeit wird Leiden zur Auszeichnung, weil es dem Leiden Jesu Christi gleichförmig macht. Dadurch bietet die Mystik dem heutigen Menschen die Chance, zu einem gesünderen Umgang mit Leid und Schmerz zu kommen.

7. Evangelische Spiritualität kann von der Mystik deren Ewigkeitsorientierung lernen.

Menschen verbinden mit dem christlichen Glauben heute weniger die Hoffnung auf ein ewiges Leben als vielmehr Hilfe im Diesseits, in ihrer konkreten Existenz, ihren Lebensproblemen und ihren Krankheiten.[136] Sie wollen Leid ver-

---
133 Zit. nach Nigg (1986, S. 266).
134 Vgl. dazu Böhme (1985, S. 70–74).
135 Lewis (1988, S. 93).
136 Biser (1994, S. 453 f.).

meiden, um dadurch Zeit zu sparen und das Leben voll auszukosten.[137] Für die eine große Hoffnung – sei es auf der Erde oder im Himmel – bleibt selbst den meisten Kirchenmitgliedern schlicht keine Zeit mehr. Geblieben sind allein die vielen kleinen individuellen Hoffnungen, eine Art diesseitiger Himmel, der durch Sex, Konsum und Urlaubsreisen erreicht werden soll. Schon vor Jahren beschrieb der Tübinger Systematische Theologe Eberhard Jüngel diesen Sachverhalt im Hinblick auf den Protestantismus kritisch-provokant wie folgt: »Als Kinder der Aufklärung haben wir inzwischen das Diesseits so sehr lieben gelernt, dass wir im Gefolge Ludwig Feuerbachs aus diesseitsblinden ›Kandidaten des Jenseits‹ zu jenseitsvergessenen ›Studenten des Diesseits‹ geworden sind. Die christliche Hoffnung auf ein Leben in Gottes kommendem Reich hat sich zum bloßen Interesse an einem Leben vor dem Tod ermäßigt.«[138]

Dagegen geht das Neue Testament in all seinen Traditionssträngen von der Hoffnung auf einen neuen Himmel und eine neue Erde aus (z. B. Offb 21), wobei das neue Leben im Glauben bereits jetzt begonnen hat (z. B. Joh 5,24). Viele Mystikerinnen und Mystiker betonen einerseits die präsentische Seite der Eschatologie, die für sie in ihren Gotteserfahrungen Wirklichkeit geworden ist. Da solche Erfahrungen jedoch immer nur zeitlich begrenzt sind, wird die irdische Wirklichkeit in ihrer Gebrochenheit besonders schmerzlich erfahren. Umso intensiver ist andererseits die Erwartung der Ewigkeit. Diese kommt in der protestantischen Mystik gerade in den Gesangbuchliedern zum Ausdruck. »Gloria sei dir gesungen / mit Menschen- und mit Engelzungen, / mit Harfen und mit Zimbeln schön. / Von zwölf Perlen sind die Tore / an deiner Stadt; wir stehn im Chore / der Engel hoch um deinen Thron. / Kein Aug hat je gespürt, / kein Ohr hat mehr gehört / solche Freude. / Des jauchzen wir und singen dir / das Halleluja für und für« (nach Philipp Nicolai, EG 147,3). »Ein Tag, der sagt dem andern, / mein Leben sei ein Wandern / zur großen Ewigkeit. / O Ewigkeit, so schöne, / mein Herz an dich gewöhne, / mein Heim ist nicht in dieser Zeit« (Gerhard Tersteegen, EG 481,5).

8. Die Rückbesinnung auf die Mystik ist für evangelische Spiritualität nicht zuletzt im Hinblick auf das Gespräch mit den östlichen Religionen wichtig.

Im Kontext einer religiös pluralen Gesellschaft hat das Christentum sein religiöses Monopol verloren und muss lernen, sich im Kontext nicht christlicher Religionen zu behaupten. Auf dem Markt der religiösen Möglichkeiten üben besonders die fernöstlichen Religionen des Hinduismus und Buddhismus

---

137 Gronemeyer (1996, S. 122).
138 Jüngel (1989, S. 31 f.).

mit ihren stark mystischen Tendenzen eine große Faszination auf westliche Menschen aus. Um hier bestehen zu können und als echte Alternative wahrgenommen zu werden, ist die Reintegration der eigenen mystischen Traditionen in die evangelische Spiritualität unerlässlich. Aber nicht nur aus strategischen, sondern auch aus theologischen Gründen ist diese Reintegration nötig. Nur so kann es zu einem echten Dialog zwischen Partnern auf Augenhöhe kommen.

5.2 Die notwendige »Selbstzwecklichkeit« der Kirche (Dietrich Bonhoeffer)

Da Gemeindebau – übrigens nicht nur im landeskirchlichen Kontext – nie von den immer schon vorhandenen gemeindlichen und kirchlichen Strukturen absehen kann, ist es unerlässlich, die Frage nach dem Kirchesein der evangelischen Kirche zu klären. Wie ein Schatten begleitet diese Frage die ganze Geschichte der evangelischen Kirche. Hier nur so viel: Reichsrechtlich trat die sich bildende evangelische Kirche erstmals durch die berühmte Protestation der evangelischen Stände gegen die römisch-katholische Mehrheit beim Reichstag von Speyer 1529 in das öffentliche Bewusstsein. Seitdem wurde der Begriff »Protestantismus« als Bezeichnung für die evangelischen Kirchen üblich, womit häufig eine Verlagerung des inhaltlichen Schwerpunkts einherging: weg vom Selbstverständnis als einer am biblischen Evangelium orientierten Kirche, die sich als die wahre Kirche verstand, hin zu einer bloßen Protestbewegung gegen die römisch-katholische Kirche.

Seit den 1968er Jahren verstanden sich zahlreiche Initiativen in der evangelischen Kirche lediglich als Protestgruppen gegen staatliche beziehungsweise gesellschaftliche Ungerechtigkeit. Sie waren – im Bild gesprochen – nach ihrem Selbstverständnis das Salz in der gesellschaftlichen Suppe, das seine Mission erfüllt hatte und sich selbst auflösen konnte, wenn sich die gesellschaftlichen Zustände zum Besseren verändert hatten. Zuletzt verhalf die päpstliche Enzyklika »Dominus Jesus« aus dem Jahr 2000 der Frage nach dem Kirchesein des Protestantismus zu großer publizistischer Beachtung. In der Verlautbarung wurde den evangelischen Kirchen lediglich der Status von »kirchlichen Gemeinschaften« zugebilligt. Nur die römisch-katholische und – in abgeschwächter Form – die orthodoxen Kirchen – waren danach für Rom Kirche im Vollsinn des Wortes.

Bereits vor mehr als achtzig Jahren hat kein Geringerer als Dietrich Bonhoeffer immer wieder auf das Problem des kirchlichen Selbstverständnisses im Protestantismus hingewiesen. Vor allem in seiner posthum erschienenen »Ethik«

thematisiert er das Kirchesein der evangelischen Kirche. Seine These von 1943 ist, dass diese ihre »Selbstzwecklichkeit« sträflich vernachlässigt habe.[139] Das mag überraschen, weil Bonhoeffer mit seiner Definition von Kirche als »Kirche für andere«, die aus »Widerstand und Ergebung« stammt, gerade einer der Gewährsleute der genannten kirchlichen Initiativgruppen war, die eine Selbstauflösung der Kirche in der Gesellschaft in Kauf nahmen.

Wie begründet Bonhoeffer seine Forderung nach der »Selbstzwecklichkeit« der Kirche? Er geht davon aus, dass ihr selbstgewisses Kirchesein gerade wegen ihres »Für-andere-Daseins« unverzichtbar ist.[140] Paradoxerweise ist nämlich ihre »Selbstzwecklichkeit« die Voraussetzung, dass sie ihren universalen Auftrag erfüllen kann. Nur eine Kirche, die sich ihrer selbst gewiss ist, kann den Menschen kraftvoll das Evangelium verkündigen. Dazu kommt, dass der Ruf in die Gemeinschaft der Kirche essenzieller Bestandteil ihrer Verkündigung ist. »Die Kirche als eigenes Gemeinwesen steht also unter einer doppelten göttlichen Bestimmung, der sie gerecht zu werden hat, der Ausrichtung auf die Welt und gerade darin der Ausrichtung auf sich selbst als der Stätte der Gegenwart Jesu Christi. Es ist die Eigenart der Kirche als eines eigenen Gemeinwesens, dass [sie] in der Um*grenzt*heit ihres eigenen geistigen und materiellen Bereiches die *Un*begrenztheit der Christusbotschaft zum Ausdruck bringt und dass gerade die Unbegrenztheit der Christusbotschaft wieder in die Begrenztheit der Gemeinde hineinruft.«[141] Gerade die Universalität des Verkündigungsauftrags ist also nach Bonhoeffer der Grund für die Pflege der »Selbstzwecklichkeit« der Kirche.

Was bedeutet seine Forderung für den Gemeindebau? Kein nachhaltiger Gemeindebau in der evangelischen Kirche ohne selbstgewisses Kirchesein! Der Gemeindebau hat immer auch die Aufgabe, die »Selbstzwecklichkeit« der Kirche zu fördern. Wie Bonhoeffer sich die Förderung der »Selbstzwecklichkeit« der Kirche konkret vorgestellt hat, zeigen die Überlegungen, die sich an das Zitat unmittelbar anschließen: »Es ist umgekehrt die Gefahr der Reformation, dass sie aufkosten des eigenen Bereiches der Kirche allein das Mandat der

---

139 Bonhoeffer (1998a, S. 411); es handelt sich hierbei um die höchstwahrscheinlich zuletzt niedergeschriebenen Sätze der »Ethik« (so die Herausgeber in ihrem Vorwort in Bonhoeffer 1998a, S. 7 ff., bes. 17); vgl. auch Bonhoeffer (2021, S. 69 f.).
140 Bonhoeffer (1998e, S. 558.560). Zur Diskussion des Verhältnisses von ontologischem und funktionalem Verständnis von Kirche bei Dietrich Bonhoeffer vgl. besonders Lange (1967); Bethge (1969, S. 158 ff.). Bereits in seiner großen Bonhoeffer-Biografie hatte Bethge prägnant formuliert: »Arkandisziplin ohne Weltlichkeit ist Getto, und Weltlichkeit ohne Arkandisziplin ist nur noch Boulevard« (Bethge 2004, S. 992). An dieser richtigen Einsicht hält er auch im Hinblick auf die Verhältnisbestimmung zwischen »Selbstzwecklichkeit« und dem »Für-andere-dasein« der Kirche fest, s. Bethge (1969, S. 169).
141 Bonhoeffer (1998a, S. 409, Hervorhebungen im Text).

Wortverkündigung ins Auge fasst und damit die Selbstzwecklichkeit der Kirche, die gerade in ihrem Sein für die Welt besteht, fast ganz übersieht. Man braucht nur an die liturgische Armut und Unsicherheit unserer heutigen evangelischen Gottesdienste, – an die Schwäche der kirchlichen Ordnung und des kirchlichen Rechtes, – an das fast vollständige Fehlen einer echten Kirchenzucht, – an die Unfähigkeit weitester evangelischer Kreise, die Bedeutung von Zuchtübungen – also etwa geistlicher Exerzitien, Askese, Meditation, Kontemplation – überhaupt zu verstehen, – an die Unklarheit über den ›geistlichen Stand‹ und seine besonderen Aufgaben, – aber schließlich auch an die erschreckende Ratlosigkeit oder Überheblichkeit unzähliger evangelischer Christen angesichts von christlichen Eidesverweigerern, Kriegsdienstverweigerern etc. – zu denken und zu erinnern, um alsbald zu empfinden, wo der Mangel der evangelischen Kirche liegt.«[142]

Der Gemeindebau muss nach Bonhoeffer zur Pflege der Selbstzwecklichkeit der Kirche daher die folgenden vier Bereiche umfassen: die Erneuerung des Gottesdienstes; die kirchliche Selbstorganisation einschließlich der Neubestimmung der Rolle des ordinierten Amtes; die Spiritualität der Kirchenmitglieder und schließlich das sozialethische Engagement. Alle vier Bereiche stellen bis heute aktuelle Herausforderungen im Kontext des Gemeindebaus dar.

5.3 Die Gestalt kirchlicher Ordnung und Ämter

Aus dem Grundauftrag zur Verkündigung des Evangeliums ergibt sich eine doppelte Konsequenz. Um der *Glaubwürdigkeit der Verkündigung* willen sollen sowohl Ordnung und Ämter der Kirche als auch das Leben der einzelnen Christen und der Kirche insgesamt dem Evangelium entsprechen. Im Hinblick auf den Gemeindeaufbau bedeutet das, dass er auf der einen Seite die Gestaltung der kirchlichen Ordnung und Ämter und auf der anderen Seite den gelebten Glauben der am Gemeindebau beteiligten Personen und der Kirche insgesamt beachten muss. Zunächst zur Gestalt der kirchlichen Ordnung und Ämter:

Auf der Bekenntnissynode von Barmen 1934 wurde erstmals im Protestantismus mit der Ausbildung einer umfassenden Ekklesiologie begonnen. Diese schloss die Lehre von der kirchlichen Ordnung und vom Amt ein. Die Barmer Theologische Erklärung stellte eine notwendige Fortentwicklung der defizitären reformatorischen Ekklesiologie dar. Für die bleibende Bedeutung der Barmer

---

142 Bonhoeffer (1998a, S. 410–412).

Theologischen Erklärung spricht, dass heute Pfarrerinnen und Pfarrer in vielen deutschen Landeskirchen auf diese ordiniert werden.

Die Deutschen Christen hatten nach Hitlers Machtergreifung versucht, die evangelische Kirche mit dem Nazistaat gleichzuschalten und in ihr dem Führerprinzip mit einem Reichsbischof an der Spitze zum Sieg zu verhelfen. Als Reaktion darauf kam es in der Bekennenden Kirche zur Formulierung eines neuen Bekenntnisses, das – erstmals seit der Reformation – von lutherischen und reformierten Vertretern gemeinsam getragen wurde. »Erst die in der Geschichte der deutschen evangelischen Kirchen präzedenzlose Verfolgungssituation hat der Kirche ein neues ekklesiologisches Selbstbewusstsein und eine Zuversicht zu ihrer eigenen Identität gegeben.«[143]

Die Bedeutung der Barmer Theologischen Erklärung erschöpft sich also keineswegs darin, dass sie ein Schlüsseldokument des Kirchenkampfes zu Beginn der NS-Herrschaft darstellt. Barmen brach mit dem antiinstitutionellen Vorbehalt der liberalen evangelischen Theologie des 19. Jahrhunderts. Es gelang, das institutionelle Defizit des reformatorischen Kirchenverständnisses, wie es in Art. 7 der CA sichtbar wird, zu überwinden. In Barmen erkannte man, dass auch die Ordnung der Kirche und ihrer Ämter dem Inhalt ihrer Verkündigung entsprechen muss, wenn die Verkündigung nicht unwirksam werden soll. Darum formuliert die These 3 der Barmer Theologischen Erklärung: »Lasst uns aber wahrhaftig sein in der Liebe und wachsen in allen Stücken zu dem hin, der das Haupt ist, Christus, von dem aus der ganze Leib zusammengefügt ist (Eph 4,15).

Die christliche Kirche ist die Gemeinde von Brüdern, in der Jesus Christus in Wort und Sakrament durch den Heiligen Geist als der Herr gegenwärtig handelt. Sie hat mit ihrem Glauben wie mit ihrem Gehorsam, mit ihrer Botschaft wie mit ihrer Ordnung mitten in der Welt der Sünde als die Kirche der begnadigten Sünder zu bezeugen, dass sie allein sein Eigentum ist, allein von seinem Trost und von seiner Weisung in Erwartung seiner Erscheinung lebt und leben möchte.

Wir verwerfen die falsche Lehre, als dürfe die Kirche die Gestalt ihrer Botschaft und ihrer Ordnung ihrem Belieben oder dem Wechsel der jeweils herrschenden weltanschaulichen und politischen Überzeugungen überlassen.«

Es reicht also nicht, Jesus Christus durch die Verkündigung zu bezeugen – so Melanchthon in der CA. Der Auftrag der Kirche besteht genauso darin, dafür zu sorgen, dass der Verkündigung eine entsprechende Gestalt der kirchlichen Ordnung entspricht, wenn sie nicht unglaubwürdig werden soll.[144] Botschaft

---

143 Bethge (1969, S. 155).
144 Bonhoeffer (1998a, S. 59).

und Ordnung verweisen genauso wie Glaube und Gehorsam aufeinander und gehören zusammen. These 3 der Theologischen Erklärung von Barmen hält fest, dass nicht nur die Botschaft und der Glaube der Kirche, sondern auch ihre Ordnung und ihr Gehorsam Verkündigungscharakter besitzen.

In These 4 wird näher ausgeführt, was das im Hinblick auf die konkrete Gestalt und Aufgabe der kirchlichen Ämter bedeutet:

»Jesus Christus spricht: Ihr wisst, dass die Herrscher ihre Völker niederhalten und die Mächtigen ihnen Gewalt antun. So soll es nicht sein unter euch; sondern wer unter euch groß sein will, der sei euer Diener. (Mt 20,25 f.)

Die verschiedenen Ämter der Kirche begründen keine Herrschaft der einen über die anderen, sondern die Ausübung des der ganzen Gemeinde anvertrauten und befohlenen Dienstes.

Wir verwerfen die falsche Lehre, als könne und dürfe sich die Kirche abseits von diesem Dienst besondere, mit Herrschaftsbefugnissen ausgestattete Führer geben und geben lassen.«

These 4 grenzt sich nicht nur gegen das Amtsverständnis des Dritten Reiches ab, das im Führerkult gipfelte. Es kommt darin auch zu einer Abkehr von dem in der evangelischen Kirche bis dahin vorherrschenden Verständnis von Amt, das dieses im Sinne von Herrschaft interpretierte. Das kirchliche Amt muss vom NT her vielmehr als Dienst für andere und nicht als Herrschaft verstanden werden. In der Zeit des Kirchenkampfes wurde das Amt wieder das, was es im Urchristentum und in der Zeit der Alten Kirche gewesen war: kein Privileg, sondern Gefährdung und Last für seine Träger.[145]

Was heißt das für den Gemeindebau? Hinter dem neuen Amtsverständnis von Barmen standen die Praxiserfahrungen des Kirchenkampfes. Damals leuchtete erstmals im Protestantismus das Bild einer Beteiligungskirche auf.[146] Hier wurde die reformatorische Forderung des allgemeinen Priestertums in die Praxis umgesetzt. Als die Pfarrer später während des Krieges eingezogen wurden, übernahmen Laien, vor allem Frauen, mehr und mehr Verantwortung in den Gemeinden. Dabei stellte sich heraus, dass alle für das Gemeindeleben nötigen Begabungen vorhanden waren.

Beim Gemeindebau geht es nicht zuletzt darum, die falsche Scheidung zwischen »Geistlichen« und »Laien« zu überwinden. Dadurch wird der Weg zur eigenverantwortlichen Mitarbeit von Haupt- und Ehrenamtlichen frei, die geistliche Verantwortung für die Gemeinde tragen. Die Folge ist eine Wiedereingliederung des ordinierten Amtes in die Gemeinde. Damit kann die mit der

---

145 Scharf (1980, S. 71).
146 Vgl. z. B. Büro der Landessynode der Evangelischen Kirche in Berlin-Brandenburg (1998).

Hierarchisierung des Pfarramts verbundene Überforderung von Pfarrerinnen und Pfarrern überwunden werden, genauso die teils resignierende, teils übermäßig anspruchsvolle Konsumentenhaltung der Gemeindeglieder.

5.4 Notwendigkeit gelebter Nachfolge

Es war Dietrich Bonhoeffer, der die radikalsten Konsequenzen aus Barmen im Hinblick auf die Glaubwürdigkeit der Kirche für den Gemeindebau gezogen hat. Die entsprechenden Äußerungen finden sich in seinem »Entwurf für eine Arbeit« in »Widerstand und Ergebung«.[147] »Um einen Anfang zu machen, muss sie alles Eigentum den Notleidenden schenken. Die Pfarrer müssen ausschließlich von den freiwilligen Gaben der Gemeinden leben, eventuell einen weltlichen Beruf ausüben.«[148] Bonhoeffer fordert hier eine radikale organisatorische Veränderung der Kirche, eine Revolution der kirchlichen Strukturen, die eine tief greifende Umstrukturierung des herkömmlichen Pfarramtes einschließt. Dazu gehört die Umstellung der kirchlichen Finanzverwaltung auf Spenden; auch die Abschaffung des hauptamtlichen Pfarramts wird erwogen. Letztlich geht es Bonhoeffer um eine »Kirche ohne Privilegien«.[149] Diese praktischen Vorschläge zur Umstrukturierung der Kirche könnten als Überlegungen eines weltfremden Fantasten abgetan werden, wenn sie nicht stringent aus Bonhoeffers in »Widerstand und Ergebung« entwickelter neuer christologischer Perspektive und aus seiner darin formulierten Neudefinition des Christseins erwachsen wären. Er begründet die Umgestaltung der Kirche aus dem »Für-andere-dasein« Jesu Christi:[150] Jesus Christus ist der Mensch für andere. Die Kirche verhält sich kontraproduktiv zu ihrer Christusverkündigung, wenn sie diese nicht durch eine entsprechende Gestalt und ein entsprechendes vorbildhaftes Verhalten unterstreicht. Sie muss in der Nachfolge Jesu Christi Kirche für andere sein. Erst wenn die Kirche anfängt, sich entsprechend dem Vorbild Jesu zu verhalten, wird – so Bonhoeffers Überzeugung – der Tag kommen, »an dem wieder Menschen berufen werden, das Wort Gottes so auszusprechen, dass sich die Welt darunter verändert und erneuert.«[151]

---

147 Bonhoeffer (1998c, S. 556–561). Vgl. dazu im Einzelnen die differenzierte Interpretation der Aussage Bonhoeffers bei Bethge (1969).
148 Bonhoeffer (1998c, S. 560).
149 So der Titel eines Artikels von Josef Smolik, der aus tschechischer Perspektive die diesbezüglichen Überlegungen Bonhoeffers auf dem Bonhoeffer-Symposion 1976 in Genf interpretiert hat (Smolik 1976).
150 Vgl. Bonhoeffer (1998c, S. 558–560).
151 Bonhoeffer (1998c, S. 436).

5.5 »Ja« zur privilegierten Partnerschaft zwischen Staat und Kirche

Angesichts der Situation der derzeitigen Volkskirche als einer Institution im Übergang ist die Fortentwicklung ihres Selbstverständnisses und ihrer institutionellen Gestalt unerlässlich.[152] Wie kann dies geschehen, ohne die seitherige privilegierte Partnerschaft zwischen Staat und Kirche aufzugeben? Ich möchte im Folgenden skizzieren, in welche Richtung sich die Kirche in Zukunft entwickeln sollte.

5.5.1 Ausgangspunkt: Minderheitenkirche mit volkskirchlichen Strukturen

Was schon lange für die Kirche in den östlichen Bundesländern gilt, wird in den kommenden Jahren nach allen Prognosen auch auf die Westkirchen zukommen: Die Kirche muss sich mit der Situation auseinandersetzen, zwar weiterhin volkskirchliche Strukturen zu besitzen, aber in der Gesellschaft nicht mehr als eine qualifizierte Minderheit zu sein.[153] Einerseits stellt die evangelische Kirche bereits heute eine gesellschaftliche Machtgruppe unter anderen mit begrenztem politischem Einfluss dar. Das zeigte sich vor einigen Jahren an den Auseinandersetzungen um die Abschaffung des Buß- und Bettags. Wolfgang Huber stellte fest: »Der Vorgang zeigt, dass es heute für die Politik ungefährlicher ist, sich mit den Kirchen anzulegen als mit den Arbeitgeberverbänden und den Gewerkschaften. Denn der kirchliche Feiertag war ein Bauernopfer, um mit den Arbeitgeberverbänden und den Gewerkschaften eine Verständigung über die Pflegeversicherung zu erreichen.«[154]

Andererseits darf die Wirkung der volkskirchlichen Strukturen auch nicht unterschätzt werden. Das lässt sich etwa an der Situation in Leipzig zeigen: Leipzig ist – obwohl es nur etwa 11 % evangelische Kirchenmitglieder hat – weiterhin eine protestantisch geprägte Stadt. Das wird an der Bedeutung der Kirchengebäude für das Stadtbild – sowohl in der Innenstadt als auch in den übrigen Stadtteilen – sichtbar. Dazu kommt die Bedeutung, die die evangelische Kirche für das kulturelle Leben hat: Hier ist etwa an die weltweite Ausstrahlung des (vor allem von der Stadt finanzierten) Thomanerchors und die jährlichen Bachwochen zu denken, aber auch an die Aufführungen des Weihnachtsoratoriums

---

152 Eine Vorform der folgenden Überlegungen habe ich veröffentlicht (Zimmerling 2011).
153 Vgl. dazu Hempel (2006).
154 Huber (1999, S. 311 f.).

in vielen Leipziger Kirchengemeinden während der Advents- und Weihnachtszeit, die keineswegs bloß von Kirchenmitgliedern besucht werden. Dazu kommt der Einfluss der evangelischen Kirche auf die Bildung, wie er z. B. am nach der Wende entstandenen Evangelischen Schulzentrum sichtbar wird. Dessen früherer Direktor ist heute Oberbürgermeister der Stadt. Auch die Vielfalt der diakonischen Einrichtungen der evangelischen Kirche einschließlich des Großstadt-CVJM hängt mit den weiterhin existierenden volkskirchlichen Strukturen zusammen.

Letztlich waren diese Strukturen auch dafür verantwortlich, dass die evangelische Kirche am Ende der DDR-Zeit eine wesentliche Rolle im Rahmen der Friedlichen Revolution spielen konnte.[155] Die Kirche verfügte als einzige Institution über größere Räumlichkeiten, die der Staat nicht kontrollieren konnte, und genoss in weiten Teilen der Bevölkerung großes Vertrauen. Deswegen konnte sie die Friedensgebete veranstalten und gesellschaftskritischen Gruppen in ihren Räumen Versammlungsfreiheit gewähren. Daraus erwuchsen die großen Demonstrationen in der Öffentlichkeit, die zur politischen Wende führten.

Die Minderheitensituation bei gleichzeitigen volkskirchlichen Strukturen ist ein wichtiges Charakteristikum der gegenwärtigen Lage der Landeskirchen, das beim Nachdenken über die zukünftige Gestalt der Kirche berücksichtigt werden sollte. Es macht unübersehbar deutlich, dass die Kirche sich in einer Situation des Übergangs befindet, also an Veränderungen nicht vorbeikommt – mit allen Verunsicherungen und Abwehrmechanismen, die sich dabei automatisch einstellen, aber auch mit allen damit gleichzeitig gegebenen Chancen und Entwicklungsmöglichkeiten für Neues.

5.5.2 Fortschreitende Entinstitutionalisierung und Entkirchlichung

Verschiedene Ursachen, vor allem aber starke Individualisierungsschübe, haben in den letzten Jahrzehnten zu einem Verlust der Bindekraft von Institutionen in unserer Gesellschaft geführt. Institutionen werden von vielen Menschen heute kritisch gesehen beziehungsweise sogar abgelehnt. Die Zurückdrängung des Ansehens und der Macht von Großinstitutionen ist besonders deutlich zu beobachten im Hinblick auf den Staat. Sie wird sichtbar an einer zunehmenden Entfremdung zwischen den Repräsentantinnen und Repräsentanten des Staates, den Politikerinnen und Politikern, und den von ihnen Repräsentierten, dem Volk. Da die Kirche sich jedoch seit Kaiser Konstantin über 1700 Jahre lang in Europa als staatsanaloge Institution verstand und nach dem Staat noch immer

---

155 Vgl. Geyer (2007).

die größte gesellschaftliche Institution darstellt, wird sie in den Bedeutungs- und Machtverlust des Staates mit hineingezogen. Das muss keine Katastrophe für die Kirche sein, sondern kann eine Chance bedeuten. Das allerdings nur unter der Bedingung, dass es der Kirche gelingt, sich in ihrem Verhältnis zum Staat neu zu positionieren. Die Kirche muss dazu ihr seitheriges Selbstverständnis, sich ausschließlich aus dem Gegenüber zum Staat heraus zu definieren, und die damit verbundene Staatsanalogie in Verfassung und Verwaltungsstruktur überwinden. Vor allem muss sie lernen, sich neu als intermediäre Institution der Zivilgesellschaft zu verstehen.[156]

Mit der Entinstitutionalisierung und Entkirchlichung ist die Privatisierung der Religion verbunden. Das Religiöse wird zunehmend in Nischen und »Randzonen der Gesellschaft« abgedrängt.[157] Dadurch wird der christliche Glaube auf eine Angelegenheit der Innerlichkeit, des Herzens, des religiösen Bewusstseins reduziert. Er verkommt zur Privatsache ohne öffentliche, das heißt diakonische und sozialethische, Relevanz. Zu einer institutionellen Schwächung des Protestantismus haben in den vergangenen Jahrzehnten überdies Abspaltungsprozesse beigetragen. Auch wenn Gemeindeneugründungen mit dem Anspruch auftreten, die Christenheit zu verlebendigen, führen sie in institutioneller Hinsicht zur weiteren Zersplitterung des Protestantismus. Ein rechtlich und finanziell sich weiter zersplitternder Protestantismus verurteilt sich jedoch selbst zur gesellschaftlichen Bedeutungslosigkeit. Das gilt nicht nur in diakonischer und sozialethischer Hinsicht, sondern ebenso für seine geistliche Präsenz in der Gesellschaft und für seine Rolle als Gegengewicht zu einer immer attraktiveren Erlebnisreligion nicht christlicher Prägung.

5.5.3 »Kirche auf dem Markt« (Peter L. Berger): von der Mitgliedschaft durch Geburt zur Freiwilligkeitskirche

Die selbstverständliche, unreflektierte Kirchenzugehörigkeit geht – auch im Westen – kontinuierlich zurück und verwandelt sich – wenn es gut läuft – mehr und mehr in eine Sache der bewussten Entscheidung. Wurden früher – aufgrund gesellschaftlicher Tradition – fast alle Neugeborenen getauft, sind es heute nur noch die eines Teils der Kirchenmitglieder, und auch das mit fallender Tendenz. Die Bundeszentrale für politische Bildung bietet dazu folgende beispielhafte Daten: »Bis Mitte der 1960er-Jahre wurden mehr als 90 Prozent der Geborenen katholisch oder evangelisch getauft. Im Jahr 2010 wurden

---

156 Siehe im Einzelnen 5.2.4.
157 Lübbe (1986, S. 96–106).

nur noch etwa 50 Prozent der Geborenen evangelisch oder katholisch getauft. Dabei ist die sogenannte Taufquote bei beiden Kirchen zwischen Ende der 1960er Jahre bis Mitte der 1970er Jahre und seit 1991 stetig gesunken. Im Jahr 2017 wurden weniger als 45 Prozent der Geborenen evangelisch oder katholisch getauft.«[158] Die abnehmende gesellschaftliche Selbstverständlichkeit der Kirchenzugehörigkeit führt automatisch zum Rückgang beziehungsweise sogar zum Abbruch gesellschaftlich gestützter Kirchlichkeit. Eine erste, nicht zu unterschätzende Konsequenz ist die Abnahme der gesellschaftlichen Plausibilität des christlichen Glaubens und seines Welterklärungsansatzes.[159] In den östlichen Bundesländern gilt der christliche Glaube bei vielen als unwissenschaftlich und die Lebensgestaltung ohne Kirche als »anständig«.[160] Mit dem Ende der gesellschaftlichen Stützfunktion verbunden sind seit einigen Jahrzehnten zweitens auffällige Abbrüche der christlichen Traditionsvermittlung auch bei Kirchenmitgliedern. Wurden früher die Grundbestände des Glaubens – Vaterunser, Glaubensbekenntnis, Choräle, Psalmen – überwiegend in den Familien eingeübt und weitergegeben, fällt diese Weitergabe der christlichen Tradition heute weithin aus.

Indem die Selbstverständlichkeit der Kirchenzugehörigkeit zu Ende geht, nähern wir uns der Situation, in der die Urchristenheit und die Alte Kirche ihren Glauben gelebt haben. Dazu kommt, dass die Kirchen aufgrund einer zunehmenden Anzahl von Menschen nicht christlichen Glaubens in unserer Gesellschaft ihr Religionsmonopol verloren haben. Der amerikanische Soziologe Peter L. Berger analysierte die Situation der Kirche in Deutschland deshalb als »Kirche auf dem Markt«.[161]

Der langsame, aber stetige Übergang der Mitgliedschaft in der Volkskirche zu freikirchlichen Konstitutionsbedingungen hat mindestens vier gravierende Konsequenzen für die Kirche:

1. Mit der zurückgehenden gesellschaftlichen Selbstverständlichkeit der Kirchenzugehörigkeit wird das Moment der Freiwilligkeit und Überzeugung im Hinblick auf den christlichen Glauben gestärkt. Wie das amerikanische Kirchentum zeigt, muss das der Gemeinde Jesu Christi nicht unbedingt schaden. In den USA wird der christliche Glaube seit ihrer Gründung durch die Pilgerväter im 17. Jahrhundert mit dem Gedanken der Freiheit konnotiert. Die Pilgerväter

---

158 Vgl. bpb (2020).
159 Vgl. zur Brauchbarkeit der wissenssoziologischen Kategorie der Plausibilität für die Diskussion über Gemeindeaufbau im Einzelnen Zimmermann (2006, S. 323 ff.).
160 Vgl. dazu im Einzelnen Zimmerling (2009).
161 Berger (1994, bes. S. 33 ff.).

stammten aus Europa und hatten staatlich und kirchlich verfolgten Freikirchen angehört. Ihr Motiv, nach Amerika auszuwandern, bestand darin, dass sie ihren Glauben auf dem neuen Kontinent in Freiheit leben wollten. In Deutschland wird das Christentum im Gegensatz dazu häufig bis zum heutigen Tag mit Obrigkeit und Bevormundung konnotiert. Für die Zukunft der Kirche wird entscheidend sein, ob es ihr gelingt, deutlich zu machen, dass Glaube und Freiheit zusammengehören.[162]

2. Indem die Gesellschaft mehr und mehr ihre kirchliche »Zubringerfunktion« verliert, ist stattdessen eine verstärkte »Zuträgerschaft« vonseiten der Pfarrer und Pfarrerinnen und der übrigen haupt- und nebenamtlichen Gemeindemitarbeiterinnen und -mitarbeiter, ja vonseiten der Gemeindeglieder insgesamt, verlangt. Es geht angesichts dieser Situation darum, die lange vernachlässigte evangelistische und missionarische Kompetenz des Pfarrberufs, ja die missionarische Dimension von Christsein überhaupt wiederzuentdecken. Die Sache der Mission ist Angelegenheit der Gesamtkirche und nicht bloß einzelner Gruppen in ihr!

3. Auch der innerkirchliche Traditionsabbruch stellt eine Herausforderung für die zukünftige Gestalt der Kirche dar. Dadurch, dass die Basics des Glaubens weithin nicht mehr in den Familien weitergegeben werden, gewinnen die Arbeit mit Kindern, Religions- und Konfirmandenunterricht, Jugend- und Elternarbeit an Bedeutung, und zwar vor allem, was ihre gemeindepädagogische, das heißt ihre katechetische und spirituelle, Dimension betrifft. Gerade Pfarrerinnen und Pfarrer sind neben Gemeindepädagogen und Katechetinnen als theologisch und pädagogisch Ausgebildete herausgefordert, den Bildungsauftrag der Kirche neu zu entdecken und im Rahmen ihrer Tätigkeit der Einübung in den christlichen Glauben Priorität einzuräumen.

4. Einen wesentlichen Aspekt des reformatorischen Gemeindeverständnisses stellte die Entdeckung des sogenannten allgemeinen Priestertums im Neuen Testament dar. Leider blieb schon in der Reformationszeit die praktische Umsetzung dieser Erkenntnis in den Anfängen stecken. Die heutige Situation abnehmender Kirchlichkeit könnte die Chance bieten, dass sich an dieser Stelle etwas ändert. Die Stärkung des Moments der Partizipation und Mündig-

---

162 Mir ist bewusst, dass die Beschränkung der Wesenseigenschaften der Kirche auf den Begriff »Freiheit« ihrerseits höchst einseitig ist und andere Probleme mit sich bringt. Nach Martin Luthers reformatorischer Hauptschrift »Von der Freiheit eines Christenmenschen« (1520) vollendet sich das Wesen des einzelnen Christen und damit auch der Kirche insgesamt nicht in der Freiheit, sondern in der Liebe.

keit der Gemeindeglieder würde zu einem Umbau der Volkskirche in Richtung Gemeindekirche führen. Dabei sind Volkskirche und Gemeindekirche nicht im Sinne einer sich ausschließenden Alternative zu verstehen. Eine solche Position übersieht, »dass die Volkskirche Basis und Chance dafür bietet, die Verkündigung zu möglichst vielen Menschen zu bringen«.[163]

Auf dem Weg zum Umbau volkskirchlicher Strukturen in Richtung auf Gemeindekirche müssen sich Pfarrer und Pfarrerinnen in Zukunft mehr und mehr als Mentoren verstehen, die in einer Reihe von Bereichen der Gemeindearbeit nicht selber tätig werden, sondern stattdessen mündige Laien dazu befähigen und begleiten. Um ein kirchliches Handlungsfeld herauszugreifen: Im Hinblick auf die Seelsorge hieße das, dass ganz normale Gemeindeglieder aneinander und an Menschen außerhalb der Gemeinde »Alltagsseelsorge« im Sinne des »mutuum colloqium« und der »consolatio fratrum«[164] zu üben beginnen. Primäre Aufgabe der Pfarrerinnen und Pfarrer wäre dann: als Gesprächspartner für die Laienseelsorgerinnen und -seelsorger zur Verfügung zu stehen. Konkret z. B. die Mitglieder des gemeindlichen Besuchsdienstes regelmäßig zum Austausch einzuladen, um ihnen auf diese Weise eine Form von Supervision anzubieten.

Gegen diese Überlegungen scheint jedoch folgende Beobachtung zu sprechen: Nach den von den Kirchen regelmäßig im Abstand von circa zehn Jahren in Auftrag gegebenen Mitgliedschaftsumfragen richten sich die Erwartungen vieler Menschen nach Erneuerung und Relevanz des christlichen Glaubens vorrangig an die Person der Pfarrerin beziehungsweise des Pfarrers.[165] Die dritte EKD-Umfrage von 1992 etwa ergab, dass 80 bis 90 % der Bevölkerung einen »guten« bis »sehr guten« Eindruck von der Pfarrerin/vom Pfarrer haben.[166] Auch die folgenden beiden Mitgliedschaftsuntersuchungen bestätigten dieses Bild. Es sieht so aus, als sollten Pfarrer und Pfarrerinnen »etwas verkörpern, gestalten und davon erzählen, wonach sich viele sehnen, auch wenn sie selbst nur noch vage benennen können, was sie meinen: heiles, unfragmentiertes Leben, Geborgenheit, Vertrauen, in der Verbindung sein mit dem, was das Leben trägt«.[167]

Wir sollten uns von diesen Ergebnissen der kirchlichen Mitgliedschaftsbefragungen jedoch nicht blenden lassen. Es ist selbstverständlich, dass sich die Erwartungen der sogenannten Kirchendistanzierten – und sie machen

---

163 Arnoldshainer Konferenz (1985, S. 39).
164 So Martin Luther in den Schmalkaldischen Artikeln (Dritter Teil, Vom Evangelium) von 1537 (Luther, WA 50, S. 241).
165 Klessmann (2001, S. 5).
166 Engelhardt, Loewenich und Steinacker (1997, S. 384).
167 Klessmann (2001, S. 5).

das Gros der Kirchenmitglieder und damit der Befragten aus – auf Pfarrer und Pfarrerinnen richten. Da Kirchendistanzierte am übrigen Gemeindeleben nicht teilnehmen, sind Pfarrer und Pfarrerinnen für sie die Repräsentanten der Kirchgemeinde, denen sie bei Kasualhandlungen beziehungsweise beim Festtagskirchgang in herausragender Rolle begegnen. Die Entwicklung in den östlichen Bundesländern nach dem Zweiten Weltkrieg hat gezeigt, dass die Kasualpraxis die Kirche nicht retten kann. Vielmehr gilt, was der frühere Hallenser Praktische Theologe Eberhard Winkler pointiert so ausgedrückt hat: »Nur eine theologisch gut begründete Verbindung von Kasualpraxis und Gemeindeaufbau entbindet die in den Kasualien und in der Volkskirche liegenden Chancen, und ohne diese Verbindung ist die Kasualpraxis in der nachvolkskirchlichen Situation zum allmählichen Absterben verurteilt.«[168] Die Kasualpraxis lebt davon, dass sie durch die gesellschaftliche Sitte gestützt wird. Es geht also in Zukunft darum, sich den Erwartungen kirchendistanzierter Mitglieder nicht zu verschließen, aber gleichzeitig den Umbau der Gemeinde in Richtung auf mehr Partizipation und Mündigkeit der Gemeindeglieder voranzutreiben. Dass das zeitweise einem Spagat gleichkommt, sei nicht verschwiegen.

5.5.4 Ziel: »Kirche in der Zivilgesellschaft« (Wolfgang Huber)

Immer noch erscheint die Kirche vielen Menschen als »Fortsetzung des Staates mit religiösen Mitteln.«[169] Wie stark diese Auffassung in den 1950er und 1960er Jahren in der alten Bundesrepublik die öffentliche Meinung bestimmte, wird schnell sichtbar, wenn man sich einmal die Aussagen von führenden Politikern – etwa Ministerpräsidenten – bei der Einweihung von Evangelischen Akademien oder anderen kirchlichen Zentren anschaut. Staatliche und kirchliche Repräsentanten waren der Überzeugung, dass die Kirche zusammen mit dem Staat als gleichberechtigte Partnerin die Gesellschaft bestimmte. Das Subsidiaritätsprinzip des Grundgesetzes hatte dafür den rechtlichen Rahmen geschaffen. Der Staat sollte möglichst wenig in das Leben seiner Bürger eingreifen und Aufgaben wenn irgend möglich an andere Institutionen delegieren. Überdies waren die Bestimmungen des Grundgesetzes von der Überzeugung getragen: »Der freiheitliche, säkularisierte Staat lebt von Voraussetzungen, die er selbst nicht garantieren kann.«[170] Diese Voraussetzungen sahen staatliche Verantwortungsträgerinnen und -träger durch den christlichen Glauben gewährleistet.

---

168 Winkler (1995, S. 34).
169 Schwöbel (1996).
170 Böckenförde (1992, S. 112).

Hinter den Überlegungen der Väter und Mütter des Grundgesetzes standen deren Erfahrungen mit dem totalitären Staat des Dritten Reiches. Anders als in der Kirchengeschichtsschreibung häufig zu lesen, knüpften die Kirchen nach dem Krieg nicht einfach an 1933 an. Vielmehr wurde ihre Stellung gegenüber 1933 stark aufgewertet. Die heutige Situation der Kirche als Minderheitenkirche mit volkskirchlichen Strukturen wird nicht zuletzt durch die aus der damaligen Situation resultierende privilegierte Partnerschaft zwischen Kirche und Staat gestützt.

Welche Konsequenzen haben diese Beobachtungen für die zukünftige Gestalt und das Selbstverständnis der Kirche? Als qualifizierte Minderheit hat die Kirche die Möglichkeit, ihre Position in der Gesellschaft neu zu definieren.[171] Sie muss sich nicht länger wie bisher ausschließlich durch das Gegenüber zum Staat definieren. Damit wäre z. B. die Chance gegeben, die überstarke Verrechtlichung der kirchlichen Verwaltung zu überwinden, die bis heute hauptverantwortlich ist für ihren ungut obrigkeitlichen und damit menschenfernen Touch im Bewusstsein vieler Menschen. Dieser Eindruck wird durch die Bezeichnungen für die kirchliche Verwaltung noch verstärkt: Landeskirchenamt, Kirchenkanzlei, Bischofskanzlei, Oberlandeskirchenrat, Kirchensteuer etc. Wolfgang Huber schreibt: »Für eine zureichende Ortsbestimmung der Kirche in der Gegenwart ist es ausschlaggebend, dass sie die Dyade von Staat und Kirche hinter sich lässt und ihren Ort im triadischen Verhältnis von Staat, Kirche und Gesellschaft wahrnimmt.«[172] Mit anderen Worten: Es geht darum, dass Kirche sich nicht nur als Gegenüber, sondern auch als Teil der Gesellschaft versteht. Die Voraussetzung dafür ist mit der Entwicklung der Gesellschaft der Bundesrepublik in Richtung auf eine Zivilgesellschaft gegeben.[173] Diese zeichnet sich durch drei Merkmale aus: 1. durch die Vielfalt der in ihr vereinigten Organisationen und Interessengruppen; 2. durch die Autonomie dieser Organisationen und Institutionen; 3. durch Zivilcourage, das heißt die Bereitschaft, sich durch persönliches Engagement zur Erhaltung und Erneuerung der Zivilgesellschaft einzusetzen. »Für eine Zivilgesellschaft ist entscheidend, dass durch das Wirken intermediärer Institutionen gesellschaftliche Kohäsionskräfte entstehen, die nicht direkt durch das politische System gesteuert sind.«[174] Die Kirche ist genau eine solche Institution, die ihren Ort »im Raum dazwischen«, das heißt zwischen Staat und Gesellschaft

---

171 Vgl. hier und im Folgenden Huber (1999, S. 267 ff.).
172 Huber (1999, S. 269).
173 Zu Herkunft und Hintergründen des Begriffs vgl. im Einzelnen Huber (1999, S. 270 ff.).
174 Huber (1999, S. 275).

findet.[175] Ziel der Kirche sollte sein, ihre öffentliche Aufgabe nicht nur im Gegenüber zum Staat, sondern als intermediäre Institution in der Zivilgesellschaft zu verstehen.[176] Damit würde sie sich in Zukunft weder allein als Kontrastgesellschaft noch als funktional integrierte Gesellschaftskirche verstehen müssen. Im Bild gesprochen: Sie hat weder die Aufgabe, immer nur Sand im gesellschaftlichen Getriebe zu sein, noch als dessen Schmiermittel zu fungieren. »Vielmehr besteht die gesellschaftliche Aufgabe der Kirche darin, auf Grund der ihr eigenen Botschaft und unter Inanspruchnahme ihrer spezifischen Kompetenz eine Vermittlungsaufgabe wahrzunehmen. Sie vermittelt zwischen den Einzelnen und ihren gesellschaftlichen Lebenszusammenhängen; sie vermittelt aber vor allem zwischen den Einzelnen und der geglaubten Wirklichkeit Gottes.«[177]

Wie sieht diese Vermittlungsaufgabe konkret aus? Die Kirche muss auf Themen aufmerksam machen, die in der Öffentlichkeit sonst unbeachtet bleiben. Sie sollte Anwältin derer sein, die sonst keine Stimme haben. Wolfgang Huber nennt sie deshalb eine »Institution des Perspektivenwechsels«.[178] »In der Erwachsenengesellschaft bringt sie die Lage der Kinder, in der Arbeitsgesellschaft die Lage der Arbeitslosen, in der Leistungsgesellschaft die Stimme der Leistungsunfähigen, in einer Gesellschaft der Jugendlichen die Stimme der Alten zu Gehör […] die Zugehörigkeit zu einer Gemeinschaft, die die Generationen mit einander verbindet, ist ein besonderer Anlass dazu, die Lebensrechte künftiger Generationen zur Sprache zu bringen. Das Verständnis des menschlichen Lebens als Teil der Schöpfung macht die Kirche zur Anwältin der nichtmenschlichen Natur.«[179] Vor allem aber ist es ihre Aufgabe, ihre eigene Botschaft ernst zu nehmen und Menschen Brücken zum Evangelium zu bauen. Nicht zuletzt, um auf diese Weise die Voraussetzungen der Zivilgesellschaft als Kultur des Helfens, die sie nicht selbst garantieren kann, im Bewusstsein zu halten.

Diese mehrfache Vermittlungsaufgabe kann die Kirche nur wahrnehmen, wenn sie sich aus einer staatsanalogen, bürokratischen zu einer attraktiven, von Verkrustungen befreiten Gemeinschaft »im Raum dazwischen« weiterentwickelt. Der staatsrechtliche Rahmen der privilegierten Partnerschaft zwischen Staat und Kirche bietet dafür die besten Voraussetzungen.

---

175 Versuche, die Kirche in dieser Richtung zu verstehen, hat es übrigens bereits in der DDR-Zeit unter dem Motto des Kirchenbundes »Kirche im Sozialismus« gegeben. Das Problem bestand damals darin, dass es in der DDR keine Zivilgesellschaft gab und die Kirche deshalb von den einen als Störfaktor und von den anderen als Harmonisierungsfaktor kritisiert wurde.
176 Huber (1999, S. 16).
177 Huber (1999, S. 269).
178 Huber (1999, S. 280).
179 Huber (1999, S. 280 f.).

5.6 Verkündigung des Evangeliums und gesellschaftliche Mitverantwortung als die beiden Brennpunkte kirchlichen Handelns

5.6.1 Biblische Begründung

Der Auftrag zur öffentlichen Verkündigung des Evangeliums – oder mit dem Begriff, den Ernst Lange prägte: zur Kommunikation des Evangeliums – leitet sich biblisch aus der universalen Reichweite des Evangeliums ab. Im Missionsbefehl Mt 28,19 beauftragt der auferstandene Jesus Christus seine Jünger: »Gehet hin und machet zu Jüngern alle Völker ...« Auch das diakonische Handeln ist in Jesus Christus, nämlich in seinem heilenden Handeln, begründet. Paulus bringt die christliche Verpflichtung zu einer Kultur des Helfens in Gal 6,10 wie folgt zum Ausdruck: »Lasst uns Gutes tun an jedermann, allermeist aber an des Glaubens Genossen.« Das sozialethische Handeln der Kirche ergibt sich aus der Aufforderung zur Fürbitte für die Regierungen: »So ermahne ich nun, dass man vor allen Dingen tue Bitte, Gebet, Fürbitte und Danksagung für alle Menschen, für die Könige und für alle Obrigkeit, damit wir ein ruhiges und stilles Leben führen können in aller Frömmigkeit und Ehrbarkeit« (1Tim 2,2).

5.6.2 Konkrete Umsetzung

Damit Kirche und Pfarramt dem Auftrag zur öffentlichen Verkündigung des Evangeliums nachkommen können, wird es in Zukunft nicht nur in Ostdeutschland – in einer Situation des »Volksatheismus« mit »hoher Beharrungskraft« – wichtig werden, dass die Kirche öffentlich geltend macht, »dass zur Religionsfreiheit nicht nur die Freiheit von der Religion, sondern auch die Freiheit zur Religion gehört«.[180] Damit ist das Recht zur Präsenz in öffentlichen Räumen untrennbar verbunden. »Das Axiom der völligen Gleichgültigkeit des Religiösen für den Staat und des absoluten Desinteresses des Staates an religiösen Vorgängen und Einrichtungen würde eine einseitige Stellungnahme des Staates zu Gunsten der Areligiosität, also einen Bruch der Neutralität, bedeuten. Das wäre ein Übergang des Staates zum System der Trennung von Staat und Kirche, für das sich das Grundgesetz gerade nicht entschieden hat; es wäre eine Verletzung des Grundgesetzes.«[181]

Gegenläufig zu dem Prozess einer fortschreitenden Verdrängung der Kirche an den Rand der Gesellschaft zeichnet sich seit einigen Jahren folgende Entwicklung

---

180 Huber (1999, S. 315).
181 Dürig, Herzog und Maunz (1973, S. 29 f.).

ab: Es gibt in weiten Teilen der Gesellschaft einen Wunsch nach kultischen Ausdrucksformen von Religiosität in der Öffentlichkeit, wobei nicht zuletzt an die mediale Öffentlichkeit zu denken ist. Beispiele dafür sind Gottesdienste anlässlich von Katastrophen, die durch Menschen oder die Natur ausgelöst worden sind.

Die Kirche trägt öffentliche Verantwortung für eine Kultur des Helfens. Schon von ihren Ursprüngen her weist die christliche Gemeinde eine diakonische Dimension auf. Gegenwärtig existieren im evangelischen Bereich in Deutschland 30686 Einrichtungen in diakonischer Trägerschaft, in denen über 400000 berufliche Mitarbeiter und Mitarbeiterinnen sich mehr als einer Million Menschen zuwenden.[182] Allerdings steckt die Diakonie trotz dieser beeindruckenden Zahlen in theologischer Hinsicht in einer Legitimationskrise: Diese hängt einerseits mit der in den vergangenen Jahren immer größer gewordenen Distanz der institutionellen Diakonie zur normalen Ortsgemeinde zusammen. Andererseits sind immer weniger Mitarbeitende in diakonischen Einrichtungen bewusste Christen oder auch nur Kirchenmitglieder. Damit ist auch die spirituelle Begründung und Quelle diakonischen Handelns Zug um Zug in den Hintergrund getreten. Kirchliche Verlautbarungen zur Diakonie lassen allerdings erkennen, dass kein Zweifel daran besteht, dass zur Diakonie wesensmäßig ihr christliches Profil gehört – und zwar nicht nur in historischem Sinne im Hinblick auf ihre Wurzeln, sondern auch bezogen auf das aktuelle diakonische Handeln. Ohne Liturgie keine Diakonie![183] Angesichts einer zunehmenden Marktförmigkeit diakonischer Hilfsleistungen gewinnt das besondere Profil einer kirchlichen Diakonie an Bedeutung. Was noch aussteht, ist die Wiederentdeckung der diakonischen Dimension der Ortsgemeinde und eine stärkere Vernetzung von ehrenamtlichen diakonischen Aktivitäten in Gemeinden mit professionellen diakonischen Dienstleistern.

In sozialethischer Hinsicht gilt, was evangelische und katholische Kirche im gemeinsamen Sozialwort wie folgt zum Ausdruck gebracht haben: »Die Kirchen wollen nicht selbst Politik machen, sie wollen Politik möglich machen.«[184] Kirche und Pfarramt haben die Aufgabe, auf Themen aufmerksam zu machen, die sonst unbeachtet blieben. Seit dem Zweiten Weltkrieg haben vor allem die kirchlichen Denkschriften hierbei eine wichtige Rolle gespielt.[185] Inwieweit das Programm einer sogenannten öffentlichen Theologie diesen Auftrag wahrnehmen kann, ist umstritten.[186]

---

182 Huber (1999, S. 321).
183 Vgl. z. B. Kirchenamt der EKD (2006b, S. 74).
184 Vgl. EKD und Deutsche Bischofskonferenz (1997, S. 7).
185 Vgl. Honecker (2020).
186 Vgl. dazu etwa Bedford-Strohm, Bubmann, Dallmann und Meireis (2022).

5.7 Kirche und Theologie als wahrheitssuchende Gemeinschaften: die Notwendigkeit religiöser Bildung und Kultur

5.7.1 Biblische Begründung

Auch der Bildungsauftrag der Kirche ist biblisch begründet. Mit der Ausgießung des Geistes Gottes an Pfingsten sind alle Christen zur Mündigkeit berufen. Die Forderung Kants, dass der Mensch sich eigenständig seines Verstandes zu bedienen lerne, ist bereits in Mt 23,8–10 präfiguriert: »Aber ihr sollt euch nicht Rabbi nennen lassen; denn einer ist euer Meister; ihr aber seid alle Brüder. Und ihr sollt niemanden unter euch Vater nennen auf Erden; denn einer ist euer Vater, der im Himmel ist. Und ihr sollt euch nicht Lehrer nennen lassen; denn einer ist euer Lehrer: Christus.« Damit diese biblischen Vorstellungen von der Mündigkeit jedes Christen keine bloße Theorie bleiben, ist ein kirchliches Engagement auf dem Gebiet der Bildung unerlässlich.

Der Bildungsauftrag schließt die Pflege der Kultur ein. Bereits im Alten Testament wird deutlich, dass zum Bau des Jerusalemer Tempels alle damals bekannten Künste inner- und außerhalb Israels herangezogen wurden (1Kön 5 ff.). Mindestens im Hinblick auf die Pflege des geistlichen Liedes ist dieser Kulturauftrag auch im Neuen Testament erkennbar: Eph 5,19; Kol 3,16.

5.7.2 Konkretionen

Die Bildungsverantwortung der evangelischen Kirche hat Philipp Melanchthon, der Begründer des evangelischen Bildungswesens, in seinem Bildungsprogramm auf den Punkt gebracht: »Zwei Begriffe sind es, auf die gleichsam als auf das Ziel das ganze Leben ausgerichtet ist: Frömmigkeit und Bildung.«[187] Dieses Programm lässt sich doppelt begründen: »Bildung ist unvollständig, wenn sie nicht die Dimension des Glaubens und die Themen religiöser Verständigung einschließt; und Glaube ist unbegriffen, wenn er nicht verantwortet und damit auch auf der Ebene der Bildung artikuliert wird.«[188] Melanchthon geht zusammen mit dem Humanismus seiner Zeit davon aus, dass der bewusste Bezug zu Gott ein menschliches Existenzial darstellt. Mit Friedrich Schleiermacher gesprochen: »Der Mensch wird mit einer religiösen Anlage geboren wie mit jeder anderen, und wenn nur sein Sinn nicht gewaltsam unterdrückt, wenn

---

187 Melanchthon (1910, S. 373).
188 Huber (1999, S. 294).

nur nicht jede Gemeinschaft zwischen ihm und dem Universum gesperret und verrammelt wird, so müsste sie sich auch in jedem unfehlbar auf seine eigene Art entwickeln.«[189] Ob man diesen Ansatz nun teilt oder nicht: Keiner wird bestreiten, dass »zur Ausbildung einer individuellen Identität auch die Suche nach Antworten auf die Gottesfrage gehört«.[190] Wie diese Antwort konkret ausfällt, muss jedem Menschen selbst überlassen bleiben.

Die Kirche nimmt ihre öffentliche Bildungsverantwortung an drei Orten wahr: auf der Ebene der Gemeinde, in Bildungseinrichtungen in kirchlicher Trägerschaft und in vom Staat getragenen Bildungseinrichtungen. Viele Kirchengemeinden unterhalten Kindergärten, für die der Kirchenvorstand die Verantwortung trägt. Zu den Bildungseinrichtungen in kirchlicher Trägerschaft gehören darüber hinaus Schulen, Einrichtungen der Erwachsenenbildung wie evangelische Akademien und kirchliche Hochschulen. Die Wahrnehmung des kirchlichen Bildungsauftrags an den staatlichen Schulen erfolgt traditionellerweise in Form des Religionsunterrichts, der vom Grundgesetz als ordentliches Unterrichtsfach definiert wird. In den meisten Landeskirchen sind Pfarrerinnen und Pfarrer von ihrem Dienstauftrag her dazu verpflichtet, pro Woche eine bestimmte Anzahl von Religionsstunden an öffentlichen Schulen zu geben. Zu überlegen wäre, ob die theologischen Fakultäten nicht in Zukunft analog zum Religionsunterricht in der Schule eine religiöse Bildungsaufgabe im Rahmen der übrigen Wissenschaften in der Universität wahrnehmen sollten – was ansatzweise schon immer geschieht. Eine wesentliche Herausforderung der kirchlichen Bildungsverantwortung besteht derzeit darin, wie Vermittlung von Wissen und Vermittlung von Lebensorientierung an staatlichen und kirchlichen Bildungseinrichtungen in einem ausgewogenen Verhältnis stehen können.

Zum Bildungsauftrag gehört auch die Pflege der Kultur. Neben der Kirchenmusik wird dieser vielleicht am deutlichsten in der Sorge für die Kirchengebäude sichtbar. In den meisten deutschen Städten und Dörfern stellen die Kirchen die ältesten und kunsthistorisch wertvollsten Gebäude dar. Das gilt meist auch im Hinblick auf die beweglichen Kunstwerke in ihnen. Ein Großteil der Arbeitszeit und -kraft vieler Pfarrer und Kirchenvorstände geht auf das Konto der Instandhaltung der kirchlichen Gebäude. Schon der Graf Zinzendorf meinte: »Das Bauen ist eine Hauptsache in Gemeinen.«[191] In einer Risikogesellschaft können Sakralräume eine wichtige Rolle für den Gemeindebau spielen.[192]

---

189 Schleiermacher (1799/1997, S. 96).
190 Huber (1999, S. 299).
191 Zinzendorf (1742, S. 179, zit. nach Hahn/Reichel 1977).
192 Siehe im Einzelnen 7.2.

5.8 Mission: begeistert und vielstimmig

5.8.1 Zur Situation heute: missionarische Wende in Kirche und Theologie?

1. Ausgelöst durch die Wiedervereinigung hat sich seit 1989 in der deutschen evangelischen Kirche und Theologie eine »missionarische Wende« ereignet,[193] die die Wichtigkeit von Mission und Evangelisation wiederentdeckte.[194] Eberhard Jüngel sprach auf der EKD-Synode in Leipzig 1999 von Mission als dem Herzschlag der Kirche.

2. Die missionarische Wende von Kirche und Theologie wurde von einem zunehmenden gesellschaftlichen Pluralismus und fortschreitenden Säkularisierungsprozessen bei gleichzeitiger Wiederkehr der Religion ausgelöst. Religiöser und gesellschaftlicher Pluralismus verlangte von einer »Kirche auf dem Markt«,[195] dass sie ihre Botschaft mit deutlich wahrnehmbarem Profil in das gesellschaftliche Gespräch einbrachte.[196]

3. Die heutige missionstheologische Situation zeichnet sich durch eine Annäherung der sich seit den 1960er Jahren unversöhnlich gegenüber stehenden missionstheologischen Ansätze aus. Diese Annäherung der Positionen ist nicht zuletzt dadurch möglich geworden, dass die Missio-Dei-Vorstellung von allen an der Mission Interessierten und Beteiligten rezipiert wurde. Mission ist Sache Gottes. Gott selbst, nicht etwa die sendende Kirche oder gar der menschliche Missionar, ist Subjekt der Mission. Ein wichtiger Meilenstein auf dem Weg zu einer Annäherung der missionstheologischen Konzeptionen lag auch in der wachsenden Erkenntnis der Zusammengehörigkeit von Verkündigung und diakonischem beziehungsweise sozial-ethischem Handeln.

---

193 1999 hielten Theo Sundermeier und Andreas Feldtkeller fest »Es bedurfte wohl erst des gegenwärtigen finanziellen Einbruchs bei den Kirchen und einer schonungslosen Analyse der volkskirchlichen Situation, wie sie uns durch die Wiedervereinigung in den neuen Bundesländern vor Augen geführt wurde, damit diese Fragen heute neu gestellt werden« (Feldtkeller/Sundermeier 1999, S. 7).
194 Belege dafür stellten folgende kirchenamtliche Verlautbarungen dar: »Evangelisation und Mission« (Kirchenamt der EKD 1999); »Das Evangelium unter die Leute bringen« (Kirchenamt der EKD 2000); »Klarheit und gute Nachbarschaft« (Kirchenamt der EKD 2006b).
195 Berger (1994, S. 33 ff.).
196 Welker (1999, bes. S. 60–66).

4. Die Entlassung der früheren Missionskirchen in die Unabhängigkeit und damit verbunden ein partnerschaftliches Verhältnis der alten zu den neuen Kirchen, vor allem aber zunehmende Globalisierungs- und Migrationsprozesse, überholten in den vergangenen Jahrzehnten mehr und mehr die klassische geografische Richtung der Mission Nord – Süd oder Nord – Fernost. An die Seite, zum Teil an die Stelle, der klassischen missionierenden Länder traten die früheren Missionsländer und -kirchen mit eigenen missionarischen Initiativen aus Fernost und Süd in Richtung Norden. Auch die in den vergangenen Jahrzehnten in Deutschland entstandenen zahlreichen Migrantengemeinden unterschiedlichster Herkunft sind vielfach missionarisch tätig.

5.8.2 Auf dem Weg zu einer Neufassung des christlichen Wahrheitsanspruchs angesichts von Pluralismus und Postmoderne: Konvivenz, Dialog, Mission

Die Globalisierung hat zu einer bisher ungekannten Nähe der Religionen zueinander geführt. Die postmoderne, zunehmend pluralistisch verfasste Gegenwart hat eine wichtige Erkenntnis neu zum Allgemeingut werden lassen: dass es zwischen allen Religionen eine Reihe von Gemeinsamkeiten gibt. Jede Bemühung, den christlichen Wahrheitsanspruch ins Gespräch zu bringen, muss von dieser Entdeckung ausgehen. Wir wissen nicht, wie Gott in anderen Religionen wirkt. Zum Evangelium gehört aber notwendigerweise der Wunsch nach Anteilhabe aller Menschen.

In Aufnahme und Weiterführung von Überlegungen des emeritierten Heidelberger Missionswissenschaftlers Theo Sundermeier erscheinen mir im Hinblick auf das missionarische Engagement drei Aspekte wesentlich: Konvivenz, Dialog, Zeugnis.[197] Konvivenz umfasst die gegenseitige Hilfeleistung, das wechselseitige Lernen und das gemeinsame Feiern. Durch die Zuwanderung von Angehörigen anderer Religionen nach Deutschland haben wir heute alle die Möglichkeit, diese Konvivenz in unserer Nachbarschaft, also vor Ort, einzuüben. Die Begegnung mit intensiv gelebter nicht christlicher Frömmigkeit kann z. B. Anlass zu selbstkritischer Besinnung geben.[198] Ich erinnere nur an den Afrikaforscher Charles de Foucauld, der aufgrund seiner Begegnung mit dem Islam begann, über die eigene (christliche) Frömmigkeit nachzudenken und in der Folge davon eine Hinwendung zu Christus erlebte.[199] Der Dialog mit einer anderen Religion

---

197 Sundermeier (1986).
198 Vgl. hier und im Folgenden Burkhardt (1993, S. 216 f.).
199 Vgl. dazu im Einzelnen Zimmerling (2008, S. 13–17).

kann auch die Gestaltung des christlichen Denkens und Lebens befruchten. Umgekehrt wird sich zeigen, ob der gelebte christliche Glaube attraktiv genug ist, dass Angehörige anderer Religionen sich dafür zu interessieren beginnen. Schließlich gilt: Jede Begegnung mit einer anderen Religion sollte zumindest für das evangelistische Zeugnis offen sein. In seiner Schrift »Vom unfreien Willen« schreibt Martin Luther: »Es hat Gott gefallen, dass er nicht ohne das Wort, sondern durch das Wort den [ewiges Leben mit sich bringenden] Geist austeilt, dass er uns zu seinen *Mitarbeitern* habe.«[200]

5.8.3 Zukünftige Herausforderungen. Thesen

1. Trotz »missionarischer Wende« wird Mission in unserer Gesellschaft unter dem Verweis auf Kreuzzüge, Reconquista und die Eroberung Latein- und Mittelamerikas oft mit Gewalt und Tod gleichgesetzt. Andere denken dabei an emotionale und manipulative Formen zeitgenössischer Evangelisation. Mission ist ein Reizwort geblieben! Darum ist öffentliche Aufklärung im Hinblick auf Begriff und Sache der Mission von theologischer und kirchlicher Seite dringend nötig.

2. Aber nicht nur in der säkularen Gesellschaft, auch innerhalb von Theologie und Kirche, wollen viele nichts von Mission wissen: »Die Schuldgeschichte christlicher Mission scheint die Missionstheologie wie ein anhaltendes Trauma befallen zu haben.«[201] Glücklicherweise lässt sich ein Trauma bearbeiten. Das heißt, es geht darum, die Missionsgeschichte in ihrer Widersprüchlichkeit wahrzunehmen: sich sowohl mit deren negativen als auch mit deren positiven Erscheinungsformen und Konsequenzen auseinanderzusetzen.

3. Heute ist nicht nur die katholische Kirche, sondern auch die evangelische Christenheit ein »Global Player«. Mit der Weltmission hat der Protestantismus die Universalität der Kirche wiederentdeckt. Vielleicht liegt in der jahrhundertelangen protestantischen Kleinstaaterei eine Ursache dafür, dass die Mission im Verlauf ihrer Geschichte in Deutschland immer wieder mit offener oder latenter Ablehnung zu kämpfen hatte.

4. Mission ist nicht anders als im Dialog und im Eintreten für Gerechtigkeit, Frieden und Bewahrung der Schöpfung möglich. »Das Zeugnis im Sinne von

---

200 Luther (WA 18, 695, S. 28 f.).
201 Pesch (2001, S. 55).

Kerygma kann zuweilen kontraproduktiv sein.«[202] Gleichzeitig gilt, was der bolivianische Bischof Mortimer Arias schon 1975 bei der Vollversammlung des ÖRK in Nairobi festhielt: »Wir müssen beschämt bekennen, daß wir die Evangelisation zum Aschenbrödel des Ökumenischen Rates der Kirchen gemacht haben [...]. Alles Handeln, das evangelistisch sein soll, muß auch den Namen nennen, der über alle Namen ist, muß versuchen, die Grenze zwischen Glauben und Unglauben zu überschreiten und die frohe Botschaft zu verkündigen.«[203]

5. Durch weltweite Migrationsbewegungen und global agierende Massenmedien durchmischen sich die unterschiedlichen Religionen und Weltanschauungen in den einzelnen Ländern und Kulturkreisen mehr und mehr. Die christliche Mission hat sich in allen Weltgegenden auf die ganze Bandbreite von Konfessionslosigkeit bis Animismus einzustellen.

6. Einerseits sind durch die Globalisierung auch Länder mit nicht christlichen Mehrheiten nachhaltig vom Evangelium und den christlichen Werten beeinflusst worden.[204] Andererseits haben sich nicht christliche Religionen neu formiert und entfalten seit einigen Jahrzehnten gerade im christlichen Norden zum Teil intensive missionarische Aktivitäten. Christliche Missionstätigkeit hat sich auf die neue Situation einzustellen, dass Menschen in anderen Religionen und Kulturen meinen, das Wesentliche des Christentums bereits in ihrer eigenen, erneuerten Religion aufgenommen zu haben.

7. Aus der zunehmenden religiösen beziehungsweise weltanschaulichen Pluralität ergibt sich zwangsläufig die Notwendigkeit einer Pluralität von Missionskonzeptionen. Die existierenden missionstheologischen Konzepte sind daraufhin zu untersuchen, welchen Situationen und Zielgruppen sie am besten entsprechen.

8. Gleichzeitig sollten die verschiedenen Konzeptionen voneinander lernen. Dazu ist die Einsicht in die begrenzte Gültigkeit der einzelnen Konzeptionen notwendig: Was hat sich bewährt, wo hat sich eine Konzeption als defizitär erwiesen, an welchen Stellen sollte eine Konzeption weiterentwickelt werden? Zum Beispiel kann ja kein Zweifel sein, dass das pfingstlich-charismatische Missionskonzept mit seiner Betonung der Krankenheilung in Afrika und Latein-

---

202 Müller (2002, S. 102).
203 Zit. nach Müller (2002, S. 109).
204 Vgl. dazu im Einzelnen Bürkle (2002, S. 27–31).

amerika die Gemütslage vieler Menschen mit deren Sensibilität für leiblich-seelische Zusammenhänge besser trifft als andere Ansätze.

9. Unerlässlich ist in Zukunft eine echte missionarische Partnerschaft zwischen Nord, Süd, West und Ost. Die Kirchen des Nordens und ihre Missionswerke müssen endgültig ihren traditionellen Paternalismus überwinden und auch theologisch lernbereit werden. Von Zeit zu Zeit drängt sich mir der Eindruck auf, dass wir im Norden der Überzeugung sind, mehr Geisteserkenntnis als die übrige Christenheit zu besitzen. Ich habe die Befürchtung, dass dabei der Geist der neuzeitlichen Aufklärung mit dem Geist Gottes verwechselt wird. Wenn es stimmt, dass sich die Richtigkeit einer theologischen Überzeugung an ihren Früchten erkennen lässt, sieht es mit der westlichen Theologie im Moment nicht gut aus.

10. Die klassische Missionstheologie verstand Mission als »Pflanzung und Organisation der Kirche unter Nichtchristen«, so die Definition von Gustav Warneck (1834–1910), dem Begründer der deutschen Missionswissenschaft. Weder die ausschließliche Orientierung der Mission am Einzelnen noch die an der Gesellschaft hat sich bewährt. Mit dem Erstarken der sogenannten Glaubensmissionen bei gleichzeitigem Rückgang der Ressourcen der kirchlichen Missionen stellt sich für die evangelische Missionstheologie neu die Frage, welche Rolle Kirche und Gesellschaft im Rahmen von Mission zukommt.

6. Eine Vielfalt von Konzeptionen des Gemeindebaus. Eine Auswahl

6.1 Die Bedeutung der Konzeption für den Gemeindebau

In den vergangenen Jahrzehnten hat sich das Feld der Gemeindeaufbaukonzeptionen mehr und mehr ausdifferenziert, was eine Folge der Pluralisierung von Gesellschaft und Kirche insgesamt darstellt. Die einzelnen Konzeptionen gehen von unterschiedlichen kirchlichen Voraussetzungen aus. So sind die in den USA oder in England entwickelten Konzepte durch ihren freikirchlichen beziehungsweise anglikanischen Hintergrund geprägt. Schon von daher sind sie nur bedingt auf die deutsche Situation übertragbar.

Die Gemeindeaufbaudiskussion der vergangenen Jahrzehnte hat mehr und mehr eine grundlegende Erkenntnis ans Licht gebracht: Es existiert kein Gemeindeaufbaukonzept, das immer und überall den Erfolg garantieren würde. Welche Konzeption in einer Gemeinde beziehungsweise Region funktioniert, ist abhängig von den jeweiligen Begabungen des Pfarrers beziehungsweise der Pfarrerin, der anderen haupt- und ehrenamtlich Mitarbeitenden, der Zusammensetzung der Gemeinde und von strukturellen Vorgaben. Daher gehe ich im Folgenden davon aus, dass das für eine Gemeinde beziehungsweise Region sinnvolle Gemeindeaufbaukonzept je neu entwickelt werden muss. Vorhandene Gemeindeaufbaukonzeptionen haben bei der Entwicklung des eigenen Konzepts primär heuristische Funktion, das heißt, sie helfen, in der jeweiligen Gemeinde beziehungsweise Region sinnvolle Themenschwerpunkte zu erkennen. Außerdem ist zu berücksichtigen: Gemeindeaufbau ist nicht machbar. Gottes Geist wirkt, »wo und wann es Gott gefällt«, wie es schon im Augsburger Bekenntnis von 1530, Art. 5 heißt. Trotzdem bedarf es beim Gemeindebau einer Vision beziehungsweise eines Leitbildes. Sonst bestimmen die jeweilige Situation, diffuse Bedürfnisse der Gemeinde, die Norm dessen, »was schon immer so war«, oder kirchliche Anordnungen und Gesetze die Agenda.

Bei der jeweiligen kritischen Würdigung der einzelnen Konzeptionen gehe ich davon aus, dass Kirche vor allem anderen ein Ort gelebten und reflektierten Glaubens ist, wobei damit natürlich nicht bestritten werden soll, dass auch gesellige Angebote (z. B. im Gemeindehaus), diakonische Projekte und sozialethisches Engagement essenziell zur Gemeindearbeit dazugehören. Leitendes Ziel des Gemeindebaus sollte aber immer die Erweckung und Erneuerung des Glaubens sein. Von daher ist klar, dass der Gottesdienst in unterschiedlichen Formen den theologischen Orientierungspunkt des Gemeindebaus bildet. In der heutigen Erlebnisgesellschaft ist dabei ein ungleich höheres Maß an Kompetenz für die öffentliche symbolische Darstellung des Glaubens und der Kirche nötig, als das früher der Fall war. In einer demokratisch verfassten Gesellschaft ist Gemeindebau nur zusammen mit der mündigen Gemeinde möglich. Als Erstes geht es daher um die Entdeckung, Gewinnung, Begleitung und Wertschätzung von unterschiedlich begabten Mitarbeiterinnen und Mitarbeitern.

Die vorhandenen Gemeindeaufbaukonzeptionen können nach unterschiedlichen Maßstäben eingeteilt werden: z. B. organisationssoziologisch, das heißt danach, ob die Konzepte einen vereins- oder gruppenorientierten, einen gesamtgemeindlich-pluralistischen oder einen kulturorientierten Ansatz vertreten. Ich selbst unterscheide im Folgenden – in Anlehnung an die Einteilung von Christian Möller – zwischen volkskirchlichen, missionarischen und vermittelnden Ansätzen.

6.2 Volkskirchliche Ansätze

6.2.1 Der gottesdienstorientierte Ansatz

Martin Luther ist der klassische Vertreter eines am Gottesdienst orientierten Ansatzes zum Gemeindebau. Seit vielen Jahren versucht Christian Möller, diese Konzeption für heute fruchtbar zu machen.[205] Wichtigste Schrift Luthers zum Thema Gottesdienst und Gemeindeaufbau ist seine »Deutsche Messe und Ordnung des Gottesdienstes« von 1526.[206] So wie der spätere Art. 5 der Confessio Augustana geht der Reformator davon aus, dass der Gottesdienst der Ort ist, an dem Gemeinde gebaut wird. Dabei sind Predigtamt, Evangelium und Sakramente die Mittel, durch die Menschen zum Glauben kommen. Es fällt allerdings auf, dass Luther in der »Deutschen Messe« ein viel reicheres Gemeindebauprogramm durch Gottesdienst vorlegt, als die Formulierungen Melanchthons in der CA später erkennen lassen.

---

205 Vgl. Möller (1990).
206 Die Schrift findet sich in: WA 19, 72–113. Abgedruckt in: Luther (1962).

Luther schlägt drei Arten von Gottesdienst vor:
1. Den Gottesdienst auf Latein vorwiegend für die Jugend. Wenn er könnte, würde er gerne zusätzliche Gottesdienste auf Griechisch und Hebräisch einführen.
2. Die deutsche Messe und Gottesdienst, »welche um der einfältigen Laien willen geordnet werden sollen«.[207] Auch dieser Gottesdienst soll ein öffentlicher Gottesdienst sein, der in den Kirchen »vor allem Volk« gehalten wird. Darum dringt Luther auf eine starke katechetische Dimension dieses Gottesdienstes: »Ist aufs erste im deutschen Gottesdienst ein grober, schlichter, einfältiger, guter Katechismus vonnöten«.[208] Es genügt nicht, im Gottesdienst bloß zuzuhören. Damit eine Wahrheit ins Herz gelangt, muss sie auswendig gelernt, innerlich angeeignet und behalten werden. Dazu ist es unerlässlich, dass die Gottesdienstteilnehmenden selbst zu Wort kommen. Luther will außerdem, dass in den Gottesdiensten deutsche Lieder gesungen werden, damit vor allem die Jugend dadurch zum Glauben gereizt werde. Neben den drei auf verschiedene Zielgruppen ausgerichteten Sonntagsgottesdiensten sollen an jedem Wochentag Frühgottesdienste gehalten werden, in denen jeweils andere biblische Bücher kontinuierlich gelesen und ausgelegt werden.
3. Die dritte Weise, Gottesdienst zu feiern, wäre für diejenige, die »mit Ernst Christen sein wollen«. Hier geht es um einen Hausgottesdienst für bewusste Christen, »die das Evangelion mit Hand und Munde bekennen«.[209] Diese »müßten mit Namen sich einzeichnen und etwa in einem Hause alleine sich versammeln zum Gebet, zu lesen, zu taufen, das Sakrament zu empfangen und andere christliche Werk zu üben«.[210] Hier könnte auch Kirchenzucht praktiziert werden (nach Mt 18,15 ff.), ein gemeinsames Almosen auferlegt werden und bedürfte es keiner Lieder. Jedoch nimmt Luther Abstand davon, diese dritte Art des Gottesdienstes einzuführen, da a) ihn bisher niemand danach gefragt hat, b) er selbst niemanden sieht, der dazugehören könnte, und c) er Angst hat, dass daraus eine Rotterei entstehen könnte, wenn er es mit Gewalt jetzt schon durchsetzen würde.[211]

---

207 Luther (1962, S. 130).
208 Luther (1962, S. 131).
209 Luther (1962, S. 130).
210 Luther (1962, S. 130).
211 Luther (1962, S. 131).

Luther hat später dennoch mit der Einführung der Hausandachten eine Form von Hauskirche gegründet – wobei die Zugehörigkeit dazu nicht nach der Reife im Glauben, sondern nach familiären und beruflichen Kriterien bestimmt war.

Um zusammenzufassen: Luthers Gemeindeaufbauprogramm durch Gottesdienst lässt folgende Charakteristika erkennen. Er geht davon aus, dass ein vielfältiges Gottesdienstangebot nötig ist. Dieses ist bewusst zielgruppenorientiert ausgerichtet. Luther rechnet realistisch mit verschiedenen Stufen christlicher Erkenntnis bei den Gottesdienstteilnehmenden: Die Mehrheit hat von Tuten und Blasen keine Ahnung! Dennoch teilt der Reformator sie nicht nach Glaubensstand in unterschiedliche Gottesdienstgruppen ein. Indem die Gottesdienste nicht auf den Sonntag beschränkt werden, sondern es an jedem Wochentag ein anderes Gottesdienstangebot gibt, prägt das gottesdienstliche Leben den gesamten Alltag. Die Gottesdienste weisen allesamt eine katechetische Dimension auf. Pointiert formuliert: Luther schwebt eine liturgische Evangelisation durch Bibel, Lied und Katechismus vor.

6.2.2 Der empirische Ansatz: Beispiel Gemeinwesenarbeit[212]

Zu Begriff und Herkunft

»Gemeinwesenarbeit« (GWA) geht zurück auf den englischen Begriff »Community Organization«, der im Rahmen der US-amerikanischen Sozialarbeit seit über einhundert Jahren verwendet wird. Zum wissenschaftlichen Konzept wurde das Programm durch Murray G. Ross in dessen Buch »Community Organization. Theory and Principles«[213] ausgebaut. Seine Definition für GWA lautet: »Der Begriff Gemeinwesenarbeit [...] bezeichnet einen Prozeß, in dessen Verlauf ein Gemeinwesen seine Bedürfnisse und Ziele feststellt, sie ordnet oder in eine Rangfolge bringt, Vertrauen und den Willen entwickelt, etwas dafür zu tun, innere und äußere Quellen mobilisiert, um die Bedürfnisse zu befriedigen, daß es also in dieser Richtung aktiv wird und dadurch die Haltungen von Kooperation und Zusammenarbeit und ihr tätiges Praktizieren fördert.«[214] Dabei wird der Begriff »Gemeinwesen« normalerweise geografisch verstanden: Es sind mit ihm die Bewohner einer Straße, eines Wohnbezirks oder eines ganzen Stadtteils gemeint. Die GWA geht empirisch vor: Am Anfang steht die Erhebung der sozialen Nöte, für die dann Problemlösungen gesucht, praktiziert und ausgewertet werden. Konkret geht es um den Aufbau lokaler Selbsthilfe-

---

212 Vgl. dazu Möller (1991, S. 36–40) und Seppel (1989).
213 Ross (1955).
214 Ross (1971).

gruppen, den Aufbau von Nachbarschaftsbeziehungen und Sozialdiensten; die Erfassung des sozialen Bedarfs (etwa eines Stadtteils), die Mitarbeit beim Aufbau solcher Einrichtungen; längerfristige Sozialplanungen für spezielle Zielgruppen; die Koordination und Rationalisierung sozialer Dienste. GWA ist für Ross ein Prozess der Sozialarbeit, der ein politisches Ziel hat, nämlich die demokratische Reform der Gesamtgesellschaft. Dabei stehen zwei Verfahren zur Verfügung: Entweder werden Lösungen mit einem »integrativen Ansatz« gewählt, der die von sozialen Nöten betroffenen Menschen in die Gesellschaft zu reintegrieren sucht. Oder es wird ein »konfliktorientierter Ansatz« bevorzugt; hier steht das gesellschaftskritische Moment im Zentrum. Die Konflikte und ihre Ursachen werden dabei nicht nur herausgearbeitet und zu überwinden versucht, sondern öffentlich gemacht, um die Betroffenen zu aktivieren, damit sie ihre Belange selbst in die Hand nehmen. Ziel ist Hilfe zur Selbsthilfe.

Gründe für die Übernahme der GWA in den Gemeindeaufbau

Was hat die GWA mit Gemeindeaufbau zu tun? Dazu ist es nötig, sich die weitere geschichtliche Entwicklung der GWA klarzumachen. Durch die US-amerikanische Bürgerrechtsbewegung Ende der 1950er, Anfang der 1960er Jahre, in der die Methoden der GWA landesweit eingesetzt wurden, wurde die GWA weltweit bekannt. In Europa zuerst in den Niederlanden in städtischen und kirchlichen Gemeinden praktiziert, kam sie im Verlauf der 1960er Jahre auch nach Deutschland.

Dazu trugen verschiedene Ursachen bei: In den 1960er Jahren entstanden in verstärktem Maße Neubausiedlungen, die keinerlei kirchliche Tradition aufwiesen und sich zum Teil zu sozialen Brennpunkten entwickelten. Die Distanz weiter Teile der Bevölkerung von der Kirche wuchs, was sich in öffentlichem Relevanzverlust des Christentums auswirkte. Schließlich schärfte die 1968er-Revolution das Bewusstsein für soziale Ungerechtigkeiten und soziale Randgruppen. In Theologie und Kirche wurde parallel dazu Bonhoeffers Formel »Kirche für andere« entdeckt, die er in »Widerstand und Ergebung« in seinem »Entwurf für eine Arbeit« entwickelt hat.[215] In der Konsequenz hieß das: Wenn Kirche wahrhaft christlich sein will, dann darf sie nicht bloß sich selbst erbauen, sondern muss sich um Nichtprivilegierte, Unterdrückte und Benachteiligte kümmern.

Der primäre Grund für die Rezeption der GWA im Gemeindeaufbau lag in der Hoffnung, dadurch verlorene öffentliche Relevanz der kirchlichen Arbeit

---

215 Bonhoeffer (1998e, S. 560).

wiederzugewinnen.[216] Die GWA schien das dafür nötige Instrumentarium zur Verfügung stellen zu können. Aber auch die neue ekklesiologische Orientierung trug zur Übernahme der GWA bei. Die Kirche besann sich auf ihren Auftrag, Partner für die Schwachen und Ausgegrenzten zu sein. Die GWA bot die Chance, der sozialethischen Dimension von Christsein auf der Ebene der Kirchengemeinde gerecht zu werden.

Kritische Würdigung

Zweifellos hat die GWA geholfen, dass Kirchengemeinden, dass Pfarrerinnen und Pfarrer genauso wie Kirchenvorstände sich ihrer sozialen Verantwortung stärker bewusst wurden: sowohl in diakonischer als auch in sozialethischer Hinsicht. Zum Auftrag der Kirche gehört gleichberechtigt neben der Verkündigung des Evangeliums auch das diakonische Handeln (vgl. z. B. Lk 10,25–37; Mt 25,31–46). Die christliche Gemeinde hat überdies eine öffentliche Verantwortung – allemal in der vom Subsidiaritätsprinzip geprägten bundesrepublikanischen Verfassungswirklichkeit. Ein Glaube ohne diakonische und sozialethische Dimensionen führt zur Gettoisierung der Kirche. Nicht zu bestreiten ist, dass die Einrichtung von Beratungsstellen, Selbsthilfegruppen, Arbeitsloseninitiativen etc. gerade in den stark von Säkularismus und Rationalismus geprägten 1960er und 1970er Jahren in den Augen vieler kirchendistanzierter Menschen eine wichtige Legitimation, ja Existenzberechtigung, der Kirche darstellte. Diese Einrichtungen erfüllten eine Brückenfunktion zwischen Kirche und Gesellschaft.

Andererseits kam es bereits seit der Mitte der 1970er Jahre zu einem spürbaren Nachlassen der GWA. Das hatte verschiedene Ursachen. Im Zusammenhang der GWA führten viele Sozialarbeiter in Kirchengemeinden bewusst Konflikte herbei, um undemokratische Strukturen und soziale Konflikte ans Licht zu bringen. Kirchenvorstände und Gemeindegruppen waren auf solche Auseinandersetzungen nicht oder nur unzureichend vorbereitet. So nutzten viele die nächste Möglichkeit, um entsprechende unliebsame Sozialarbeiter zu entlassen. Andererseits kam es selten zu einer echten Vernetzung zwischen sozialen Initiativen und ihren Initiatoren und der Gottesdienstgemeinde. Die Folge war ein Auseinanderbrechen, mindestens aber ein Auseinanderdriften der Gemeinde in einen sozial und einen spirituell engagierten Teil.

Vor dem Hintergrund dieser Erfahrungen wird es in Zukunft darum gehen, dass die Scheinalternative zwischen Gemeindeaufbau durch Verkündigung auf der einen und durch diakonisches beziehungsweise sozialethisches Engagement

---

216 Grünberg (1972, S. 8).

auf der anderen Seite vermieden wird. Die Alternative widerspricht nicht nur dem Inhalt des Evangeliums. Sie führt auch dazu, dass jeweils eine bestimmte Gruppe von Menschen in der Gemeinde keine Heimat findet.

6.2.3 Der kommunikative Ansatz: Beispiel Gemeindeberatung[217]

Zu Begriff und Herkunft

Auch das Konzept der »Gemeindeberatung« stammt aus den Vereinigten Staaten. Der Begriff geht zurück auf den amerikanischen Ausdruck »Organization Development«. Im Rahmen der Betriebswirtschaft entwickelt, richtete es sich kritisch gegen Formen von Unternehmungsberatung, die lediglich die Optimierung von Organisationsabläufen und die Beratung von Managern zum Gegenstand hatten. Im Gegensatz dazu geht es der »Organisationsentwicklung« darum, das Ganze eines Unternehmens im Auge zu behalten. Ziel ist ein Beratungsprozess, der darin besteht, »daß sozialwissenschaftliche Theorien und Technologie angewendet werden sollen im Prozeß gemeinsamer Problemdefinition, Diagnose und Veränderung der Organisation durch *alle* Beteiligten und Betroffenen«.[218]

In den USA wurde das Konzept der Organisationsentwicklung bald auf Kirchengemeinden übertragen. In Deutschland hat Eva-Renate Schmidt die kirchliche Gemeindeberatung (GB) in den 1970er Jahren eingeführt. Sie hatte die »Parish Consultation« bei einem vorausgegangenen Studienaufenthalt in den Vereinigten Staaten kennengelernt. Seit 1978 wurde sie Leiterin eines nach dem Konzept der Gemeindeberatung arbeitenden Beratungsdienstes für Kirchengemeinden und kirchliche Einrichtungen der Evangelischen Kirche von Hessen und Nassau (EKHN), von wo aus es von einer Reihe weiterer Landeskirchen rezipiert wurde. Zur Aufgabe Schmidts gehörte nicht zuletzt die Ausbildung von Gemeindeberaterinnen und -beratern.

Zum Konzept

Eva-Renate Schmidt definiert die GB wie folgt: »Gemeindeberatung ist der Versuch, mit Hilfe eines oder mehrerer von außen Kommender der Gemeinde zu helfen, ihre Probleme und Aufgaben in ihrem gesellschaftlichen Umfeld möglichst klar zu erkennen und ihre eigenen Möglichkeiten zu entdecken.«[219] Entscheidend ist in der Konzeption, dass eine Gemeinde lernt, zunächst einmal

---

217 Möller (1991, S. 41–47).
218 Heidenreich (1985, S. 14, Hervorhebung von P. Z.).
219 Adam und Schmidt (1977, S. 50).

sich selber wahrzunehmen und von der gestellten Diagnose aus zu einer Veränderung von Zielen, Verhalten und Organisationsformen zu kommen.

Konkret holt sich eine Gemeinde einen oder mehrere Berater, mit denen sie nach einem Eingangsgespräch einen Beratervertrag abschließt, der beide Seiten auf einen Beratungsprozess verpflichtet, der bis zu mehreren Jahren dauern kann. Die Beraterinnen und Berater, die in sämtliche Gemeindeabläufe Einblick erhalten, erstellen zunächst eine Diagnose der Gemeindesituation. Beim nächsten Schritt geht es darum, zusammen mit der Gemeinde an einer Veränderung von deren Kommunikationsverhalten, der Beziehungen von Gremien und Einzelpersonen und der äußeren Organisation zu arbeiten. Ein weiterer Schritt versucht, die abgesprochenen Veränderungen zu institutionalisieren. Am Ende des Beratungsprozesses steht die Auflösung des Beratervertrags. Das Konzept der GB umfasst somit fünf Schritte: 1. Eingangsphase mit Vertragsabschluss; 2. Datensammlung und Diagnose; 3. Intervention; 4. Institutionalisierung; 5. Auflösung des Vertrags.

Eberhard Winkler hat darauf hingewiesen, dass die Idee eines Beraters oder Begleiters von außen auch in anderen Gemeindeaufbaukonzeptionen eine Rolle spielt. Das gilt z. B. für betriebswirtschaftlich orientierte und für evangelistisch-missionarische Ansätze.[220] Klaus Eickhoff schlägt in seiner missionarisch geprägten Gemeindeaufbaukonzeption sieben Beratungsschritte vor:[221] 1. Weggenossen in der Gemeinde suchen, ihnen die neuen Einsichten zum Gemeindeverständnis mitteilen. 2. Mit Freunden eine Bestandsaufnahme der Gemeindesituation erstellen. 3. Mit ihnen eine Dreitageklausur halten mit dem Ziel eines schrift- und gemeindegemäßen Entwicklungskonzeptes. 4. Einen ortsfremden Praxisbegleiter suchen, ihm das Konzept erklären und ihn als Supervisor gewinnen. 5. Gemeindeglieder als Mitarbeiter schulen. 6. Die ganze Gemeinde über das Konzept informieren. 7. Immer wieder in die Stille zurückziehen, beharrlich bei der Sache bleiben.

Kritische Würdigung

Das Konzept der GB ersetzte in der EKHN die Ende der 1960er Jahre aus der Mode gekommene Gemeindevisitation. Die GB hatte – anderes als diese – keinen autoritären Beigeschmack. Nach dem Ende der traditionellen Visitation bestand in den Gemeinden weiterhin der Wunsch, von außen wahrgenommen zu werden. Dieser wurde von der GB erfüllt. Es leuchtet außerdem ohne Weite-

---

220 Winkler (1998, S. 105 f.).
221 Eickhoff (1992, S. 363).

res ein, dass Beratung von außen helfen kann, die eigene Betriebsblindheit zu überwinden und bei festgefahrenen Streitfronten neue gemeinsame Wege zu finden. Daneben spielte die Kompatibilität der GB mit dem damals im Gefolge der Seelsorgebewegung weitverbreiteten neuen Verständnis der Pfarrerrolle als Berater und Helfer eine wichtige Rolle für deren Attraktivität. Indem die GB die vielen verwirrenden Aufgaben einer Kirchengemeinde bestimmten Handlungsfeldern zuzuordnen vermochte, trug sie zu einer neuen Übersichtlichkeit des Gemeindelebens bei. Im Gefolge der 1960er Jahre war ja aufgrund des Ausbaus des Sozialstaats eine Fülle neuer Aufgaben auf die Kirchengemeinden zugekommen. Wolfgang Lück ordnete die Aufgaben der Kirchengemeinde fünf Fachbereichen zu:[222] 1. Fachbereich Kirchengemeinde: Gottesdienst und Verkündigung; 2. Fachbereich Familie: Amtshandlungen, Seelsorge, Beratung, Familienhilfe; 3. Fachbereich Tradition: Vertiefung des Glaubens und persönliche Aneignung; 4. Fachbereich Selbsthilfe: Kirche als Gemeinschaft; 5. Fachbereich Projekte: Aktionsgruppen, an denen auch der Kirche kritisch gegenüberstehende Menschen teilnehmen können. Pfarrerin und Pfarrer haben nach der GB primär die Aufgabe, für die Einheit der unterschiedlichen Fachbereiche zu sorgen, das heißt, die verschiedenen Gruppen und Aktivitäten einer Kirchengemeinde moderierend zu integrieren.

Zwei Probleme sind im Zusammenhang mit der GB immer wieder genannt worden: Durch die Konzentration auf die äußere Organisationsstruktur vernachlässige sie die theologische Dimension von Gemeinde. Einfach gesagt: Ist Gemeinde nicht mehr als eine Firma? Tatsächlich hat die GB kein theologisch begründetes Verständnis von Gemeinde entwickelt. Das führt unmittelbar zum zweiten Kritikpunkt am Konzept der GB: Sie ist ganz von einem nondirektiven Vorgehen bestimmt und will unparteilich die Anliegen aller Interessengruppen und Einzelnen während des Beratungsprozesses ins Gespräch bringen. Das ist an sich positiv. Allerdings scheint das Konzept davon auszugehen, dass die Beraterinnen und Berater grundsätzlich auf eine eigene Position verzichten sollten. Dahinter steht ein therapeutisches Paradigma. Ursprünglich ist im Rahmen der GB tatsächlich der Begriff »Klient« für die Gemeinde verwendet worden. Dementsprechend wurde der Berater als Therapeut verstanden, der die Aufgabe hatte, die Selbstheilungskräfte im Klienten, in diesem Fall der Gemeinde, zu aktivieren. Unweigerlich stellt sich an dieser Stelle die Frage, ob es überhaupt möglich ist, ohne eigenen Standpunkt zu beraten. Da dies meines Erachtens nicht zu umgehen ist, liegt auf der Hand, dass bestimmte Leitbilder von Gemeindearbeit unhinterfragt und undiskutiert im Beratungsprozess durch

---

222 Lück (1977).

die Beraterinnen und Berater zur Geltung gebracht werden. Damit spitzt sich die Kritik auf die Frage zu, welches Leitbild von Gemeinde die GB bestimmt. Ohne Offenlegung ihres Gemeindebildes scheint mir die GB als Gemeindeaufbaukonzeption theologisch defizitär zu sein.

6.3 Missionarische Ansätze

Die klassische Missionstheologie verstand Mission als »Pflanzung und Organisation der Kirche unter Nichtchristen«, so die Definition von Gustav Warneck (1834–1910), dem Begründer der deutschen Missionswissenschaft. Im Sinne von Innerer Mission beziehungsweise Volksmission erlangte der Begriff seit der zweiten Hälfte des 19. Jahrhunderts durch Johann Hinrich Wichern und Adolf Stoecker einen großen Bekanntheitsgrad. Sie waren überzeugt, dass die Verhältnisse in Deutschland denen in den Missionsländern glichen und darum eine umfassende Volksmission durch Evangelisation nötig sei. Fast alle Deutschen seien zwar getauft, aber deshalb noch lange keine Christen. Volksmission hatte fortan die Aufgabe, den bereits Getauften Wege zum Glauben zu eröffnen. Diesem Zweck sollte z. B. auch noch das von der EKD 1980 veranstaltete »Missionarische Jahr« dienen.

6.3.1 Der ökumenisch-missionarische Ansatz

Herkunft und Charakteristika

Das ökumenisch-missionarische Gemeindeaufbau-Konzept wurde in den Jahren zwischen 1961 und 1968 im Rahmen der Studienarbeit des ÖRK entwickelt. Die Dritte Vollversammlung des ÖRK hatte diese 1961 damit beauftragt, »die missionarische Struktur der Gemeinde« zu untersuchen.[223] Angesichts der weltweiten politischen und gesellschaftlichen Wandlungen am Ende der 1950er Jahre (Entkolonialisierung, Pluralisierung der Lebensverhältnisse, wachsender Wohlstand in den Industrieländern des Westens, Ausbreitung des Kommunismus) wurden vor allem die westlichen Kirchen von der Sorge erfasst, dass ihre Strukturen derart erstarrt waren, dass sie sich mehr und mehr zu einer Parallelgesellschaft zur modernen Lebenswelt der meisten Menschen entwickelten.

Die Studie kam zu folgenden Ergebnissen: Die Kirche lebt im »bourgeoisen Getto«. Darum ist sie unfähig zu echter Mission. Ihre Strukturen hindern sie daran, im Sinne Dietrich Bonhoeffers »Kirche für andere« zu sein. Sie ist nicht

---

223 Vgl. dazu Ratzmann (1980); Möller (1991, S. 71 ff.) und Herbst (2010, S. 172–198).

mehr in der Lage, Zugang zu Lebensort, Lebensweise und Denkstil der Mehrzahl der Menschen zu finden.

Theologisch wurden für das Gemeindeaufbaukonzept des ÖRK zwei Gedanken maßgeblich: ein verändertes Verständnis von Mission und von Welt. Mission ist nicht länger Aktion der Kirche, um Menschen in ihre Mitte zu holen, sondern Tat Gottes, »Missio Dei«. Nicht die Kirche »treibt Mission«; Mission ist vielmehr Sache Gottes. Die Kirche ist selbst bloß Teil dieser Mission Gottes. Ziel der Mission Gottes ist nicht Gemeinde- beziehungsweise Kirchengründung und -erweiterung und am Ende eine weltumspannende Kirche, sondern der »Schalom«, das weltumspannende Reich Gottes. Schalom wird dabei verstanden als befriedetes und geheiltes menschliches Miteinander in einer versöhnten Menschheitsfamilie. Die Kirche hat nach Auffassung der Studie des ÖRK der Welt nicht das Heil voraus, sondern nur das Wissen über das Heil, in das alle Welt bereits eingeschlossen ist (so das neue Verständnis von 2Kor 5,19).

Damit ist bereits der zweite Grundgedanke angesprochen: Unmittelbar mit dem neuen Verständnis von Mission hängt ein neues Verständnis von Welt zusammen. Indem die Welt sich nur in noetischer, nicht aber in ontischer Hinsicht von der Kirche unterscheidet, wird der traditionelle Unterschied zwischen Kirche und Welt nivelliert. Der »garstige Graben« zwischen Kirche und Gesellschaft verschwindet. Es gibt eine direkte Beziehung zwischen Gott und Welt ohne kirchliche Vermittlung: Nicht nur, dass Gott in Christus die Welt bereits mit sich selbst versöhnt hat, Gott ist auch längst »durch die Ritzen der Kirche [in die Welt] hindurchgedrungen«. Anstelle des missionierenden und evangelisierenden Wortes der Kirche zur Welt tritt der Dialog mit der Welt, das Gespräch von zwei gleichen Partnern. Fortan gilt auch für die Kirche: »Die Welt stellt die Tagesordnung.« Nicht »Komm-Strukturen«, sondern »Geh-Strukturen« sind gefordert, damit die Kirche für andere da sein und in die Welt eingehen kann.

Mission wird vor dem Hintergrund dieser Überlegungen zum Strukturprinzip der Kirche und umfasst fortan ihr gesamtes Handeln: Da die missionarische und evangelistische Verkündigung in den Hintergrund tritt, gewinnen ihre diakonischen und sozialethischen Aktivitäten an Bedeutung. Statt Mission im klassischen Sinne geht es um »Präsenz« der Christen im Alltag der Welt. Für den Gemeindeaufbau heißt das konkret, dass die herkömmliche Parochialstruktur wenn nicht ersetzt, so doch zumindest ergänzt wird durch die Struktur der Regionalgemeinde beziehungsweise der funktionalen Gruppe, der »kleinen Gemeinde«. Die Parochie wird zu einer Gemeindeform unter anderen. Dahinter steht die Beobachtung, dass Wohn- und Arbeitswelt in der modernen Gesellschaft immer stärker auseinandertreten und die Kirchenstrukturen sich verändern müssen, um Menschen auch im Bereich ihrer Arbeitswelt zu erreichen. Auch die

Rolle des Pfarrers verändert sich im Rahmen des missionarisch-ökumenischen Gemeindeaufbaukonzepts. Er wird als Trainer für die engagierten Laien verstanden. Seine klassischen seelsorglichen, verkündigenden und liturgischen Funktionen treten demgegenüber zurück.

Kritische Würdigung

Heute ist die ursprüngliche Faszination des ökumenisch-missionarischen Ansatzes weithin verschwunden, auch wenn einzelne Aspekte, wie die Betonung der Region, in neueren Konzepten wieder auftauchen.[224] Positiv scheint mir der Versuch, die traditionellen kirchlichen Strukturen aufzubrechen, um die drohende Gettoisierung der Kirche zu überwinden. Die Erfahrungs- und Begriffswelt des Kirchenkampfes, mit denen die Kirche in den 1950er Jahren noch selbstverständlich operierte, waren der nachwachsenden Generation immer weniger verständlich. Das ökumenisch-missionarische Gemeindeaufbaukonzept versuchte angesichts dieser Situation, den wachsenden lebensweltlichen Graben zwischen Kirche und Gesellschaft zu überbrücken. Zweifellos führte der Gedanke, dass Christus nicht nur der Herr der Kirche, sondern auch der Herr der Welt ist, zu einer notwendigen Öffnung der Kirche für die Anliegen der Welt. Gerade am gesellschaftlichen Diskurs interessierte Menschen wurden auf diese Weise auf die Kirche aufmerksam. Das galt vor allem in der ehemaligen DDR – verstärkt in den Jahren unmittelbar vor der Friedlichen Revolution von 1989. Dass es auf diese Weise zu einer Stärkung der Stimme der Laien in der Kirche kam, sei nur am Rande vermerkt. Schließlich stellte die Entdeckung der notwendigen Zusammengehörigkeit von Martyria, Diakonia und Koinonia, von Zeugnis, Dienst und Gemeinschaft, einen wichtigen Erkenntnisfortschritt im Rahmen des Gemeindeaufbaus dar.

Neben diesen Positiva dürfen aber auch die defizitären Seiten dieses Gemeindeaufbaukonzepts nicht verschwiegen werden. Zwei entscheidende Defizite fallen auf: Das Konzept gibt die reformatorische Unterscheidung von Christus einerseits als Herrn der Welt und andererseits als Haupt der Kirche auf, die Luther in seiner Zwei-Regimente-Lehre theologisch zum Ausdruck gebracht hat. Dadurch verschwindet die Unterscheidungsmöglichkeit zwischen Kirche und Welt. Pointiert – mit Manfred Seitz gesprochen: Es kommt zu einem »spezifischen Betrug der Kirche an der Welt«, nämlich »nicht mehr Kirche sein zu wollen«.[225] Die fehlende Erkenntnis der »Selbstzwecklichkeit« der Kirche

---

224 So bereits Ratzmann (1985, S. 268).
225 Seitz (1978, S. 108).

(Dietrich Bonhoeffer) lässt die Kirche nur noch eine gesellschaftliche Machtgruppe unter anderen sein. Die fehlende Berücksichtigung der doxologischen Dimension der Kirche führt unter der Hand zu ihrer Ethisierung und zum Verlust des »eschatologischen Mehrwerts« (Christian Möller) ihrer Verkündigung und damit zum Verlust der Rechtfertigungserfahrung. Kein Wunder, dass die Verkündigung des Evangeliums an den einzelnen Menschen in dieser Konzeption mehr und mehr zurücktrat. Die geglaubte Wirklichkeit ist in der Kirche aber immer größer als die erfahrene Wirklichkeit! Neben Martyria, Koinonia und Diakonia gehört die Leiturgia zu den unverzichtbaren Essentials von Kirche.

Die ökumenisch-missionarische Gemeindeaufbaukonzeption hat auch problematische Konsequenzen für die Gemeindepraxis: Es kommt zu einer Unterschätzung der parochialen Gemeindestruktur als »Kirche der kurzen Wege«, die im Hinblick auf Kinder, Jugendliche, junge Familien mit Kindern und alte Menschen nicht vernachlässigt werden sollte.[226] Auch die Dimension des Religiösen und Symbolischen wird in ihrer Bedeutung für den christlichen Glauben zu gering veranschlagt. Dadurch wird die notwendige Pflege der Selbstzwecklichkeit der Kirche (ihrer gottesdienstlichen Formen, ihrer Spiritualität etc.) übersehen. Schließlich: Unter der Hand führt die Konzentration auf die politisch aktive Kleingruppe nun ihrerseits zu einer Milieuverengung der Kirche.

6.3.2 Der evangelistisch-missionarische Ansatz

Vorläufer

Der Ökumenische Rat der Kirchen in Genf distanzierte sich im Verlauf der 1960er Jahre immer stärker von der Aufgabe der Mission und Evangelisation des einzelnen Menschen. Als Reaktion darauf fand unter der Schirmherrschaft von Billy Graham 1974 der »Lausanner Kongress für Weltevangelisation« mit 2700 Teilnehmern aus der ganzen Welt statt.[227] Die Lausanner Erklärung formulierte: »Wir verpflichten uns, […] für die Evangelisation der ganzen Welt zusammen zu beten, zu planen und zu wirken. Wir rufen andere auf, sich uns anzuschließen.«[228] Um dieses Ziel zu erreichen, sollten Ausbildungsprogramme für Pastoren und Laien in Glaubenslehre, Nachfolge, Evangelisation, Erbauung und Dienst entwickelt werden.

Der spätere württembergische Landesbischof Theo Sorg nahm als Erster die Lausanner Impulse in Deutschland im Rahmen des landeskirchlichen

---

226 Burgsmüller (1981, S. 81).
227 Dazu im Einzelnen Scheffbuch (1993).
228 Beyerhaus/Peter/Graham (1974, S. 18).

Protestantismus publizistisch auf.²²⁹ Biblische Begründung und geschichtliche Verankerung bilden den Rahmen seiner Gemeindeaufbaukonzeption. Dabei sind zwei gegenläufige Bewegungen charakteristisch: zum einen eine Konzentrationsbewegung, zum anderen eine grenzüberschreitende Bewegung. Es geht Sorg einmal – anknüpfend an Luthers »Vorrede zur Deutschen Messe« und an Speners »Pia desideria« – um die Sammlung und Zurüstung von Gemeindegliedern, die mit Ernst Christen sein wollen. Zum anderen sollen die distanzierten Kirchenmitglieder in der Breite durch unterschiedlichste missionarische Aktionen erreicht werden.

Für die praktische Durchführung des missionarischen Gemeindeaufbaus nennt Sorg neun Punkte: 1. Christus selbst baut die Gemeinde. Daher geht es zunächst darum, dass jeder Mitarbeiter ein geistliches Leben führt. 2. Grundlegend für alles Weitere ist angesichts der Bedeutung des Pfarrers für das Gemeindeleben die geistliche Erneuerung von Pfarrer- und Mitarbeiterschaft. 3. Die Verkündigung muss eine missionarische Dimension enthalten, soll Menschen zum Glauben einladen. 4. Die Gottesdienste sollen einladender, das heißt alltagsnäher und stärker partizipatorisch gestaltet werden. 5. Ein Besuchsdienst ist in der Gemeinde einzurichten. 6. Hauskreise und Bibelstunde sind Kernzellen des missionarischen Gemeindeaufbaus. 7. Der Kirchenvorstand muss selbst missionarisch denken lernen. 8. Ein Mitarbeiterkreis soll gebildet werden, in dem sich aber nur solche Mitarbeiter sammeln, denen der missionarische Gemeindeaufbau am Herzen liegt. 9. Ziel ist die Einteilung der ganzen Gemeinde in kleine Zellen (Hausgemeinden) nach dem Vorbild der Urchristenheit.

Fritz und Christian A. Schwarz: Theologie des Gemeindeaufbaus

Es war das Verdienst des damaligen Superintendenten von Herne, Fritz Schwarz, und von dessen Sohn Christian, dass das Thema Gemeindeaufbau seit Anfang der 1980er Jahre die kirchliche Diskussion zu beherrschen begann.²³⁰ Fritz Schwarz forderte durch Thesen wie die folgende zu heftigen Auseinandersetzungen heraus: »Missionarischer Gemeindeaufbau muss davon ausgehen, dass Glieder der Gemeinde erst gewonnen werden müssen, weil sie durch die Taufe allein noch lange nicht Glieder der Gemeinde sind.«²³¹ Zwei Gedanken sind für die Gemeindeaufbaukonzeption von Fritz und Christian A. Schwarz bestimmend: die Unterscheidung zwischen Kirche und Ekklesia und die Kon-

---

229 Vgl. dazu Theo Sorg (1977).
230 Zwei Bücher wurden bahnbrechend: »Überschaubare Gemeinde« (Schwarz 1979) und »Theologie des Gemeindeaufbaus« (Schwarz/Schwarz 1985).
231 Schwarz (1979, S. 99).

zentration auf den Mitarbeiterkreis. Die volkskirchliche Institution wird in Aufnahme und Weiterführung der Überlegungen von Emil Brunner, Helmut Gollwitzer und Hans-Joachim Kraus äußerst kritisch gesehen. Die Volkskirche bildet die Negativfolie, auf deren Hintergrund Vater und Sohn Schwarz ihr Gemeindeaufbaukonzept entwickeln. Ziel des Gemeindebaus ist, sie in Richtung auf eine Freiwilligkeitskirche entschiedener Christen weiterzuentwickeln. Dreh- und Angelpunkt ist dabei der Mitarbeiterkreis, die Ekklesia: »Ekklesia ist eine personale Gemeinschaft mit Jesus und mit Schwestern und Brüdern, deren Glaube in der Liebe tätig wird.«[232] Die Ekklesia ist sowohl das Objekt als auch das Subjekt der Evangelisation. Sie entsteht durch Evangelisation und ist Motor derselben.[233] Die Ekklesia ist auch das Hauptarbeitsfeld des Pfarrers: »Im Gemeindeaufbau gilt der Grundsatz: Der Pfarrer für die Ekklesia, die Ekklesia für die Parochie.«[234] Die Pfarrperson hat neben der pastoralen Grundversorgung der Gesamtgemeinde durch Kasualien und Predigt hauptsächlich für den Mitarbeiterkreis zu sorgen. Dahinter steht das Bild konzentrischer Kreise für die Gemeinde, wobei die Pfarrperson vor allem in der Kerngemeinde tätig ist und die Aufgabe hat, die Ekklesia für ihren Dienst an den Fernstehenden zu schulen und darin zu begleiten.

Vater und Sohn Schwarz nahmen Emil Sulzes Forderung nach überschaubaren Seelsorgebezirken mit ihrer Konzeption der »überschaubaren Gemeinde« rund einhundert Jahre später wieder auf.

Manfred Seitz/Michael Herbst: die drei kybernetischen Grundentscheidungen

Es ist das Verdienst des Erlanger Praktischen Theologen Manfred Seitz, dass die Diskussion um den Gemeindeaufbau die akademische Theologie erreichte. Den Durchbruch brachte sein Vortrag auf dem Kirchentag in Hannover 1983 »Gemeindeaufbau in den achtziger Jahren«.[235] Darin hat er erstmals die »drei kybernetischen Grundentscheidungen« vorgetragen, die seinem Gemeindeaufbaukonzept zugrunde liegen.[236] Seitz geht – lange vor Wolfgang Huber – von der Erosion geistlicher Substanz am Rand und im Kern der Volkskirche aus – so seine Interpretation der verschiedenen kirchlichen Mitgliedschaftsumfragen[237] –

---

232 Schwarz und Schwarz (1985, S. 34).
233 Schwarz und Schwarz (1985, S. 81).
234 Schwarz und Schwarz (1985, S. 249).
235 Seitz (1991, S. 47–56).
236 Seitz (1991, S. 55 f.).
237 Zum Beispiel Hild (1974).

und zielt auf geistliche Erneuerung der Gemeinde. Aus lutherischer Tradition stammend, nimmt Seitz bewusst Anliegen der evangelikalen Bewegung auf.

Die drei kybernetischen Grundentscheidungen lauten: »*Die erste betrifft die Pfarrer.* – An ihnen vorbei geht nichts in der pfarrerzentrierten Gemeinde. Sie müssen den Gemeindeaufbau wirklich wollen und nicht aus Angst torpedieren.«[238] Zwei Voraussetzungen müssen aufseiten von Pfarrern und Pfarrerinnen erfüllt sein, damit das Gemeindeaufbauprogramm funktioniert: Sie müssen geistlich erweckt sein und benötigen eine kybernetische Ausbildung.

Seitz versteht die Pfarrer als Ausbilder und Hirten. »Ihre Aufgabe ist nach Eph 4,11–12 eine merkwürdig indirekte. Sie werden nicht als Bauleute vorgestellt, sondern als Ausbilder. Sie rüsten die Heiligen zum Dienst. Erst der Dienst der Heiligen ist Gemeindeaufbau«.[239] Die Pfarrer leiten den Mitarbeiterkreis. Dies »gehört zur hirtenamtlichen Aufgabe des Pfarrers, dessen Betreuungsfunktion in einer aufzubauenden Gemeinde ab-, dessen rektorale Funktionen zunehmen«.[240]

»*Die zweite* [kybernetische Grundentscheidung] *betrifft die Gemeindeglieder.*«[241] Es geht darum, Gemeindeglieder, die sich schon zum Leben der Gemeinde halten, im Glauben zu vergewissern und ihre Charismen zur Mitarbeit zu entdecken. Das geschieht durch Informieren, Bilden und Schulen. Damit soll das von der Reformation zwar entdeckte, aber nicht in die Praxis umgesetzte allgemeine Priestertum endlich verwirklicht werden.

»*Die dritte betrifft die Fernstehenden.*«[242] Bei der dritten kybernetischen Grundentscheidung geht es darum, fernstehende Gemeindeglieder zur Umkehr einzuladen: zum Glauben, zur Erneuerung der Taufe, zum Leben in der Gemeinde.[243]

Aufbauend auf den drei kybernetischen Grundentscheidungen seines Lehrers hat Michael Herbst Grundzüge einer eigenen Gemeindeaufbaukonzeption in seiner Dissertation »Missionarischer Gemeindeaufbau in der Volkskirche« von 1987 vorgelegt.[244] Eine wesentliche Fortentwicklung seiner Überlegungen stellt das Buch »Spirituelles Gemeindemanagement« von 2001 dar, das er zusammen mit Hans-Jürgen Abromeit, dem damaligen Bischof der Pommerschen Evangelischen Landeskirche, und anderen herausgegeben hat. Wie der Titel schon sagt, liegt der Schwerpunkt auf der kybernetischen Ausbildung des Pfarrers, dem neben spirituellen vor allem unternehmerische Kompetenzen vermittelt

---

238 Seitz (1991, S. S. 55).
239 Seitz (1991, S. S. 55).
240 Seitz (1991, S. 54).
241 Seitz (1991, S. 55).
242 Seitz (1991, S. 56).
243 Seitz (1991, S. 56).
244 Herbst (2010).

werden sollen. Es ist der Versuch, Spiritualität, Gemeindeaufbau und Methoden des Marketing in Non-Profit-Organisationen miteinander zu verbinden.[245]

Kritische Würdigung der evangelistisch-missionarischen Gemeindeaufbaukonzeptionen

Positiv ist zunächst die Zentralstellung des Missionsbegriffs für den Gemeindebau. Ohne missionarisches Engagement ist das Ende der Kirche vorprogrammiert. Genau das besagt Jüngels Leipziger Diktum von der Mission als Herzschlag der Kirche. Zweifellos ist das ganze NT von der inneren Dynamik geprägt, allen Menschen umgehend die frohe Botschaft von Jesus Christus als dem Retter der Welt zu verkündigen. Am deutlichsten greifbar wird diese Dynamik im missionarischen Wirken des Apostels Paulus. Dabei müssen sich Mission und Toleranz nicht widersprechen. Im Gegenteil: Theologisch ist Toleranz sogar die notwendige Voraussetzung der Mission. Trägt das missionarische Engagement wie auch immer geartete imperialistische Züge, verrät es das Evangelium von der Liebe Gottes. Toleranz und Mission haben die gleiche Wurzel im Leiden und Sterben Jesu Christi. Weil Gottes Sohn wehrlos am Kreuz gestorben ist, kann missionarische Verkündigung nicht anders als im Raum der Freiwilligkeit erfolgen.

Gut und nötig ist auch das Dringen auf ein strategisches Vorgehen beim Gemeindebau. Endlich ist Schluss mit dem »konzeptionslosen Herumwursteln«![246] Dass beim Gemeindebau geplant und auf konkrete Ziele hingearbeitet wird, ist nicht mit einem problematischen Machbarkeitswahn gleichzusetzen. Der Blick auf die Missionstätigkeit des Paulus zeigt, dass er ganz strategisch vorgegangen ist, indem er eine Art von Zentrumsmission betrieb, die ihren Ausgang von wichtigen Städten nahm. Gleichzeitig war er jederzeit bereit, seine Pläne aufzugeben, wenn neue Einsichten dies erforderlich machten.

Auch die Betonung der Gemeinschaft in ihrer Bedeutung für das Christsein ist positiv hervorzuheben. Viel zu lange ist die evangelische Theologie von der abstrakten Denkfigur der einzelnen Seele und ihrem Gott ausgegangen und hat darüber die für den Glauben unverzichtbare ekklesiologische Dimension übersehen.

Schließlich sind die vielen praktischen Impulse, die die evangelistisch-missionarischen Gemeindeaufbaukonzeptionen enthalten, positiv hervorzuheben. Man spürt den Ansätzen ab, dass in der Praxis, in der Gemeinde vor

---

245 Siehe 6.4.2.
246 Schwarz und Schwarz (1985, S. 67), siehe auch Möller (1991, S. 88).

Ort, das Herz der Autoren schlägt. Die Kreativität, die viele Gemeindeaufbauaktivitäten auszeichnet, ist atemberaubend.

Neben diesen positiven Seiten möchte ich aber auch einige kritische Punkte nicht verschweigen. Ich frage mich, ob das den Konzeptionen zugrunde liegende Missions- beziehungsweise Evangelisationsverständnis nicht zu starr ist. Das Schema Sündenerkenntnis, Sündenbekenntnis und Bekehrung auf dem Weg zum christlichen Glauben ist zwar theologisch korrekt, kommt aber in der Realität nur selten vor. Michael Herbst unterscheidet mittlerweile zwischen dem Damaskus-, Emmaus- und Bartimäus-Weg. Mir ist auch diese Unterscheidung noch zu eng. Es gibt keinen Schematismus auf dem Weg zum Glauben, sondern so viele unterschiedliche Wege, wie es Menschen gibt.

Auch kommt es mir so vor, als würde das Kirchenverständnis in Richtung der reinen Gemeinde verschoben. Der biblisch-reformatorische Kirchenbegriff geht aber von einem »corpus permixtum« aus, einem Leib, zu dem Sünder und Gerechte gleichermaßen gehören. Diese Erkenntnis ist unerlässlich, um die Kirche vor Heuchelei und Gewaltherrschaft über die Seelen zu bewahren.

Mit dem Hang zu einer idealisierten Gemeindevorstellung hängt ein weiterer Kritikpunkt zusammen: Die evangelistisch-missionarischen Gemeindeaufbaukonzeptionen zielen allesamt auf das in der Gemeinde in seiner Freizeit voll engagierte Kirchenmitglied. Eine bestimmte Gestalt von Gemeinschaft droht zum dominierenden Kennzeichen der Kirche zu werden. Dagegen spricht schon ein Blick in den Alltag: Es gibt für die meisten Christen im Laufe des Lebens unterschiedliche Formen des Engagements in der Gemeinde. Ich verweise nur auf die Bedeutung von Kleinkindern oder die Rolle der Einarbeitung in eine neue Arbeitsstelle für das zur freien Verfügung stehende Zeitbudget. Reformatorische Spiritualität zeichnet sich von Anfang an durch eine »Begeisterung für das Alltägliche« aus. Diese Begeisterung zeigt sich darin, dass auch die Tätigkeit in der Familie und die Berufsarbeit als Gottesdienst verstanden werden – eben nicht nur das Engagement in der Kirchengemeinde. Gebet, Bibellese und Gottesdienstbesuch sind für ein vollgültiges Christsein hinreichend. Es darf nicht unter der Hand zu einem Zwei-Klassen-Christsein kommen, nämlich von solchen, die sich rund um die Uhr in Gemeindebelangen engagieren, und denen, die bloß am Gottesdienst teilnehmen.

Schließlich lässt sich bei den evangelistisch-missionarischen Gemeindeaufbaukonzepten zumindest eine problematische Tendenz zur Machbarkeit beobachten: Der Eindruck drängt sich auf, dass Gemeinde wächst, wenn nur bestimmte Regeln beim Gemeindeaufbau befolgt werden. Dahinter tritt die Erkenntnis zurück, dass Glaube immer unverfügbares Geschenk Gottes bleibt.

6.3.3 Der charismatische Ansatz: das Konzept der »geistlichen Gemeinde-Erneuerung«

Hintergrund und Charakteristika

Das Konzept der »geistlichen Gemeinde-Erneuerung« ist von der innerkirchlichen charismatischen Bewegung entwickelt worden.[247] Es geht von der charismatisch geprägten Geisterfahrung aus, interpretiert diese jedoch nicht wie die traditionelle Pfingstbewegung primär von ihrer Bedeutung für die Privatfrömmigkeit her, sondern ekklesiologisch. Dabei entspricht das charismatische Gemeindeaufbaukonzept dem Selbstverständnis der charismatischen Bewegung als innerkonfessioneller Erneuerungsbewegung. Auf dem Weg über die charismatische Erneuerung der bestehenden volks- und freikirchlichen Ortsgemeinden zielt es auf die »Erneuerung der Kirche aus dem Geist Gottes«.[248] Dahinter steht neben der bewussten Bejahung der jeweiligen Konfession die Einsicht, dass die Gründung einer eigenen charismatischen Kirche nur zu einer weiteren Spaltung des Leibes Jesu Christi führen würde. Bereits 1976 heißt es im Vorspruch der »Theologischen Leitlinien der Charismatischen Gemeinde-Erneuerung in der Evangelischen Kirche«, Würzburger Leitlinien genannt: »Die Charismatische Gemeinde-Erneuerung [die spätere GGE] ist eine geistliche Erweckungsbewegung innerhalb der Kirche [...] Insbesondere geht es ihr um den Aufbau lebendiger und missionarisch verantwortlicher Gemeinden.«[249] Auch die offiziellen Verlautbarungen der katholischen charismatischen Bewegung zeigen, dass sie primär eine Erneuerung der Ortsgemeinden intendiert.

Der Konzentration auf die Erneuerung der bestehenden Gemeinden korrespondiert die Entdeckung der Bedeutung der Charismen für den Gemeindeaufbau. Die Charismen werden nicht als »Machtgaben«, als Ausweis für persönliche Geistbegabung, sondern aufgrund ihrer »Funktion für den Aufbau des Reiches Gottes« als »Dienstgaben« verstanden. »Wo Gnadengaben im neutestamentlichen Verständnis, nämlich als Dienstgaben zum Aufbau des Leibes Christi (vgl. 1Kor 12) erbeten, empfangen und praktiziert werden, wächst [in Kirchengemeinden] bald ein Mitarbeiterkreis heran, der geistliche Verantwortung zu tragen vermag.«[250]

Die sogenannten Einführungskurse oder Grundkurse des Glaubens stellen die »Initiativ-Aktion« für den charismatischen Gemeindeaufbau in inner-

---

247 Das gilt für die charismatischen Bewegungen sowohl innerhalb der traditionellen Groß- als auch innerhalb der Freikirchen. Vgl. hier und im Folgenden Zimmerling (2018a, S. 212f.).
248 So der Titel des ersten von der Deutschen Bischofskonferenz anerkannten Papiers der innerkatholischen Bewegung von 1981.
249 Zit. nach Kopfermann (1983, S. 53).
250 Würzburger Leitlinien, abgedruckt in Kopfermann (1983, S. 21).

kirchlichen Bewegungen dar. Sie sollen die Konzentration der Charismen auf den Amtsträger überwinden helfen.[251] Bekannt und wirksam geworden sind in diesem Zusammenhang besonders die Anleitung zur charismatischen Grunderfahrung, die Heribert Mühlen zusammen mit evangelischen Autoren verfasst hat,[252] und Wolfram Kopfermanns »Grundkurs des Glaubens«.[253] Seit einigen Jahren werden auch die innerhalb der anglikanischen Kirche entstandenen »Alpha-Kurse« in Deutschland durchgeführt. Die Kurskonzeption wurde in einer Londoner Großstadtgemeinde entwickelt, um die sich ausbreitende Glaubenserosion der Gemeinde zu bekämpfen.[254] Der Kurs will über die Vermittlung von Grundelementen des christlichen Glaubens Menschen, die der Kirche fernstehen, einen Zugang zum Evangelium ermöglichen. Kernstück ist ein Wochenende zum Thema »Erfahrungen mit dem Heiligen Geist«, an dem den Teilnehmern und Teilnehmerinnen das Wesen des Geistes und seiner Wirkungen nahegebracht werden soll. In einem Gebetsgottesdienst wird um die Erfüllung mit dem Heiligen Geist gebetet. Nach dem Zeugnis vieler Teilnehmer spielt gerade das damit verbundene Erlebnismoment eine Schlüsselrolle für den Erfolg des Kurses.

Kritische Würdigung

Positiv hervorzuheben ist die Entdeckung der Bedeutung der Charismen für den Gemeindeaufbau. 1Kor 12-14 ist der wichtigste Beleg dafür, dass die paulinischen Gemeinden nicht vom Amt, sondern von den Charismen her strukturiert waren. Dass jedes Gemeindeglied begabt ist, stellt die Voraussetzung dafür dar, die reformatorische Erkenntnis des allgemeinen Priestertums in die Praxis umzusetzen.

Das charismatische Gemeindeaufbaukonzept weist allerdings zwei problematische Tendenzen auf: einmal die Tendenz, dass das ihm zugrunde liegende ekklesiologisch orientierte Charismenverständnis durch die Begeisterung für das Außerordentliche und Ekstatische überformt wird,[255] zum anderen die Tendenz innerkirchlicher Charismatiker, unabhängige Gemeinden zu gründen, wenn sich das eigene Gemeindekonzept im Rahmen der traditionellen Kirche nicht durchsetzen lässt.

---

251 Christenson (1989, S. 310).
252 Mühlen (1982, 1984).
253 Schindler (1975). Das Heft fußt nach Angaben der Autorin auf dem von Wolfram Kopfermann Anfang der 1980er Jahre in Hamburg entwickelten gleichnamigen Kurs.
254 Vgl. hier und im Folgenden Ranke (1977).
255 Möller (1990, S. 52 ff.).

6.3.4 Gemeindeaufbau durch Gemeindeneugründung – Churchplanting

Hintergründe und Eigenarten

Das Konzept des Gemeindeaufbaus durch Gemeindeneugründung wird in Deutschland verstärkt seit den 1980er Jahren praktiziert. Es handelt sich bei den Neugründungen um sehr unterschiedliche Phänomene. Zwar keine ausschließlich charismatische Erscheinung, lässt das Konzept Gemeindeaufbau durch Gemeindeneugründung sich doch im Bereich der charismatischen Bewegungen am häufigsten beobachten.[256] Eine herausragende Stelle unter den Gemeindegründungskonzepten nimmt das Konzept des US-Amerikaners C. Peter Wagner ein.[257] Dabei entstehen neue Gemeinden durch Abspaltungsprozesse, durch die Verselbstständigung von Gemeindegruppen, durch die gezielte Initiative einzelner Leitungspersönlichkeiten, als interkonfessionelles Kooperationsprojekt in missionarischen Nullpunktsituationen und als Ergebnis von Einwanderung und ethnisch-kultureller Verselbstständigung.[258] Dahinter stehen meist aus dem angelsächsischen Raum stammende Methoden. Diese werden zu regelrechten Programmen, ja Gemeindegründungsfahrplänen verknüpft und kommen in Deutschland meist zum Einsatz, ohne die flächendeckenden parochialen Kirchenstrukturen zu berücksichtigen.

Eine Ausnahme bildet das aus der anglikanischen Kirche stammende »Church Planting«, das seit Anfang der 1990er Jahre besonders im innerkirchlichen Raum in Deutschland Anhänger gefunden hat.[259] Charakteristisch für dieses Konzept ist, dass es an die parochialen Strukturen anknüpft. Wie bei den anderen angelsächsischen Gemeindegründungsbewegungen steht auch hinter dem Church Planting eine klare Konzeption. Ziel ist eine durch die Muttergemeinde initiierte Gründung einer Tochtergemeinde.[260] Für das Gründungsunternehmen wird ein geeignetes Team von Gemeindegliedern der Muttergemeinde ausgewählt. Die neue Gründung ist entweder mehr geografisch ausgerichtet und bezieht sich auf einen Orts- oder Stadtteil, der bisher kirchlich unterversorgt war. Oder aber die neue Gründung ist mehr soziologisch ausgerichtet und richtet sich an eine bestimmte Bevölkerungsgruppe, die bisher in der Gemeinde nicht repräsentiert oder unterrepräsentiert war. Im Gefolge einer Befragung der Bewohnerinnen und Bewohner des für die Gemeindegründung ins Auge gefassten Stadtteils

---

256 So Hempelmann (1993, S. 129).
257 Wagner (1990).
258 Einzelheiten dazu in Zimmerling (2018a, S. 218–236).
259 Vgl. dazu im Folgenden Anderson und Hopkins (1991); Carey (1992); Pytches und Skinner (1992) und Hopkins (1996); vgl. auch den Bericht von Löwe (1994, S. 24 f.).
260 Vgl. hier und im Folgenden Schlaudraff (1997, 20–23).

beziehungsweise der Mitglieder der jeweiligen Zielgruppe nach den Gründen, warum sie bisher nicht zum Gottesdienst gekommen sind, entstehen persönliche Beziehungen zwischen dem Gründungsteam und den Gründungsadressaten. Danach wird ein Versammlungsraum an einem säkularen Ort gemietet. Es werden Gruppen und Hauskreise aufgebaut, man plant ein soziales Projekt und beginnt, regelmäßig Gottesdienste zu feiern. Daraus kann in der Folgezeit eine eigene Gemeinde entstehen.

Kritische Würdigung

Am Gemeindeneugründungskonzept C. Peter Wagners lassen sich sowohl Kritikpunkte als auch positive Herausforderungen sehr schön herausarbeiten. Die wenigen theologischen Gründe, die für das Konzept angeführt werden, fallen nicht ins Gewicht. Dafür spielen angeblich statistisch belegbare Effektivitätsgründe eine umso größere Rolle: Gemeindeneugründungen sollen einen effektiveren Gemeindeaufbau als die anderen Konzepte ermöglichen. Ein Postulat, das sich bei näherem Hinsehen als wenig stichhaltig erweist, weil neue Gemeinden ihre Mitglieder meist dem Transferwachstum, das heißt dem Mitgliederwechsel aus anderen Gemeinden verdanken. Die Gründe für die Gemeindeneugründungen sind an anderer Stelle zu suchen. Sie liegen in Deutschland in der Lockerung oder im Fehlen der kirchlichen Bindungen in großstädtischen oder von Pietismus und Erweckungsbewegung geprägten ländlichen Gebieten und in Trends postmoderner Zivilisation, denen diese Gemeindegründungen besser als herkömmliche groß- und freikirchliche Gemeinden entsprechen. Zu diesen Trends gehören zunehmender Individualismus, Schwund an Bindekraft vorgegebener Institutionen, Traditionsabbrüche, wachsende Mobilität, Pluralisierung der Frömmigkeit und Globalisierung des Lebens.

Auch das hinter dem Gemeindegründungskonzept Wagners sichtbar werdende Geistverständnis wirft eine Reihe von Fragen auf. Ein primär auf Effektivität ausgerichtetes Verständnis des Geisteswirkens bahnt einem triumphalistischen Geistverständnis den Weg. Wer den Geist als Kraft zur Durchführung von Gemeindegründungsfahrplänen versteht, verwechselt den Geist Gottes mit Gemeindegründungsbegeisterung. Ein nicht ausreichend christologisch rückbezogenes Geistverständnis führt zum Verlust der Tendenz des Geisteswirkens zum Schwachen hin.[261] Zum Ziel des Gemeindeaufbaus wird die unabhängige Megagemeinde. Viele Gemeindegründer zeigen wenig Sensibilität für die Aus-

---

261 Vgl. in diesem Zusammenhang Plathow (1985, S. 13 ff.), der seine Überlegungen zum Heiligen Geist auf der Grundlage einer »pneumatologia crucis« entwickelt.

wirkungen ihres Programms auf bereits vorhandene – eventuell kleine und schwache – Gemeinden.

Ein weiteres Defizit von Wagners Konzeption besteht darin, dass es nirgends ein Eintreten für die Einheit der christlichen Gemeinde erkennen lässt. Das ist in ökumenischer Hinsicht eine Katastrophe. Die vorhandenen Kirchen und Freikirchen kommen höchstens als Negativfolie für die neuen Gemeindegründungen in den Blick. Nach dem Neuen Testament ist die Einheit der christlichen Gemeinde Teil des Testaments Jesu an seine Jünger: »Dass sie alle eins seien« (Joh 17,21). Darum hat Paulus um den Erhalt der Einheit der Urchristenheit unter Einsatz seines Lebens gekämpft (vgl. dazu den Bericht von seiner letzten Reise nach Jerusalem in Apg 20 ff.).

Schließlich erweist sich auch in ekklesiologischer Hinsicht das Konzept des Gemeindewachstums durch Gemeindeneugründung als ambivalentes Phänomen. Einerseits können neue Gemeinden eine Hilfe auf dem Weg zu einer neuen Inkulturation des Evangeliums in einer veränderten gesellschaftlichen Situation sein. Mit ihrer Betonung sowohl des subjektiven Glaubens – etwa durch das Angebot von Entscheidungsriten – als auch der Gemeinschaft der Gemeindeglieder untereinander stellen sie ein Gegengewicht gegenüber der fortschreitenden Verdunstung kirchlicher Traditionen dar. Die berechtigte postmoderne Sehnsucht nach Glaubenserfahrungen wird durch die Einbindung von Erfahrungsebenen in die Frömmigkeit befriedigt. Die partizipatorische Gemeindestruktur neuer Gemeinden entspricht besser dem Klima unserer demokratischen Gesellschaft, in der alle zur Mitverantwortung und Mitsprache aufgefordert sind, als die herkömmliche volks- beziehungsweise freikirchliche monarchische Gemeindestruktur mit Pfarrer beziehungsweise Pastorin an der Spitze. Andererseits scheint es, als würden viele Vertreter der Gemeindegründungskonzeption den Heiligen Geist als traditionsloses Erneuerungsprinzip einer individualistischen Erlebnisfrömmigkeit missverstehen – ohne Rücksicht auf bereits vorhandene Gemeinden.

Trotz dieser problematischen Aspekte der Gemeindeneugründungskonzepte täten traditionelle Kirchen und Freikirchen gut daran, sich den entsprechenden Herausforderungen zu stellen. Häufig vermittelt die evangelische Kirche den Eindruck, dass die institutionellen Beharrungskräfte in ihr so stark sind, dass die erneuernde Kraft des Geistes im Hinblick auf die institutionelle Gestalt nicht zum Zuge kommt. Der frühere Praktische Theologe Eberhard Winkler aus Halle spricht in diesem Zusammenhang zu Recht von einer Vernachlässigung des erneuernden Potenzials der geglaubten Kirche gegenüber der vorfindlichen Kirche.[262] Inzwischen besteht in einer Reihe von Landeskirchen die Möglich-

---

262 Winkler (1997, S. 18 f.).

keit, unterschiedliche Gemeindeformen als Ergänzung zur Parochialstruktur zu erproben. Neben Gemeindegründungen im Sinne des anglikanischen »Church Planting« sind Richtungs-, Mentalitäts-, Personalgemeinden, Kommunitäten, sogenannte Erprobungsräume und anderes möglich. Ich schlage vor, sie als temporäre Sozialgestalten von Gemeinde zu verstehen. Sie sollten, wenn ihre Zeit abgelaufen ist, neuen, zeitgemäßeren Gestalten Platz machen. Mir erscheint CA 7, wo ausdrücklich gesagt wird, dass für die Einheit der Kirche keine Übereinstimmung in Zeremonialfragen nötig ist, in dieser Weise auslegbar. Damit soll nicht bestritten werden, dass die Ordnung und Gestalt der Kirche – wie es Barmen 3 hervorhebt – zeugnisfähig und -pflichtig ist, also keineswegs beliebig sein kann, sondern ihre Norm vom Evangelium her empfängt.

Hinter diesen Überlegungen, die für eine Öffnung der Parochie in Richtung auf andere Sozialgestalten von Kirche plädieren, steht das auch auf die Ebene der einzelnen Konfession angewandte ökumenische Modell der Konziliarität.[263] Es geht davon aus, dass es auch in einer einzelnen Konfession eine Vielfalt theologischer Überzeugungen und Frömmigkeitsformen geben darf. Das Modell bietet die Chance, dass theologisch unterschiedlich geprägte Gemeinden ihre Anliegen in die Gesamtkirche einbringen können, ohne dass es zu einer Verabsolutierung der jeweiligen Spiritualität kommt. Das Modell lässt auch die Gründung neuer Gemeinden in unterschiedlichen Formen zu, ohne den Erhalt der institutionellen Einheit der vorgegebenen Konfessionen preiszugeben.

6.4 Vermittlungskonzepte

Wir sahen: Die volkskirchlichen Gemeindeaufbaukonzepte gehen von der vorhandenen, geschichtlich gewachsenen Gestalt der Kirche aus, ohne diese grundsätzlich verändern zu wollen. Demgegenüber sind die missionarischen Modelle von dem Versuch geprägt, die vorhandene Kirche strukturell und inhaltlich zu verändern und sie insgesamt in eine missionarische Bewegung zu bringen. Dabei kann das »Missionarische« in den einzelnen Konzeptionen sehr unterschiedlich interpretiert werden. Drei weitere Konzepte möchte ich vorstellen, die zwischen den bisher dargestellten vermitteln wollen: Das erste versucht, die volkskirchliche und die missionarische Perspektive miteinander zu verbinden. Das zweite Konzept wird sowohl von Vertretern des volkskirchlichen als auch des missionarischen Ansatzes als integrierbar in ihr Modell verstanden. Das dritte und jüngste Konzept stammt aus der Kirche von England.

---

263 Vgl. dazu Kirchner, Planer-Friedrich, Sens und Ziemer (1984, S. 185 ff.).

6.4.1 Die »Doppelstrategie« der VELKD

Zum Konzept

1983 veröffentlichte der Theologische Ausschuss der VELKD eine Studie unter dem Titel »Zur Entwicklung von Kirchenmitgliedschaft – Aspekte einer missionarischen Doppelstrategie«.[264] Diese Studie ist nicht zuletzt deshalb bedeutsam, weil sie zur Gründung eines eigenen Instituts der VELKD führte, das dafür sorgen sollte, diese Doppelstrategie zu verbreiten: das damalige Gemeindekolleg zunächst seit 1986 in Celle und von 2008 bis 2022 in Neudietendorf.

Doppelstrategie bedeutet, dass Offenheit und Verbindlichkeit gleichermaßen Kennzeichen der Kirche sind. Deshalb ist es in der Praxis wichtig, dass die Kirche sowohl als ganze als auch jede Ortsgemeinde verdichtende und öffnende Arbeitsformen aufweist. *Öffnende Formen* sind durch niedrigere Eingangsschwellen geprägt. Hierher gehören z. B. auf der Ebene der Gesamtkirche Tagungen in den evangelischen Akademien zu unterschiedlichsten politischen und lebenspraktischen Themen. Auf der Ebene der Ortsgemeinde ist hier an Gemeindefeste und Gottesdienste zu besonderen Anlässen und Jubiläen (z. B. zur Einschulung oder zum Jubiläum der Freiwilligen Feuerwehr) zu denken. Dabei werden öffentliche Feste beziehungsweise volkstümliche Traditionen aufgegriffen und einbezogen. Sie ermöglichen eine Teilnahme am kirchlichen Leben aus der Zuschauerhaltung oder auf Probe. Mit dem Plädoyer für öffnende Formen knüpfte die Doppelstrategie der VELKD an die vorhandene volkskirchliche Realität an und nahm Rücksicht auf den losen Bindungsgrad des überwiegenden Teils der Kirchenmitglieder.

Zu den öffnenden Arbeitsformen sollen verdichtende Arbeits- und Lebensformen treten: Glaubenskurse, Bibelseminare und Unterrichtsmodelle. Sie haben die Aufgabe, erfahrbar zu machen, dass der Glaube etwas »persönlich Empfangenes und Anvertrautes« ist. Es geht in ihnen darum, dass der Glaube im persönlichen Leben Gestalt gewinnt, der einzelne Christ in die Gemeinschaft der Glaubenden eingebunden und zum Reden über seinen Glauben befähigt wird.

Praktisch umgesetzt wurde die »Doppelstrategie« der VELKD durch den »projektorientierten Gemeindeaufbau« des erwähnten Gemeindekollegs in Celle.[265] Bekannt geworden ist das in unterschiedlichen Kirchenkreisen durchgeführte Projekt »Neu anfangen. Christen laden ein zum Gespräch«. Dabei sollten möglichst viele Menschen einer Region in Kontakt mit Christen kommen und durch eine persönliche Begegnung neue Zugänge zum Glauben und zur

---

264 VELKD (1983).
265 Seiferlein (1996).

Gemeinde finden. Das Telefon fungierte als erste Kontaktbrücke: Vier Wochen lang wurden aus den Gemeindehäusern eines Kirchenbezirks möglichst alle Einwohner der Region angerufen. Dabei wurde ein – regional konzipiertes – Taschenbuch angeboten und den interessierten Menschen ins Haus gebracht. Beim Zweitanruf, diesmal nur bei den am Buch Interessierten, wurde zu Gesprächsrunden eingeladen, die in Wohnzimmern der Nachbarschaft stattfanden. Das Projekt benötigte einen finanziellen Grundstock, setzte ein ökumenisches Leitungsteam voraus und verlangte Sensibilität für die Frage, was nach der Aktion aus den neu Interessierten werden sollte. Die Aktion »Neu anfangen« wurde normalerweise von den Medien einer Region begleitet und auf diese Weise bekannt gemacht.

Kritische Würdigung

Schon der Titel der VELKD-Studie »Zur Entwicklung der Kirchenmitgliedschaft – Aspekte einer missionarischen Doppelstrategie« drückte aus, dass die Konzeption sich um einen Brückenschlag zwischen den volkskirchlichen und den missionarischen Gemeindeaufbaumodellen bemühte. Einerseits ging es um das eminent volkskirchliche Anliegen, die Kirchenmitgliedschaft zu stabilisieren. Andererseits sollten durch missionarische Strategien neue Menschen für den Glauben und die Kirche gewonnen werden.

Die Plausibilität dieses Ansatzes lag in seiner Realitätsnähe. In der Kirche gibt es ein sehr unterschiedliches Mitgliedschaftsverhalten – und das wird auch angesichts einer weiteren Abnahme der Kirchenmitglieder so bleiben. Das zeigen die EKD-Umfragen aus den vergangenen Jahrzehnten: Trotz Austritt der Nichtverbundenen bildet sich immer wieder neu eine entsprechend große Gruppe von Austrittswilligen an den Rändern der Kirche. Auch der Blick auf die traditionellen Freikirchen lässt erkennen, dass deren Mitglieder eine unterschiedliche Partizipation am Gemeindeleben aufweisen. Die hohe Verbundenheit aus der Gründungszeit differenziert sich im Lauf der Generationen aus.

Positiv war auch der Ansatzpunkt der »missionarischen Doppelstrategie«: Voraussetzung jedes Gemeindeaufbaus ist, zunächst einmal zu eruieren, welche öffnenden und verdichtenden Arbeitsformen in einer Gemeinde vorhanden sind.

Ein Vorteil der VELKD-Projekte war schließlich: Es gab für sie eine hilfreiche Adresse und Struktur: Gemeindeteams waren nicht allein auf sich gestellt, sondern wurden für kleinere oder größere Projekte von Celle aus angeleitet und standen im Kontakt zu anderen Teams. Außerdem sorgte die Projektstruktur für eine zeitliche Befristung der Aktivitäten. Der besondere Einsatz war zu einem bestimmten Zeitpunkt wieder zu Ende. So konnte auch eine kleinere Gemeinde mit wenigen Mitarbeitenden sich auf ein Gemeindeaufbauprojekt wie »Neu anfangen« einlassen.

6.4.2 Betriebswirtschaftlich orientierte Ansätze

Voraussetzungen, Inhalte, Ziele

Betriebswirtschaftlich orientierte Ansätze des Gemeindeaufbaus sind seit den 1990er Jahren bekannt geworden. Eine herausragende Stellung nahm dabei das »Evangelische München-Programm« ein.[266] Ausgangspunkt war die Erfahrung, dass sich die Kirche im Blick auf die Stellung der Mitglieder zur Kirche und im Blick auf ihre mangelhafte Professionalität in der Vertretung ihrer Sache in einer Krise befand. Peter Barrenstein, regionaler Direktor der renommierten Wirtschaftsberatungsfirma McKinsey, Kirchenvorsteher in einer Münchener Gemeinde, unterbreitete dem Dekanat München das Angebot zu einer unentgeltlichen Beratung der Kirche. Das Angebot wurde angenommen und nicht nur in einer Gemeinde, sondern in einer großen kirchlichen Region durchgeführt.

Neben dem Evangelischen München-Programm gewann das sogenannte »Spirituelle Gemeindemanagement« eine größere Breitenwirkung. Michael Herbst entwickelte diese Gemeindeaufbaukonzeption Ende der 1990er Jahre zusammen mit dem späteren Pommerschen Bischof Hans-Jürgen Abromeit und dem Diplom-Kaufmann Klaus-Martin Strunk.[267] Herbst definierte das Konzept als den Versuch, »Spiritualität, Gemeindeaufbau und Methoden des Marketing in Non-Profit-Organisationen miteinander zu verknüpfen, um gerade so Pfarrerinnen und Pfarrern das nötige Rüstzeug für die anspruchsvolle Arbeit in spätvolkskirchlicher Zeit zu geben«.[268] Das Konzept war primär gemeindepraktisch ausgerichtet, was sich daran zeigte, dass es als Maßnahme einer Langzeitweiterbildung von Pfarrerinnen und Pfarrern konzipiert wurde. Längere Zeit wurde es sowohl im Pastoralkolleg der Westfälischen Kirche als auch in Greifswald im Rahmen des von Michael Herbst und Jörg Ohlemacher gegründeten »Instituts zur Erforschung von Evangelisation und Gemeindeentwicklung« als Zwei-Jahres-Kurs beziehungsweise in kompakter Form in der Zeitspanne eines Sabbaticals angeboten.

Die betriebswirtschaftlichen Gemeindeaufbaukonzeptionen gehen – so unterschiedlich ihre Autoren in theologischer Hinsicht sein mögen – allesamt von der Überzeugung aus, dass die Gesetze des Marktes und der Wirtschaft nicht nur eine Negativfolie darstellen, von der sich die Kirche abgrenzen muss. Vielmehr gibt es bei allen Unterschieden so viele Ähnlichkeiten zwischen Wirtschaft und Kirche, dass die Kirche aus den Erfahrungen der Wirtschaft lernen kann.

---

266 Vgl. Lindner (1997).
267 Grundlegendes Buch: »Spirituelles Gemeindemanagement« (Abromeit/Böhlemann/Herbst/Strunk 2001).
268 Herbst (2003, S. 178–198).

Und zwar in zweierlei Weise: zuerst durch Methoden des Marketings, also der Werbung für Produkte und um Kunden, durch das Aufschließen der Bedürfnisse der Kunden und die Orientierung an deren Bedürfnissen; sodann durch Methoden des Managements, also einer effizienten Leitung und Organisationsentwicklung, die dem Ganzen dienlich ist.

1973 veröffentlichte der damalige Hamburger Rundfunkpfarrer Waldemar Wilken ein Buch mit dem Titel »Ein Betrieb namens Kirche. Menschenführung in Kirche und Gemeinde«.[269] Darin vertritt er die These, dass viele innerkirchliche Probleme den Schwierigkeiten in Großbetrieben gleichen. Es sind vor allem Probleme der »Menschenführung«, wenn Informationen nicht weitergegeben werden oder wenn die Beziehungen zwischen Mitarbeitern nicht stimmen usw.

Für die Bewältigung solcher Probleme empfiehlt Wilken Einsichten des sogenannten »Human Resources Managements«, das seit Ende der 1960er Jahre als »Harzburger Modell« bekannt geworden ist. Im Zentrum des Harzburger Modells stehen die im Betrieb arbeitenden Menschen, deren Fähigkeiten der Manager so fördern soll, dass das Unternehmen erfolgreich arbeitet. Dazu hilft ein personenorientierter Führungsstil: Beachten der Bedürfnisse der Mitarbeitenden, Delegieren von Aufgaben, Ausführung der Aufgaben koordinieren, Erfolg kontrollieren. Wichtig ist dabei die Bedeutung der Motivation und der Anerkennung, die der Manager seinen Mitarbeitern übermittelt. Das Menschenbild, das hinter diesem Konzept steht, ist relativ eng zweckrational ausgerichtet, und die innerbetriebliche Struktur, die hier vorgeschlagen wird, setzt eindeutige Unter- und Überordnungsverhältnisse voraus. So geht Wilken selbstverständlich davon aus, dass der Pfarrer als beamteter Leiter eine »autoritative Stellung« innehat.[270]

Im Unterschied dazu greift Günter Breitenbach, auch er Autor eines grundlegenden Buches über »Gemeindeleitung«, etwa zehn Jahre später auf ein anderes betriebswirtschaftliches Theoriekonzept zurück, das »St. Galler Management-Modell«. Dieses Modell geht vom Systemgedanken aus und beschreibt die Mitarbeitenden eher als selbstverantwortliche Menschen, denen mit einem Maxi-

---

269 Eines der ersten Bücher war »Ein Betrieb namens Kirche« (Wilken 1973); zu den frühen Versuchen gehörten auch »Wie führe ich eine Kirchengemeinde?« (Perels 1990) und »Gemeinde leiten« (Breitenbach 1994). Relativ bekannt geworden ist die Aufsatzsammlung »Vom Klingelbeutel zum Profitcenter« (Brummer/Nethöfel 1997). Praktisch ausgerichtet ist das »Handbuch Führungspraxis Kirche« (Höhner/Höhner 1999). Es enthält eine Fülle von Tipps für »Selbstmanagement«, Sitzungsleitung, Konfliktbewältigungsstrategien etc.

270 Die Bundeswehr hat aus dem Harzburger Modell der Menschenführung ihr Konzept der »inneren Führung« abgeleitet – also ein Konzept in einem eindeutig hierarchisch/autoritativ strukturierten Unternehmen.

mum an dezentralen Strukturen am besten gedient ist – und damit auch dem Unternehmen Kirche! Es geht hier um ein »konsensorientiertes Management«, das sich mit den eher partnerschaftlich orientierten Gemeindebildern nach dem Modell des Leibes Christi besser vermitteln lässt. Leitbilder von Gemeinde als »konziliarer Lerngemeinschaft« werden dadurch auch betriebswirtschaftlich integrierbar. Das St. Galler Management-Modell hat die Aufnahme betriebswirtschaftlicher Theorien in das Nachdenken über Kirche wesentlich erleichtert.

Die verschiedenen betriebswirtschaftlichen Gemeindeaufbaukonzeptionen gehen allesamt davon aus, dass es notwendig ist, die Kirche als »Unternehmen« zu verstehen. Kirche kann in einer marktwirtschaftlichen Situation gar nicht anders, als sich auf den »Markt« einzustellen und auf ihm die ihr eigene Sache zu »kommunizieren«. In der kirchlichen Praxis haben sich diese betriebswirtschaftlichen Ansätze in dreifacher Weise ausgewirkt: einmal in groß angelegten Werbeinitiativen einzelner kirchlicher Regionen (z. B. Kölner Initiative »Misch dich ein«; EKD-Programm »Brücken bauen«); zum anderen in Managementkonzepten für die Kirche wie im München-Programm; zum Dritten in Versuchen mit einer veränderten, transparenteren, sogenannten »wirtschaftlichen« Rechnungsführung, z. B. in der Württembergischen Landeskirche.

Der Grund, wieso ich die betriebswirtschaftlich orientierten Ansätze zum Gemeindeaufbau zu den Vermittlungskonzepten rechne, ist folgender: Sowohl eher liberale, pragmatisch argumentierende Theologen wie Wolfgang Nethöfel als auch eher evangelikal denkende Theologen wie Michael Herbst sind der Ansicht, dass man sich solcher Theorien bedienen könne. Dabei will Herbst zwischen wirtschaftlichem Modell und Evangelium unterscheiden, also nur die Form effektiver Strukturen nutzen, den Inhalt aber unveränderlich-eigenständig festhalten. Die Kirche sei heute nicht länger im alten Stil als eine staatsanaloge Behörde obrigkeitlicher Art zu verstehen, sondern als Unternehmen. Sie hat das alte Evangelium zu bezeugen und gleichzeitig an die Bedürfnisse der Menschen anzuknüpfen.

Kritische Würdigung

Die betriebswirtschaftlichen Gemeindeaufbaukonzeptionen machen im Prinzip etwas Ähnliches, was in den 1970er Jahren bei der Rezeption psychologischer oder pädagogischer und in den 1980er und 1990er Jahren bei der Integration soziologischer Erkenntnisse in Theologie und Kirche geschehen ist.[271] Eine solche

---

271 Viele der folgenden Einsichten verdanke ich meinem früheren Kollegen und Freund Prof. Dr. Wolfgang Ratzmann, Leipzig.

Außenperspektive kann hilfreich sein und neue Gesichtspunkte zutage fördern – sie kann aber auch Kirche und Theologie überfremden, weil alle diese Theorien, Modelle und Methoden, so einleuchtend sie zunächst scheinen mögen, immer auch ein bestimmtes Bild der Welt und vom Menschen transportieren, das man sich bewusst machen muss. Auch die Betriebswirtschaftslehre (beziehungsweise ihre einzelnen Managementtheorien) vermittelt bestimmte Welt- und Menschenbilder (siehe das St. Galler und das Harzburger Modell), deren Angemessenheit dem Evangelium gegenüber immer wieder überprüft werden sollte.

Nachdem in den 1990er Jahren um die Übernahme von betriebswirtschaftlichen Einsichten in Theologie und Kirche leidenschaftlich diskutiert wurde, nicht nur im kirchlichen Raum, sondern auch in den großen Tageszeitungen, ist inzwischen der Pulverdampf verzogen und eine nüchterne Bewertung möglich geworden. Die entscheidende Frage bei der Übernahme betriebswirtschaftlicher Theorien ist, ob sich die Sache der Kirche (das Evangelium) und die Wirtschaftsperspektive nicht vom Ansatz her ausschließen: Während die Wirtschaft ihre Produkte rein kundenorientiert herstellt, leben Theologie und Kirche von einer Vorgabe, die mit menschlichen Bedürfnissen nicht ohne Weiteres identifiziert werden kann (z. B. 1Kor 1,18: »Das Wort vom Kreuz ist eine Torheit ...«). Michael Nüchtern äußerte deshalb die Befürchtung, »dass die Kirche die notwendige Fremdheit ihrer Botschaft preisgibt und sich an die Bedürfnisse der Menschen verkauft: An die Stelle der Orientierung an der Wahrheitsfrage träte die Orientierung am Absatz der Waren [...]«[272] Dagegen argumentierte Wolfgang Nethöfel, man dürfe nicht auf die typischen »sakralen Fehlschlüsse« verfallen und mit dem Ärgernis des Kreuzes alles ärgerliche Fehlverhalten sanktionieren.[273] Ich selbst meine, dass es kein reines Entweder-oder gibt. Kirche ist auch eine weltliche Organisation, die von allem profitieren sollte, was ihrer sinnvollen Organisation dienen kann. Um den Ort des Marktes und bestimmte Strategien des Marktes kommt die Kirche in der deutschen Gesellschaft, wenn sie überleben will, nicht herum. Sie muss aber darauf achten, dass die Gesetze des Marktes nicht zur grundlegenden Maxime ihres Handelns werden. Mindestens an vier Stellen ist die Übertragung der betriebswirtschaftlichen Perspektive auf Kirche und Theologie kritisch zu hinterfragen.[274]

1. Kirche konstituiert sich dort, wo Menschen – vermittelt durch das biblische Wort und die Sakramente – an Jesus Christus glauben. Sie ist nach reforma-

---

272 Nüchtern (1997, S. 70).
273 Nethöfel (1997, S. 19).
274 Vgl. im Folgenden Weymann (2003).

torischem Verständnis Geschöpf des Wortes Gottes. Als »creatura verbi« verdankt sie sich letztlich nicht ihren eigenen Anstrengungen. Es gibt zwar viele Handlungen in der Kirche, die sich planen und auch abrechnen lassen. Aber die Kirche lebt nicht nur von ihren Handlungen, sondern grundlegend aus einer »kreativen Passivität«: eben aus dem Hören auf das biblische Wort, aus dem offenen Empfangen der Zeichen der Gnade Gottes. Die dafür nötigen kirchlichen Handlungen lassen sich zwar benennen und optimieren, sie können aber den Glauben nicht erzwingen. Gott schenkt Menschen Glauben durch Wort und Sakrament, wo und wann er will: »ubi et quando visum est deo« (CA V).

2. Unter der Managementperspektive wird oft die Frage nach der Effizienz bestimmter Handlungen und nach der Plausibilität von Überzeugungen gestellt. Eine auf Effizienzsteigerung setzende Kirche steht in Gefahr, dass die Frage nach der Wahrheit zurücktritt und die Frage nach dem Nutzen vorherrschend wird: Wem nützt es, was ist relevant? Unter einem solchen permanenten Anpassungsdruck der Plausibilität und Effizienz kann sich die Kirche um ihre eigene Wahrheit bringen. Das Evangelium muss anstößig bleiben, Menschen nicht primär beruhigen, sondern zuvor aufschrecken und aufregen.

3. Bei der von der Betriebswirtschaft empfohlenen Personalführung müssen auch die inhaltlichen Kriterien zur Anwendung kommen, denen die Kirche vom Evangelium her verpflichtet ist: die Rechtfertigungslehre und damit die Unterscheidung von Person und Werk (der »Untergebene« wird nicht einfach mit seinen Taten identifiziert, sondern als Person von ihnen unterschieden); die sachbezogene offene Kritik, aber auch Vertrauen und Ermutigung zu den in der Person liegenden Kräften und Begabungen; die Solidarität derer, die nicht hierarchisch im Wert voneinander unterschieden sind, sondern die nur auf Zeit unterschiedliche Funktionen ausüben – auf der Basis der gemeinsamen Taufe und der gemeinsamen Ordination; das Rechnen mit dem (eventuell ganz anderen) Urteil Gottes statt meines eigenen Selbsturteils oder des Urteils des Vorgesetzten.

4. Bei allem Verständnis dafür, dass sich Mitarbeiter mit ihrem »Betrieb« identifizieren sollen (Corporate Identity), muss im Blick bleiben, dass die Kirche nicht mit sich selbst identisch ist, sondern dass sie ihre Identität aus ihrer Christusbeziehung gewinnt. Insofern darf es durchaus kritische Stimmen zur real existierenden Kirche geben. Eine unkritische Zustimmung zur Kirche kann – bei aller Notwendigkeit, sich mit ihr zu identifizieren und sie nach außen zu vertreten – nicht immer erwartet werden.

6.4.3 Fresh X – eine neue Form von Gemeinde
(von Martin Henninger, Frankenthal)

Was ist und was will »Fresh Expression of Church«?

»Die Kirche von England bekennt den Glauben, wie er einzigartig in der Hl. Schrift offenbart und weitergeschrieben wurde in den Bekenntnissen; die Kirche ist berufen, diesen Glauben jeder Generation auf neue Weise [›afresh‹] zu verkündigen.«[275] In dieser Formulierung aus dem Ordinationsversprechen der anglikanischen Priester liegt die Wurzel des Begriffes »fresh expressions«. Sie verweist auf einen doppelten Auftrag: Bewahrung der Tradition der anglikanischen Kirche, verbunden mit dem Bezug zur Gegenwart, in der Bibel und Tradition »afresh«, das heißt aktuell und kontextuell, vermittelt werden. Die Begründung für diesen Ansatz liegt im Selbstverständnis der anglikanischen Kirche, Kirche für alle zu sein.[276] Der Begriff »fresh expressions« nimmt diese Spannung auf: »Der Begriff frisch [›afresh‹] [...] weist darauf hin, dass etwas Neues und Lebendiges geschieht, dies jedoch in Verbindung zur Geschichte und zur sich weiter entwickelnden Erzählung von Gottes Tun in der Welt.«[277]

»Fresh X« ist die in Deutschland verbreitete Kurzform für das, was im englischen Sprachraum »Fresh Expressions of Church« genannt wird. Nicht jede kreative Idee ist jedoch eine Fresh X. Die Definition von Fresh Expressions lautet: »Eine *fresh expresssion* ist eine neue Form von Gemeinde für unsere sich verändernde Kultur, die primär für Menschen gegründet wird, die noch keinen Bezug zu Kirche und Gemeinde haben. Sie entsteht dort, wo Menschen auf Gott hören, sich der Lebenswelt anderer zuwenden, ihnen liebevoll dienen, das Evangelium verkörpern und andere in die Nachfolge Jesu führen. Sie hat das Potential, eine vitale Form von Gemeinde zu werden. Dabei wird sie geformt durch das Evangelium und die grundlegenden Merkmale von Kirche. Gleichzeitig ist sie relevant für ihren kulturellen Kontext.«[278] Bei Fresh X geht es um einen grundsätzlichen Wechsel der Blickrichtung. Traditionell gilt, auch wenn die Werbeanstrengungen unterschiedlich ausfallen: Gemeinde lädt zu sich ein. Das Problem dabei: Jede Gemeinde hat eine sehr spezielle Kultur, ein spezielles Milieu, das nicht für jeden passt.

Für Fresh X ist eine andere Bewegung grundlegend. Fresh X lädt ein: 1. zu einer Umkehrung der Blickrichtung: Nicht mehr: Kommt zu uns, denn wir wissen, was gut für euch ist und wie Glaube gelebt wird. Stattdessen gilt das »inkarna-

---
275 Harrold und Moynagh (2012, S. XII).
276 Hull (2006, S. 35).
277 Hull (2006, S. 34).
278 Weimer (2016, S. 31).

torische« Prinzip:[279] Wie Jesus Mensch wurde und sich auf unsere Welt einließ, so gehen auch Christen aus der Kirche hinaus und erkunden mit den Menschen draußen, was Glaube für sie in ihrer Situation bedeuten könnte. 2. zu einem neuen Gemeindeverständnis: Gemeinde ist nicht mehr die Parochie oder, im Falle einer Freikirche, die gottesdienstliche Versammlung derer, die Mitglieder sind. Gemeinde ist dort, wo Menschen sich treffen, um über ihren Glauben nachzudenken: Im Zug, im Schulhaus, im Cafè, an der Uni. Es wird nicht erwartet, dass man sich darüber hinaus an den traditionellen Gottesdiensten beteiligt. Gemeinde wird zum Netzwerk. 3. zu neuen Gottesdienstzeiten: Die Zeit zum Treffen muss nicht der Sonntag sein. Am Freitagmorgen im Pendlerzug nach London ist auch eine Möglichkeit. 4. zu einer Überwindung der Denominationen: Traditionelle Denominationen spielen für das Programm (fast) keine Rolle mehr.

Nach Moynagh[280] zeichnet sich Kirche dadurch aus, dass sie Beziehungsqualität in vier Richtungen lebt: woher (Tradition), hinein (Gemeinschaft der Gemeinde), hinauf zu Gott (Spiritualität), hinaus in die Welt (Mission). Diese vier Dimensionen sind gleichermaßen wichtig. Vielen Gemeinden fehlt jedoch die Dimension des »Hinaus«. Dies wirft die Frage auf: Wie kommt eine Kirche wie die Church of England dazu, sich diesem neuen Ansatz zu öffnen?

Kirche im Kontext einer sich verändernden Gesellschaft

1. Wahrnehmung gesellschaftlicher Veränderungen
Was wir heute Fresh Expressions nennen, hat seinen Ursprung in dem Grundsatzpapier »Mission Shaped Church. Church Planting and Fresh Expressions of Church in a Changing Context«, das 2004 der Generalsynode der Church of England vorgelegt wurde. Auch wenn sich Fresh Expressions inzwischen in allen Kirchen des Vereinigten Königreichs finden, ist festzuhalten, dass der Begriff zunächst einmal die spezifische Situation und die neuen Herausforderungen der Church of England im Blick hat. Indem Fresh X jedoch die gesellschaftlichen Veränderungen der letzten dreißig bis vierzig Jahre, deren Auswirkungen für alle Kirchen zunehmend sichtbar werden, wahr- und aufnimmt, wird es auch für andere Kirchen Westeuropas und Nordamerikas interessant. Im Ergebnis stellt »Mission Shaped Church« fest: »Unser Leben ist in zunehmendem Maße fragmentarisiert.«[281]

---
279 Harrold und Moynagh (2012, S. XVII).
280 Moynagh (2016, S. 77).
281 Herbst (2006, S. 39).

Die Welt am Anfang des dritten Jahrtausends wird zunächst als »Netzwerkgesellschaft« beschrieben, in der der stabile Ort zugunsten einer Welt im Fluss an Bedeutung verliert.[282] »Gemeinschaft und Gemeinschaftssinn sind häufig von lokalen und geographischen Vorgaben entkoppelt.«[283] Nach einer Studie des Henley Centre von 1996 fühlten sich die Befragten am meisten mit den Menschen verbunden, die die gleichen Hobbys pflegten, gefolgt von Familie und Arbeitskollegen. Ganz am Ende der Liste standen die Menschen aus dem gleichen Stadtteil und Wohnumfeld.[284] »Mission Shaped Church« zieht daraus den Schluss, dass die geografisch orientierte Parochie ergänzt werden muss durch Gemeinden, die in Netzwerke hinein gegründet werden.[285]

Als zweite wichtige gesellschaftliche Entwicklung nennt »Mission Shaped Church« die Konsumgesellschaft. Der Anspruch »Es muss passen, und zwar hundertprozentig« gilt nicht nur für die Konsumauswahl, sondern auch für das Angebot der Kirchen wie für die persönliche Wahrheitssuche auf dem großen Marktplatz der Religionen und Weltanschauungen.[286]

Die Entwicklung zu einer Netzwerk- und Konsumgesellschaft fällt zusammen mit einer dritten Entwicklung, dem Ende des Christentums als kultur- und gesellschaftsprägender Größe. Im European Social Survey kommt der Soziologe David Voas zu dem Ergebnis, dass jede Generation jeweils weniger religiös ist als die vorige.[287]

Michael Moynagh nennt noch einen vierten Grund: Die Kirche hat sich von den wesentlichen Bezugspunkten des heutigen Lebens zurückgezogen: »Die Präsenz der Kirche mitten im Leben zerbrach in der Industriellen Revolution. Die Arbeit und dann auch wichtige Teile der Freizeitgestaltung waren plötzlich weiter von zu Hause entfernt. Die Kirche aber blieb dort, wo sie immer gewesen war [...] Physisch weit entfernt, gewann sie bald auch kulturell großen Abstand. Sie schien immer weniger relevant zu sein für die Menschen.«[288]

2. Missionsverständnis

Fresh Expressions versuchen, eine Antwort auf diese gesellschaftlichen Veränderungen zu geben. Die Bereitschaft, sich mit diesen auseinanderzusetzen, konnte nur auf der Basis eines neuen Missionsverständnisses entstehen. Mis-

---

282 Herbst (2006, S. 40).
283 Herbst (2006, S. 41).
284 Herbst (2006, S. 42).
285 Hull (2006, S. 7).
286 Herbst (2006, S. 48).
287 Moynagh (2016, S. 70).
288 Moynagh (2016, S. 71 f.).

sion wird verstanden als eine genuine Aufgabe der ganzen Kirche und jeder Gemeinde, die an der Missio Dei teilhat.[289] Auf dieser Grundlage versucht »Mission Shaped Church«, die verschiedenen Antworten, die die anglikanische Kirche in den vorangegangenen dreißig Jahren als Antwort auf gesellschaftliche Entwicklungen gegeben hat, wie »Church Growth Thinking« oder »Church Planting«, aufzunehmen, zu strukturieren und einen gesetzlichen Rahmen dafür zu finden.

Beispiele für Fresh Expressions

»Mission Shaped Church« benennt eine Vielzahl ganz unterschiedlicher Gemeindeformen wie alternative Gottesdienste, Basisgemeinden, Café-Kirchen, Netzwerkkirchen, Gemeinden in Schulen, Jugendkirchen etc.[290] Die große Leistung von »Mission Shaped Church« besteht darin, diese bereits gewachsenen neuen Formen von Gemeinde zu erkennen und anzuerkennen, mit »Fresh Expressions« einen überzeugenden Begriff dafür zu finden und ihnen innerhalb der vorhandenen Kirchenordnung einen Platz zuzuweisen. Schauen wir uns einige Beispiele für Fresh Expressions an.

1. Brotkirche Liverpool

Als Barbara Glasson, Pfarrerin der Methodistischen Kirche, im September 1999 nach Liverpool kam, war sie von zwei Dingen überzeugt: Es war ihre Berufung, nach Liverpool zu gehen. Und es musste irgendetwas mit Brot zu tun haben. Sie beschreibt in ihrem Buch, wie sie unter der Statue der Brüder Moore sitzt, zweier bekannter Unternehmer der Stadt. Die Statue zeigt die Brüder, wie sie, vertieft ins Gespräch, die Church Street entlanggehen. Glasson, mit ihrem Pfarrerkragen deutlich erkennbar, begann, das Gleiche zu tun und mit den Menschen zu reden. Ihre Frage dabei war: »Wenn Gott mir vorangeht – was ich hoffe – wo ist er und wie erkenne ich ihn?« Sie verschweigt nicht die Einsamkeit und Ratlosigkeit der ersten Monate. Der Wendepunkt kam, als sie von der Frage »Was kann ich diesen Menschen bringen?« zu der Einstellung fand: »Diese Stadt ist ein Geschenk und Gott ist hier schon am Werk.« Diese Erkenntnis führte zu einem zweiten Schritt: Sie merkte, wie das Brot – bisher nicht mehr als eine Idee – ein Eigenleben entfaltete. In der Küche einer Bekannten, die sie auf ihren Wegen durch die Stadt kennengelernt hatte, begann sie mit anderen Brot zu backen. Dieses Brot wurde verteilt, erst unter den Freunden und Bekannten der Bäckerin-

---

289 Müller (2016, S. 66).
290 Müller (2016, S. 29–80).

nen, dann, als weitere Küchen und weitere Gruppen von Bäckern dazukamen, erweiterte sich der Kreis. »Wie das Brot verschiedene Zutaten braucht: Mehl, Salz, Wasser, Honig, Öl, Hefe, so braucht eine neue Gemeinschaft verschiedene Menschen.« Fünfzehn Jahre später gibt es die Brotkirche immer noch, ohne eigenes Gebäude, aber als lebendige vielseitige Bewegung.[291]

2. Thirst-Cafe-Kirche, Cambridge

In England ist es üblich, die Kinder während der ganzen Grundschulzeit von der Schule abzuholen. Um 15.30 Uhr gibt es daher ein großes Elterntreffen am Schultor. Mir wurde von einer Gruppe von Eltern berichtet, die sich vorher schon zum Gebetsfrühstück getroffen hatten. Diese begann, zum Ende der Unterrichtszeit Kaffee anzubieten. Verbunden damit war ein kurzer biblischer Impuls. Mit der Zeit haben sich daraus weitere Gemeinschaftsangebote entwickelt, z. B. ein Meditationstreffen. Zurzeit diskutieren die Verantwortlichen die Frage, ob und wie das Abendmahl integriert werden kann.

3. Messy Church in St. Andrew's, Leeds, und All Saints, Milton

Messy Church, fast schon eine Bewegung in den englischen Kirchen, ist ein Angebot für Eltern mit Kindern zwischen drei und zehn Jahren. Es handelt sich dabei um einen sehr niederschwelligen Gottesdienst. Anders als bei den bisherigen Beispielen laden die Gemeinden dazu in das eigene Gebäude ein. »Messy« bedeutet »durcheinander, chaotisch« und weist darauf hin, dass das Gemeindehaus während der Aktivitäten für die Kinder nicht aufgeräumt bleiben wird. Der Anfang ist locker. Die Eltern kommen, wann sie es mit ihren Kindern einrichten können. Das Thema der Messy Church in All Saints war Pfingsten. Das Wehen des Geistes wurde praktisch erfahrbar: Ein Ventilator war in der Kirche aufgebaut, um die Luftbewegungen sichtbar zu machen. Ich war einen ganzen Teil des Nachmittags beschäftigt, Gebetshubschrauber auszuschneiden, die die Kinder von der Kanzel fliegen ließen, nachdem die Eltern ein Gebet darauf geschrieben hatten. Es gab Pustewettbewerbe, feuriges Gebäck wurde ausgestochen usw. Nach eineinhalb Stunden folgte ein kurzer Gottesdienst in der Kirche mit vielen Liedern und am Ende eine Teatime. Die Kinder im Grundschulalter hatten viel Spaß an den Aktivitäten. Die Eltern haben sie dabei unterstützt, und manches, wie z. B. das Schreiben eines Gebetes für den Gebetshubschrauber, hat sie durchaus gefordert. Die eigentliche Herausforderung sehe ich darin, zusätzlich ein spezielles Angebot für die Eltern zu entwickeln, und sie nicht nur auf dem Weg über die Kinder für Fragen des Glaubens zu interessieren.

---

291 Glasson (2006).

4. Weitere Beispiele und Beobachtungen

Beim Recherchieren im Internet stößt man auf eine Gothic Church in Cambridge: »On the Edge«. Wie lassen sich Gothic und Gottesdienst verbinden? Leider kam ich zu spät: Obwohl das Spiel von Licht und Dunkelheit immer noch den Gottesdienst bestimmte, war nur noch wenig von der ursprünglichen Prägung zu erleben. Auch das gehört zu Fresh Expressions: Die Gestaltung hängt sehr stark von den Menschen ab, die sich engagieren, und die Goths waren wohl weitergezogen. Inzwischen hat sich der Gottesdienst zu einer Veranstaltung für das kulturell aufgeschlossene Bürgertum entwickelt, schön inszeniert in der uralten Kirche, mit einem interessanten Wechsel zwischen Musik und Meditation.

Cambourne, ein Vorort, circa zwölf Kilometer westlich von Cambridge. Diese Fresh Expression konnte ich zweimal besuchen. Die Bauplanungen für diesen Vorort von Cambridge begannen in den 1980er Jahren, Baubeginn war 1998. Inzwischen gibt es dort 3300 Häuser, am Ende mögen es 4200 werden, also etwa 12000 Bewohner. Im Jahr 2009 befand sich in diesem ökumenischen Projekt, an dem sich vier Denominationen beteiligt hatten, vieles noch im Fluss: Die Gemeinde war noch mitten in der Diskussion über ihren Auftrag, über die Art und Weise, wie sie sich als Kirche verstehen wollte. Das Gemeindehaus bildete ein heiß geliebter, aber kleiner und ziemlich heruntergekommener Holzbau, aus zweiter Hand gekauft. Größere Gottesdienste fanden im Bürgerhaus statt. 2013 wurde das neue Kirchengebäude fertiggestellt. Immer noch war es der Gemeinde wichtig, in diesem Vorort gut vernetzt zu sein durch Angebote wie Krabbelgruppe, Männernetzwerk, Mittagessen für Senioren etc. Außerdem sollte das Gebäude allen gesellschaftlichen Gruppen zur Verfügung stehen. Auf der anderen Seite spürten alle, dass der Aufbruch vorbei und eine Gemeinde entstanden war. Auch das ist eine mögliche Entwicklung: Eine Fresh Expression entwickelt sich zu einer »normalen« Kirchengemeinde.

Die angeführten Beispiele zeigen, dass Fresh Expression von einer theologischen Voraussetzung lebt: Gott ist überall. Nicht nur in Kirche oder Gemeindehaus, sondern genauso auf der Straße, im Pub, in der Schule oder im Fitnessstudio. So wie Jesus es unmittelbar vor der Himmelfahrt seinen Jüngern versprochen hat: »Siehe, ich bin bei euch alle Tage bis an der Welt Ende« (Mt 28,20). Dazu kommen vier weitere Kennzeichen. Eine Fresh X ist zweitens missionarisch (»missional«): Sie spricht Menschen an, die noch keinen Bezug zu Kirche und Gemeinde haben. Drittens ist sie kontextuell (»contextual«): Sie will in eine bestimmte Lebenswelt, in ein bestimmtes Milieu eintauchen, um Kirche und Gemeinde in einem neuen Kontext Gestalt zu verleihen. Sie ist viertens lebensverändernd (»formational«): Sie lädt in die Nachfolge Jesu ein. Und fünftens ist sie Gemeinde bildend (»ecclesial«): Sie führt nicht automatisch in eine bestehende Gemeinde, vermittelt aber eine Vorstellung davon, was Kirche ist.[292]

Kritische Stimmen

Kritik an Fresh Expressions in Großbritannien kommt einmal aus der Sicht der anglikanischen High Church. Auch wenn Davidson und Milbank in ihrem Buch »For the Parish« vielleicht eine zu hohe Meinung von der Funktion des parochialen Systems haben, sind ihre Fragen relevant. Der Begriff einer »mixed economy« von Rowan Williams, damals Erzbischof von Canterbury, schafft zwar Raum für alte und neue Formen von Kirche,[293] die Fragen nach einer gemeinsamen Identität und der Rolle der Tradition bleiben jedoch unbeantwortet. Können Fresh Expressions auf Dauer überleben, ohne wenigstens ansatzweise teilzuhaben an der reichen Tradition der Kirche?[294] Sind Form und Inhalt nicht stärker aufeinander bezogen, als Fresh Expressions wahrhaben will?[295] Wie ist die Beziehung zwischen Kirche und Reich Gottes? Mit Bedauern stellen Davidson und Milbank fest: »Wenn das Reich Gottes das Ziel ist, wird Kirche nur als Mittel zum Zweck verstanden.«[296] Nicht zuletzt errichte Fresh Expressions neue Mauern, weil es Menschen auf ihr soziales Umfeld festlege.[297]

Aus freikirchlicher Sicht fragt John M. Hull, ob das Prinzip homogener Gruppen nicht zu einer neuen Form von Apartheid führe,[298] die einer inklusiven Kirche und einer Gemeinschaft der Liebe entgegenstehe. Auch die Frage nach der prophetischen Rolle der Kirche müsse gestellt werden:[299] »Die Armen werden nicht ermutigt, indem man ihnen eigene Kirchen gibt, sondern indem man ihnen hilft, aus ihrer Armut zu entkommen. Die Selbstgefälligkeit und der Mangel an Sensibilität von *Mission Shaped Church* an dieser Stelle ist unglaublich.«[300] Außerdem fragt auch Hull nach der gemeinsamen Identität: »Wie erkennt man die Konstanten (sofern es welche gibt), die es ermöglichen, das spezifisch Christliche an Glauben und Gottesdienst in den verschiedenen Kulturen zu erkennen?«[301]

---

292 Moynagh (2016, S. 301).
293 Hull (2006, S. V).
294 Davison und Milbank (2010, S. VII).
295 Davison und Milbank (2010, S. 9).
296 »With the kingdom as the goal, the church is left simply as a means« (Davison/Milbank 2010, S. 51).
297 Davison und Milbank (2010, S. 65).
298 Hull (2006, S. 14).
299 Hull (2006, S. 19).
300 Hull (2006, S. 33).
301 Hull (2006, S. 26).

Die Rezeption von Fresh X in Deutschland

In Deutschland wurde das Potenzial dieser englischen Reformbewegung schon früh erkannt. In der vergleichenden Betrachtung zwischen Deutschland und Großbritannien ergeben sich drei entscheidende Unterschiede.

1. Bewegung von oben oder von unten?

»Mission Shaped Church« erkennt an und versucht zu ordnen, was sich an Gemeinden und Gemeindeprojekten in den vergangenen dreißig Jahren entwickelt hat. Ziel ist es, die Grundlage für eine »mixed ecomomy«,[302] ein gutes Neben- und Miteinander traditioneller und neuer Gemeindeformen, zu schaffen. Viele dieser Fresh Expressions werden von Laien initiiert und getragen, die sich die Teilhabe an der Mission Gottes zu eigen gemacht haben. In Deutschland erscheint Fresh X eher als eine Bewegung von oben nach unten.[303] Daher fehlt ihr in Deutschland die Breite, die sie in Großbritannien gewonnen hat.

2. Fresh Expressions im Vergleich zu Reformpapieren der EKD

Im gleichen Jahr 2006, in dem »Mission Shaped Church« erschien, veröffentlichte die EKD das Reformpapier »Kirche der Freiheit«. Einige Dinge fallen beim Vergleich unmittelbar auf: Nach einer Analyse des gesellschaftlichen Wandels unter den Stichworten demografische und finanzielle Entwicklung, volkskirchliche Situation des gottesdienstlichen Handelns, nächste Generation, Mitarbeiterschaft, Gebäude, Verwaltungskosten und kirchliche Schwachstellen[304] werden »Aufbrüche« benannt, die eher die Organisationsform der Kirche im Blick haben.[305] Und die zwölf »Leuchtfeuer«[306] weisen schon vom Begriff her darauf hin, dass die Bewegung anders als bei Fresh X nicht dem inkarnatorischen Prinzip folgt.

Ein weiterer Unterschied zwischen Deutschland und England besteht darin, dass neben den strukturellen Veränderungen, die es in England auch gibt, mit »Mission Shaped Church« eine theologisch-inhaltliche Konzeption gefunden und kirchenleitend aufgenommen wurde, die dem Bedeutungsverlust der Kirche begegnen soll, während in Deutschland auf Kirchenleitungsebene finanzielle und strukturelle Überlegungen dominieren. Dies zeigt etwa die Rezeption der Freiburger Studie aus dem Jahr 2019, die z. B. in der Evangelischen Kirche der Pfalz zu einer intensivierten Diskussion über Einsparungen geführt hat. Die in

---

302 Hull (2006, S. IX).
303 Herbst (2006, S. 13).
304 Kirchenamt der EKD (2006a, S. 32–39).
305 Kirchenamt der EKD (2006a, S. 40)..
306 Kirchenamt der EKD (2006a, S. 49 ff.).

der Studie implizit enthaltene Aufforderung, sich auch inhaltlich mit den Gründen des Bedeutungsverlustes von Kirche zu beschäftigen, wurde kaum gehört.[307]

3. Erwachsen glauben

Soweit ich es sehe, gibt es eine Ausnahme von der Fokussierung der EKD auf strukturelle Reformen: die Aktion »Erwachsen glauben«, im Jahr 2011 vom Rat der EKD auf den Weg gebracht. Sie betrachtet Kurse zum Glauben als eine zentrale Zukunftsaufgabe der Kirche.[308] Unter Bezugnahme auf die Studie der anglikanischen Kirche »Finding Faith today« von 1991/92 hält sie drei wesentliche Ergebnisse fest: »Persönliche Beziehungen und soziale Netzwerke haben eine hohe Bedeutung für Veränderungen von Einstellungen zum Glauben. Das Zum-Glauben-Finden ist für die große Mehrheit kein plötzliches Ereignis, sondern ein mehrjähriger Prozess. Dazugehören kommt vor dem Glauben: Die Gemeinde selbst hat eine wichtige Funktion darin, bei Menschen Neugier am Glauben auszulösen und sie in ihrem religiösen Klärungsprozess zu begleiten.«[309] Wichtig für den Erfolg von »Erwachsen glauben« war die Verbindung von Mission und Bildung, die es erlaubte, Teilnehmende sowie Mitarbeiterinnen und Mitarbeiter aus einem breiten theologischen Spektrum anzusprechen. Dazu gehörte die Aufnahme von Ergebnissen der Milieuforschung, die die Lebenswelt von Menschen ganzheitlich in den Blick nahm.[310] »Erwachsen glauben« ist eine wichtige Voraussetzung dafür, dass auch in Deutschland die Fresh-X-Bewegung eine Bewegung von unten werden kann, weil Mitarbeiter und Mitarbeiterinnen hier auf vielfältige Weise trainieren können, im Glauben sprachfähig zu werden.

Einer der Kernsätze von »Mission Shaped Church« lautet: »Es ist nicht die Kirche Gottes, die eine Mission in der Welt hat, sondern es ist ein missionarischer Gott, der eine Kirche in der Welt hat.«[311] Betrachtet man die Veröffentlichungen zur Kirchenkrise in Deutschland, sieht es nicht so aus, als hätten die hiesigen Kirchen dies begriffen. Es bedarf einer Veränderung des Blickwinkels: Der Begriff »Volkskirche« sollte – wie in der anglikanischen Kirche – nicht länger als Kirche *von* allen, sondern als Kirche *für* alle verstanden werden.

---

307 Vgl. »Informationen zur Studie ›Kirche im Umbruch – Projektion 2060‹« (EKD o. D.).
308 EKD und AMD (2011, S. 7).
309 EKD und AMD (2011, S. 8).
310 EKD und AMD (2011, S. 85).
311 »It is not the Church of God that has a mission in the world, but the God of Mission who has a church in the world« (Hull 2006, S. 85).

Zur praktischen Umsetzung von Fresh Expressions

Für Sabrina Müller ist der Prozesscharakter von Kirche wichtig, der für sie an dem Punkt entsteht, wo der Kontext, in dem sich Kirche bewegt, einbezogen wird. Ihre Formel lautet: Tradition + Kontext = Innovation.[312] Das Stichwort »Tradition« weist darauf hin, dass Kirche eine Geschichte hat. Zum Kontext gehören vor allem die persönliche Erfahrung sowie die Wahrnehmung gesellschaftlicher Entwicklungen und Milieus. Wo Tradition und Kontext zusammenkommen, ergibt sich Innovation. Die Kirchengeschichte und auch die Formel »ecclesia semper reformanda« als wichtiger Aspekt evangelischer Lehre von der Kirche unterstreichen dies.

Michael Moynagh hat verschiedene Entwicklungsstufen einer Fresh X herausgearbeitet. Dazu gehört zunächst das Hören. Barbara Classon, die Initiatorin der Brotkirche, hat zwei Monate lang nichts anderes getan, als Menschen zuzuhören. Erst durch diese Gespräche lernte sie, ihren Traum zu verstehen. Dieses Hören geschieht in zwei Richtungen: Es ist ein Hören auf Gottes Auftrag und ein Hören auf die Menschen, denen der Dienst gilt. Gleichzeitig ist es ein Planen und Tun – jedoch nicht *für* die Menschen, sondern *mit* ihnen. Damit das Zuhören nicht zur Passivität verleitet, verwendet Michael Moynagh an dieser Stelle den Begriff des Entrepreneurs, der seine Vorstellungen hat, sie einbringt, andere inspiriert, gleichzeitig jedoch so offen für die anderen ist, dass deren Ideen die eigenen verändern und verbessern können.

Eine weitere Stufe ist die dienende Liebe. Liverpool ist eine arme Stadt; das Projekt des Brotbackens und Verschenkens hat Menschen ein Stück Selbstwertgefühl zurückgegeben. Für viele Pendler ist die Zeit im Zug beruflich nötige, wenn auch wenig sinnvoll verbrachte Zeit – bis eine Gruppe Christen sich gefragt hat: Wie kann man solch eine Zeit sinnvoll füllen? Die Grundfrage lautet: Was können Christen anderen Menschen Gutes tun?

Zum Entwicklungsprozess gehört auch der Aufbau von Gemeinschaft. Der Beginn einer Fresh X liegt seitens der Initiatoren oft in dem Wunsch, anderen etwas Gutes zu tun und so die Liebe Gottes weiterzugeben. Unabdingbar für eine Fresh X ist jedoch auch, dass die Ideen und Anliegen derer, die neu dazukommen, aufgenommen werden und das Projekt gemeinsam mit ihnen weiterentwickelt wird.

Dazu gehört auch die Frage nach dem Glauben. Viele Menschen sehnen sich implizit danach, dass Gott in ihrem Leben eine Rolle spielt. Und diese Menschen sollen eine freundliche und liebevolle, jedoch nicht vereinnahmende Antwort auf ihre Fragen und Anliegen erhalten.

Fresh X will echte Gemeinde sein. Für viele Menschen ist der Schritt zum sonntäglichen Gottesdienst sehr groß. Deswegen geht Fresh X davon aus:

---
312 Müller (2016, S. 184).

Gemeinde ist auch dort, wo sich Menschen treffen und über ihren Glauben ins Gespräch kommen – also auch im Zug, Pub oder Fitnessstudio. Das muss gerade der Kerngemeinde immer wieder vermittelt werden, denn diese erwartet meist, dass sich durch Fresh X der sonntägliche Gottesdienstbesuch erhöht, und übt manchmal auch Druck aus. Es braucht Standfestigkeit, um zu sagen: Für diese Menschen ist das Fitnessstudio oder die Brotbackküche die Gemeinde.

Wahrscheinlich werden Menschen irgendwann sagen: Jetzt habe ich genug Weißbrot gegessen, jetzt brauche ich für meinen Glauben Schwarzbrot, dann kommt die Zeit, jemand von einer Fresh X an eine »traditionelle« Gemeinde weiterzuleiten. Aber dies steht nicht am Anfang.

Der Stuttgarter Prälat und spätere württembergische Landesbischof Theo Sorg beschrieb 1987 in seinem Buch »Christus vertrauen. Gemeinde erneuern. Gemeindeaufbau in der Volkskirche« eine Doppelstrategie: »Der Weg zur Wiederentdeckung der Gemeinde […] weist dem missionarischen Gemeindeaufbau in der Volkskirche zwei Stoßrichtungen zu: die Sammlung und Zurüstung derer, die mit Ernst Christen sein wollen, und mit ihnen zusammen dann eine missionarische Breitenarbeit in der volkskirchlichen Gemeinde. Die Sammlung der vom Evangelium Angesprochenen bzw. der Glaubenden geschieht nicht um ihrer selbst willen. Sammlung verfolgt immer das Ziel der Sendung.«[313]

Die Aktion »Erwachsen glauben« gehört in den Bereich der »Sammlung«. Dem gesellschaftlichen Trend entsprechend fragen viele ehrenamtliche Mitarbeiterinnen und Mitarbeiter in der Kirche zunächst einmal danach, was es ihnen bringt. Ich halte diese Frage für berechtigt. Mitarbeiterinnen und Mitarbeiter sollen einen »Gewinn« davon haben, dass sie Jesus nachfolgen und ihre Gaben in die Gemeinde einbringen: ein Mehr an Glauben, Hoffnung und Liebe, ein Getragenwerden in Not, das Glück, die eigenen Gaben zu entdecken und zu entfalten. Aber zum Blick nach innen und auf sich selbst gehört der Blick nach außen; zur Sammlung gehört die Sendung, die Teilhabe am Auftrag Jesu und der Missio Dei. Um diese Einstellung in der Kirche wieder zu entdecken und zu entfalten, brauchen wir einen Mentalitätswandel in den Gemeinden und eine inhaltliche Neuausrichtung der Kirche.

Zu Sammlung und Sendung gehört noch ein Drittes. Michael Moynagh unterscheidet Manager von Entrepreneuren. Manager benutzen ein vorgegebenes Rezept, und aufgrund dieses Rezepts schreiben sie einen Einkaufszettel, kaufen ein, was darauf steht, und bereiten daraus eine Mahlzeit. Entrepreneure dagegen bereiten eine Mahlzeit vor, indem sie kreativ nutzen, was im Kühlschrank vorhanden ist, und die Gäste mitbringen. Entrepreneure beginnen mit dem, was

---

313 Sorg (1988, S. 35).

sie haben: ihren eigenen Stärken, ihrem Wissen und den Menschen, die sie kennen, sind jedoch gleichzeitig offen für Neues. Sie wissen, dass sich Dinge ganz schnell anders entwickeln können, und konzentrieren sich daher auf kleine konkrete Schritte, die sie immer wieder neu mit der Wirklichkeit abgleichen. Entrepreneure improvisieren im guten Sinne, indem sie neue Chancen und Ideen erkennen, erkunden und nutzen. Improvisation ist Teil des Konzeptes und Misserfolg eine Chance zum Lernen. Entrepreneure suchen und öffnen sich neuen Partnern, und wenn am Ende etwas völlig anderes herauskommt, als man ursprünglich im Sinn hatte, ist das ein durchaus erwünschter Erfolg.[314]

Ausblick
Einfaches Kopieren wird nicht funktionieren. Am Anfang muss ein neues Verständnis von Kirche und Christsein stehen. Folgt man dem Verständnis von Volkskirche als Kirche für alle, ergeben sich daraus sechs Schritte für die Kirche von morgen:
1. Die Kirche muss aufhören, den kirchlichen Bedeutungsverlust zu betrauern, sondern den einzelnen Gemeinden helfen, auch die Chancen der gegenwärtigen Situation zu erkennen. Geleitet vom Geist Gottes gilt es zu fragen, wie es um die vier Beziehungen bestellt ist, die eine Gemeinde ausmachen: ob die Beziehung zu Gott, der Gemeindeglieder untereinander, zur Tradition der weltweiten Kirche und zum persönlichen Umfeld gut ausbalanciert sind.
2. Gemeinden müssen klären: Welche persönlichen Gaben, Fähigkeiten und Interessen sind bei den Mitarbeitenden vorhanden? In welchem Milieu fühlen sie sich wohl?
3. Nimmt man das Christsein im gemeindlichen und übergemeindlich-persönlichen Kontext als wichtige Aufgabe wahr, folgt als dritter Schritt die Beauftragung und Schulung der Gemeindeglieder für diese Aufgabe.
4. Beharrungskräfte gilt es zu erkennen und kreativ und liebevoll zu überwinden. Nicht jedes Gemeindeglied muss sich für Fresh X begeistern, sollte es aber auch nicht verhindern wollen.
5. Praktische Fragen sind zu klären: Wie kann eine Gemeinde missionarisch werden? Was sind die Bedürfnisse in unserem Umfeld? Mit welchen Partnerinnen und Partnern können wir zusammenarbeiten? Wo finden wir Unterstützung im Team?
6. Projekte, die aus einer bestimmten Situation heraus entstehen und von Menschen getragen werden, die sich dafür auf Zeit engagieren, werden wichti-

---
314 Moynagh (2017, S. 65 ff.).

ger und müssen als zweite Säule zu einer traditionellen Gemeindearbeit mit Gottesdienst und Seelsorge hinzukommen.

»Die Kirche muss beides sein: sowohl frei als auch verwurzelt. Verwurzelt im Evangelium und in einer Gemeinschaft, die durch den Glauben geprägt ist. Und frei in dem Sinn, dass sie von und für die Menschen und ihren Kontext gestaltet wird.«[315]

---

315 Male und Weston (2013, S. 116).

7. Zur Praxis des Gemeindeaufbaus: exemplarische Konkretionen

7.1 »Eine neue Sprache – befreiend und erlösend« (Dietrich Bonhoeffer). Geistliche Sprachfähigkeit wiedergewinnen[316]

7.1.1 Spurensuche: Drei Beispiele aus der Alltagsseelsorge zur Beschreibung der säkularen Situation in Leipzig

Die folgenden drei Gespräche verdeutlichen brennpunktartig die Herausforderungen, vor denen geistliche Sprachfähigkeit heute steht. Das erste Gespräch fand in einem Friseursalon statt, nachdem ich etwa ein halbes Jahr in Leipzig lebte. Die Friseurin hatte schnell herausgefunden, dass ich Theologe war und an der Universität unterrichtete. Ganz spontan äußerte sie daraufhin: »Ich bin ganz natürlich.« Auf meine Nachfrage, was sie damit meine, stellte sie fest, dass sie nichts glauben würde, »so wie die alten Germanen«. Mein Hinweis, dass auch die Germanen Götter gehabt hätten, schien sie nicht zu beeindrucken. Nach diesem Gesprächsgang wurde es still, und die muntere Friseuse zog sich in sich selbst zurück. Ich fragte, ob ich sie durch meine Äußerung verletzt habe. Sie wehrte ab und sagte: »In schwierigen Situationen bete ich.« Auf meine Frage, wo das Problem liege, antwortete sie, dass sie das mit schlechtem Gewissen tue, weil sie doch an Gott nicht glaube und deswegen eigentlich nicht zu ihm beten dürfe. Was sollte ich auf diesen Einwand antworten? Mir fiel Folgendes ein: Ich hätte ihren Friseursalon zunächst nur probehalber aufgesucht, um festzustellen, ob ihre Kolleginnen ihr Handwerk verstünden. Da diese ihre Sache gut gemacht hätten, wäre ich geblieben. Vielleicht könnte sie versuchen, ihr Gebet auch als Gebet »auf Probe« zu verstehen. Ich könnte mir vorstellen, dass Gott sich auf ein solches Gebet einlassen würde. Diese Überlegung schien ihr einzuleuchten.

Das zweite Beispiel: Es handelte sich wiederum um ein Gespräch im Friseursalon. Es fand während der Adventszeit, diesmal mit einer anderen Friseurin, statt. Auch sie zeigte sich sehr aufgeschlossen und gesprächsinteressiert. Nach-

---
316 Vorformen der folgenden Überlegungen habe ich unter anderem vorgetragen in Zimmerling (2019).

dem sie mit Unverständnis auf die Auskunft über meine berufliche Tätigkeit, dass ich Theologe sei, reagiert und ich auf ihre Nachfrage erklärt hatte, dass ich zukünftige Pfarrerinnen und Pfarrer und Religionslehrerinnen und Religionslehrer ausbilden würde, fragte sie spontan: »Können Sie mir wohl sagen, was orthodox ist?« Zunächst staunte ich über diese Frage. Im weiteren Gesprächsverlauf stellte sich heraus, dass ihre Schwester zum orthodoxen Glauben konvertiert war, weil sie einen rumänischen Mann heiraten wollte. Ihre Familie war daraufhin in helle Aufregung geraten. Im Ton von trauriger Verzweiflung meinte die Friseurin: »Meine Schwester stammt doch wie ich aus einer anständigen atheistischen Familie.« Interessant war auch der Fortgang des Gespräches. Nach einer Weile meinte sie, dass sie mit ihrer kleinen Tochter an Weihnachten in die Kirche gehen wollte. Sie hätte nämlich gehört, dass da etwas mit Tieren stattfinde. Es sei doch wichtig, ihrem Kind den Weg ins Leben nicht zu verbauen.

Schließlich das dritte Beispiel: Diesmal handelte es sich um ein Gespräch mit der Anlageberaterin einer Bank. Sie fragte mich gleich zu Anfang, wieso ich von Mannheim nach Leipzig gewechselt sei. Für Betriebswirtschaftler stellt die Universität Mannheim neben Köln eine Art Harvard von Deutschland dar. Auf meine Antwort, dass ich Theologie an der Universität unterrichte, fragte sie, was das sei. Ich antwortete wiederum: »Ich bilde zukünftige Pfarrerinnen und Pfarrer aus.« Daraufhin sie ganz spontan: »Ach, ich wusste gar nicht, dass Pfarrer ein wissenschaftliches Studium haben.« Aufgrund ihrer atheistischen Erziehung war es für die Betriebswirtschaftlerin offensichtlich unvorstellbar, dass Theologie und Wissenschaft zusammengehören könnten.

Die drei Gespräche zeigen im Hinblick auf das Thema geistlicher Sprachfähigkeit angesichts von Konfessionslosigkeit ein Doppeltes: Konfessionslose in Ostdeutschland – und damit über 75 % der Bevölkerung – lassen einerseits eine mindestens dreifach begründete Form von Immunisierung gegenüber dem Evangelium erkennen. Die atheistische Weltanschauung ist für sie das Natürliche beziehungsweise Normale. Der Atheismus ist überdies das ethisch Anständige und schließlich repräsentiert er die wissenschaftliche Weltanschauung. Andererseits zeigen die drei Beispiele, dass es gleichzeitig mindestens drei Einbruchstellen beziehungsweise Risse innerhalb der unhinterfragten, scheinbar wasserdichten, atheistischen Weltanschauung gibt. Das »Ich bete« des ersten Gesprächs illustriert das Vorhandensein eines religiösen Existenzials – vorsichtiger formuliert: einer Sehnsucht nach etwas Transzendentem – selbst bei Konfessionslosen, also bei Menschen, die vergessen haben, dass sie Gott vergessen haben.[317]

---

317 Ein Ausspruch, der Axel Noack und Wolf Krötke zugeschrieben wird. Krötke spricht auch von einem »Klima der Gottvergessenheit« in Ostdeutschland (vgl. Krötke 2003, S. 8).

Dieses kann verschüttet, ausgetrieben, aber offensichtlich auch bei atheistischer Weltanschauung nicht ganz zum Verschwinden gebracht werden. Hierin liegt die »particula veri« neuerer funktionaler religionssoziologischer Theorien. Der Mensch bleibt ein offenes Wesen, das auf der Suche nach Sinn ist. Das zweite Beispiel weist darauf hin, dass auch für traditionell Konfessionslose die Begegnung mit religiös heiß temperierten Menschen ideologische Grundentscheidungen infrage zu stellen vermag. Das Verharren im Atheismus würde zu sozialen Problemen führen. Darum konvertiert die »aus einer anständigen atheistischen Familie« stammende Schwester meiner Gesprächspartnerin zum orthodoxen Glauben.[318] Eine weitere Einbruchstelle innerhalb der atheistischen Weltanschauung wird im dritten Gespräch sichtbar: In dem Moment, wo es zum Alltagskontakt mit Christen kommt, die den christlichen Glauben mit wissenschaftlicher Bildung verbinden, wird die selbstverständliche Gültigkeit des szientistischen Rationalismus hinterfragbar.

7.1.2 Grundlegungen

Zur Situation geistlicher Sprachfähigkeit in Ostdeutschland

Ich stütze mich im Folgenden auf die Studie von Monika Wohlrab-Sahr »Generationenwandel als religiöser Wandel. Das Beispiel Ostdeutschlands«.[319] In der Studie wurden ausführliche Gespräche mit 25 Familien geführt, bei denen Angehörige dreier Generationen anwesend waren. Die jüngsten Familienmitglieder waren im Alter zwischen 25 und 30 Jahren. Zusätzlich wurden 26 Einzelinterviews mit Familienmitgliedern geführt, aber auch mit Personen, mit denen ein Familiengespräch aus verschiedenen Gründen nicht möglich war. Alle Befragten waren zwischen 25 und 80 Jahre alt. Die Studie legt den Schluss nahe, dass sich in der jüngsten Generation in Ostdeutschland, bei den 19- bis 29-Jährigen, ein Prozess partieller Desäkularisierung andeutet. Er vollzieht sich auf der individuellen Glaubensebene. Dieses Ergebnis wird durch Statistiken gestützt, die bei der Gruppe der 18- bis 29-jährigen Ostdeutschen eine erkennbar stärkere Zustimmung zu religionsnahen Aussagen erkennen lassen als früher. Es handelt sich dabei um Aussagen zum Leben nach dem Tod beziehungsweise zu okkulten Phänomenen.[320] »Den größten Zuwachs – innerhalb von etwa

---

318 Vgl. Hemminger (2006, S. 89 f.). Ein ähnlicher Vorgang lässt sich bei deutschen Frauen beobachten, die mit liberalen türkischen Männern verheiratet sind. Sie konvertieren in dem Moment, in dem Kinder kommen.
319 Vgl. dazu im Einzelnen Karstein, Schaumburg und Wohlrab-Sahr (2005).
320 Vgl. hier und im Folgenden Karstein, Schaumburg und Wohlrab-Sahr (2005, S. 156).

10 Jahren kam es hier zu mehr als einer Verdoppelung von 15 auf 34 Prozent – erfuhr dabei der Glaube an ein Leben nach dem Tod.«[321]

Monika Wohlrab-Sahr spricht in diesem Zusammenhang von der Zunahme einer Form von agnostischer Spiritualität. Sie nimmt damit die Tatsache auf, dass viele derjenigen, die mit einem Leben nach dem Tod rechnen, deswegen nicht gleichzeitig an Gott glauben. Die jungen Erwachsenen kombinieren sehr verschiedene Traditionen und mediale Einflüsse: Wiedergeburt und Nahtoderfahrung, Energieerhaltung und Matrix. Dennoch lässt sich diese Form von Spiritualität als Annäherung an die große Transzendenz eines Lebens nach dem Tode interpretieren, wobei die agnostische Spiritualität noch im Experimentierstadium zu stecken scheint.[322] Gleichzeitig ist damit eine kritische Distanz zu den Ansichten der atheistisch geprägten Elterngeneration impliziert.

Gesetzt den Fall, diese Tendenz setzt sich fort, ergäbe sich daraus die Chance, mindestens unter der nachwachsenden Generation unter der Bedingung geistlicher Sprachfähigkeit Interesse für das Evangelium zu wecken.

Entwicklungsmöglichkeiten geistlicher Sprachfähigkeit

Grundlegende Voraussetzung der Kommunikation des Evangeliums – erst recht in säkularer Umgebung – ist geistliche Sprachfähigkeit. Geistliche Sprachfähigkeit und Mission gehören untrennbar zusammen: »Wer glaubt, kann nicht stumm bleiben. Wer glaubt, hat etwas zu erzählen von der Güte Gottes. Darum tragen wir die Bilder des Lebens, des Trostes und der Sehnsucht weiter und treten ein für die Sache Gottes – leise und behutsam, begeistert und werbend.«[323] In der von der Leipziger EKD-Synode 1999 beschlossenen Kundgebung zum Schwerpunktthema »Der missionarische Auftrag an der Schwelle zum dritten Jahrtausend« hieß es: »Alle Bemühungen um den missionarischen Auftrag fangen damit an, zu erkennen und zu beschreiben, wie schön, wie notwendig und wohltuend die christliche Botschaft ist.«[324] Werbung für den christlichen Glauben erfolgt durch Kommunikation des Evangeliums. Diese geschieht primär durch Sprache.

Allerdings existiert für jede Form von Kommunikation des Evangeliums eine Grenze. Beim Nachdenken über die Ansprechbarkeit von Menschen für das Evangelium sollten wir uns klarmachen, dass es um die Frage geht, wie der Inhalt des Evangeliums in größtmöglicher Klarheit bis zum Trommelfell eines

---

321 Karstein, Schaumburg und Wohlrab-Sahr (2005, S. 156).
322 Einen ähnlichen Befund lässt die Arbeit von Benjamin Roßner im Hinblick auf das Verhältnis junger Erwachsener aus Ostdeutschland zum Gottesdienst erkennen (Roßner 2005, S. 159 ff.).
323 Kirchenamt der EKD (2006a, S. 41).
324 Zit. nach EKD (2006, S. 41).

Menschen gelangen kann. Mit Martin Luther gesprochen: Es geht darum, wie ein Mensch Zugang zur »claritas externa«, zur äußeren Klarheit des Evangeliums erhält. Der Weg vom Trommelfell zum Herzen bleibt dem Heiligen Geist vorbehalten. Dass ein Mensch Zugang zur »claritas interna«, zur inneren Klarheit des Evangeliums erhält, ist und bleibt allein die Wirkung der Gnade Gottes. Das erhält den Adressaten der christlichen Botschaft ihre Freiheit, beschützt sie vor Manipulationsversuchen und bewahrt umgekehrt Menschen im Verkündigungsdienst vor allen möglichen Formen der Überforderung.

7.1.3 Dietrich Bonhoeffers Programm einer »nicht religiösen Interpretation biblischer Begriffe« zur Wiedergewinnung geistlicher Sprachfähigkeit

Bonhoeffer entwickelte das Programm einer nicht religiösen Interpretation biblischer Begriffe während seiner beiden letzten Lebensjahre, als er in Berlin-Tegel in Untersuchungshaft einsaß. Dahinter verbirgt sich die Suche nach einer neuen geistlichen Sprache. Im Gefängnis war er unmittelbar konfrontiert mit Menschen, die der Kirche entfremdet waren. Bonhoeffer sehnte sich angesichts dieser Situation nach einer Weise, »das Wort Gottes so auszusprechen, dass sich die Welt darunter verändert und erneuert. Es wird eine neue Sprache sein, vielleicht ganz unreligiös, aber befreiend und erlösend, wie die Sprache Jesu, dass sich die Menschen über sie entsetzen und doch von ihrer Gewalt überwunden werden.«[325] Die Lösung des Problems der geistlichen Sprachfähigkeit war für Bonhoeffer nicht denkbar unter Absehung von inhaltlich-theologischen Fragestellungen. Darum wollte er zunächst ehrlich herausfinden, »was man selbst eigentlich glaubt«.[326] Nur vom Boden der Redlichkeit sich selbst gegenüber konnte für ihn die Suche nach einer neuen Sprache erfolgreich sein. Bonhoeffers Kampf ging nicht zuletzt gegen kirchlich-fromme Sterilität und Phrasen: »Die Kirche muss aus ihrer Stagnation heraus. Wir müssen auch wieder in die freie Luft der geistigen Auseinandersetzung mit der Welt. Wir müssen es auch riskieren, mal anfechtbare Dinge zu sagen, wenn dadurch nur lebenswichtige Fragen aufgerührt werden.«[327] Deshalb war er überzeugt, dass die Predigt haarscharf über die Grenze der Häresie hinausgehen muss.

Bonhoeffer meinte, dass er selbst die neue Sprache noch nicht gefunden hätte: »Bis dahin wird die Sache der Christen eine stille und verborgene sein;

---

325 Bonhoeffer (1998c, S. 436).
326 Bonhoeffer (1998e, S. 559 f.).
327 Bonhoeffer (1998e, S. 555).

aber es wird Menschen geben, die beten und das Gerechte tun und auf Gottes Zeit warten.«[328] Dennoch bin ich der Überzeugung, dass er diese neue Sprache zumindest an einer Stelle bereits spricht, nämlich in seinem Gedicht »Von guten Mächten wunderbar geborgen«.[329] Es gibt kaum ein zweites geistliches Gedicht aus dem 20. Jahrhundert, das Christen und Nichtchristen unmittelbarer anspricht. Dabei ist es vor allem die Aussage von den guten Mächten, die wunderbar tröstet, die Menschen innerlich berührt. Bonhoeffer hat im letzten Brief an seine Verlobte geschrieben, was er unter den »guten Mächten« verstand: »Du, die Eltern, ihr alle, die Freunde und meine Studenten an der Front, sie alle sind für mich stets gegenwärtig. Deine Gebete, gute Gedanken, Worte aus der Bibel, längst vergangene Gespräche, Musikstücke und Bücher – das alles gewinnt Leben und Realität wie nie zuvor. Es ist eine große unsichtbare Welt, in der man lebt. An ihrer Realität gibt es keinen Zweifel.«[330] Gottes Nähe zeigte sich für Bonhoeffer also nicht nur unmittelbar, sondern auch mittelbar, in geschaffenen Dingen: in nahen Menschen, in deren Gebeten, in guten Gedanken, Bibelworten, Gesprächen, Musikstücken und Büchern. Sie alle sind für ihn sichtbare Zeichen, die Gottes Güte anschaulich machen. Der Hinweis auf die Mittlerschaft der Schöpfung, durch die hindurch Gott erfahren werden kann, ist ein wesentlicher Grund, warum sich auch Menschen, die Kirche und Glaube fernstehen, von diesem Lied unmittelbar angesprochen fühlen.

Wie die Fortsetzung des Briefes zeigt, rechnete Bonhoeffer jedoch genauso mit Gottes unmittelbarer Hilfe, nämlich dem Geleit der Engel: »Wenn es im alten Kinderlied von den Engeln heißt: ›zweie die mich decken, zweie, die mich wecken‹, so ist diese Bewahrung am Abend und am Morgen durch gute unsichtbare Mächte etwas, was wir Erwachsenen heute nicht weniger brauchen als die Kinder.«[331]

Fazit: Geistliche Sprachfähigkeit kommt dadurch zustande, dass traditionelle religiöse Begriffe in Bilder und Begriffe aus der Alltagssprache übersetzt werden.

---

328 Bonhoeffer (1998c, S. 436).
329 Bonhoeffer (1998f, S. 607 f.).
330 Bonhoeffer (1992, S. 208).
331 Bonhoeffer (1992, S. 208).

7.1.4 Zwei Beispiele für gelungene geistliche Sprachfähigkeit in der Gegenwart

Die Friedensgebete in der DDR im Herbst 1989

Während der Friedensgebete im Herbst 1989 gelang es, die geistliche Sprachlosigkeit in der DDR ansatzweise zu überwinden. Damals bewährte sich die Bibel in unvorhergesehener Weise als geistliche Sprachhilfe.[332] Die biblischen Texte sprachen während der Montagsgebete unmittelbar zu den Menschen, ohne dass es dazu krampfhafter Aktualisierungsversuche beziehungsweise rhetorischer Kraftakte bedurft hätte. »Die Nähe zu ihnen stellt sich wie von selbst her – bei den Informationsteilen, in den Betroffenheitserklärungen, bei der Verkündigung, in den Gebeten.«[333] Obwohl eine Vielzahl von Texten aus dem Alten und Neuen Testament gelesen beziehungsweise gepredigt wurde, gab es doch einige Texte, die mehrfach Verwendung fanden. Dazu zählte Ps 126.[334] In einer Kultur des Schweigens verliehen die biblischen Texte den bis dahin Stummen plötzlich Sprache. Es ist gut nachvollziehbar, dass ein Text wie Ps 126 in der DDR-Situation half, lang unterdrückte Gefühle und Ängste, Sehnsüchte und Hoffnungen auszusprechen: »Wenn der Herr die Gefangenen Israels erlösen wird, werden wir sein wie die Träumenden.« »Die mit Tränen säen, werden mit Freuden ernten.«

Aber auch die widerständige Kraft der Bibel entfaltete sich in der damaligen Situation, nicht nur gegen die SED-Machthaber, sondern auch gegen die Demonstrierenden selbst. Im Mittelpunkt der Friedensgebete standen die Seligpreisungen – nicht etwa die Rachepsalmen –, die zum liturgischen Grundgut der Friedensgebete gehörten: »Selig sind die Friedfertigen; denn sie werden Gottes Kinder heißen. Selig sind, die um der Gerechtigkeit willen verfolgt werden; denn ihrer ist das Himmelreich« (Mt 5,9f.). Leicht vorstellbar, dass die Aggressionen beim Anblick der vielen Polizeikräfte bei den Demonstranten immer mehr hochkochten. Schwer auszudenken, was ohne die biblischen Mahnungen zur Gewaltlosigkeit geschehen wäre.

Der frühere Leipziger Praktische Theologe Jürgen Ziemer zieht aus seinen Beobachtungen über die Rolle der Bibel bei den Friedensgebeten folgendes Resümee: Im Wesentlichen seien es Predigerinnen und Prediger und einzelne Mitglieder der Friedensgebetsgruppen gewesen, die sich der Bibel als Sprachhilfe bedienten. Erstaunlich war, dass sich die Mehrheit der Menschen, die in

---

332 Vgl. im Folgenden Ziemer (1992).
333 Ziemer (1992, S. 281).
334 Außerdem der Text Mt 5,33–37 (»Eure Rede aber sei: Ja, ja; nein, nein«), die Geschichte von Kain und Abel mit dem Hinweis auf das Gezeichnetsein des Brudermörders Kain (Gen 4,15) und schließlich Gal 5,1 f.: »Zur Freiheit hat uns Christus befreit! So steht nun fest und lasst euch nicht wieder das Joch der Knechtschaft auflegen!« (Ziemer 1992, S. 281).

die Kirchen kamen, bereitwillig auf die biblischen Gedanken einließ. Dazu muss man sich vor Augen halten, dass die Bibel in der DDR jahrzehntelang aus dem öffentlichen Raum verdrängt worden war. Das Hörinteresse im Herbst 1989 verdankte sich der Tatsache, dass während der Friedensgebete Wirklichkeit und Text unmittelbar miteinander verzahnt erschienen. Die Texte sprachen von sich aus. Die einzige Voraussetzung dafür war, dass die Prediger sich in die Wirklichkeit der Menschen hinauswagten und die biblischen Texte dorthin mitnahmen. Dass die Bibel trotz atheistischer Weltanschauung zu einer Sprach- und Deutungshilfe wurde, hatte damit zu tun, dass die Bibelsprache im Rahmen der kirchlichen Arbeit in den Jahrzehnten der SED-Herrschaft bewahrt worden war und darum jetzt zur Verfügung stand. Die biblischen Texte trugen wesentlich dazu bei, dass die Revolution nicht gewaltsam eskalierte, sondern ihre Menschlichkeit bewahrte. Im Vordergrund standen dabei einzelne Bibelverse, die regelmäßig wiederholt wurden und ohne Auslegung verständlich waren.

Eine Kasualansprache bei einer Beerdigung

Der Friedhof, auf dem Trauerfeier und Beisetzung stattfanden, befand sich auf einem flachen Gipfelplateau inmitten eines Kranzes von Odenwaldbergen. Die Friedhofskapelle lag genau in der Mitte des Friedhofs und war von hohen Buchen umstanden. Weil die Verstorbene die Wirtsfrau des Dorfgasthauses war, hatte sich eine große Trauergemeinde versammelt. Die meisten Menschen standen draußen, weil sie im Inneren der Kapelle keinen Platz gefunden hatten. Es war November und die Bäume waren bereits ohne Blätter. Ich erinnerte in meiner Ansprache zunächst daran, dass die Verstorbene die Natur, vor allem den Frühling mit seiner Blütenpracht, besonders geliebt habe. Danach wies ich darauf hin, dass die Natur aber noch ein zweites Gesicht besitze: das des Sterbens. Im Herbst werde es sichtbar, indem die Bäume ihre Blätter verlören. Dennoch erwache im Frühjahr jedes Jahres neues Leben in der Natur. So könne die Natur – gerade im Herbst – für uns, die wir uns am Sarg einer Verstorbenen versammelt hatten, zum Bild für die Hoffnung auf die Auferstehung werden. Ich beendete die Ansprache mit einem Gedicht:

Augenschein

Zur Nacht hat ein Sturm alle Bäume entlaubt
sieh sie an, die knöchernen Besen.
Ein Narr, wer bei diesem Anblick glaubt
es wäre *je* Sommer gewesen.

>Und ein größerer Narr, wer träumt und sinnt
>es könnt' je wieder Sommer *werden*.
>Und grad diese gläubige Narrheit, Kind,
>ist die sicherste Wahrheit auf Erden.[335]

Während ich das Gedicht – auswendig – vortrug, fegte ein Herbststurm heulend durch die entlaubten Bäume. Alle hörten mit gespannter Aufmerksamkeit zu. Die besondere Wirkung des Gedichtes bei der Trauerfeier verdankte sich der Tatsache, dass die herbstliche Natur plötzlich selbst zu predigen begann und dadurch die Botschaft des Gedichtes ungemein verstärkte.

Das Gedicht stammt von dem deutsch-schweizerischen Regisseur Ernst Ginsberg.[336] Als das Gedicht entstand, lag er – nahezu vollständig gelähmt – im Zürcher Diakonissenkrankenhaus. An Lateralsklerose erkrankt, konnte er nur noch mit einem Röhrchen im Mund auf eine Tafel mit einzelnen Buchstaben deuten, die ihm eine Schwester vorhielt. Der sterbende Ernst Ginsberg legte mit dem Gedicht Zeugnis ab von seiner christlichen Auferstehungshoffnung: So verrückt und gleichzeitig so gewiss, wie im Herbst der Glaube an einen neuen Sommer ist – so verrückt und gleichzeitig doch so gewiss ist angesichts des Todes der Glaube an die Auferstehung und das ewige Leben bei Gott. Die geistliche Kraft des Gedichts hat ihre Ursache darin, dass es aus dem eigenen Trostbedürfnis des Dichters erwachsen ist. Er schrieb es sich selbst zur Vergewisserung und Ermutigung angesichts des eigenen Todes. Weil er die Trostkraft des Gedichtes an sich selbst erprobt hat, ist es so glaubwürdig.

7.1.5 Konsequenzen. Sechs Thesen

1. Konvivenz ist die grundlegende Bedingung geistlicher Sprachfähigkeit.

Entscheidende Voraussetzung für geistliche Sprachfähigkeit ist, dass die Verkündigenden an der Wirklichkeit der Menschen, denen sie das Evangelium kommunizieren, selbst teilnehmen.[337] Nur unter dieser Bedingung kann die Botschaft des Evangeliums in deren Wirklichkeit »zünden«. Das lässt sich besonders eindrücklich am Beispiel der Friedensgebete von 1989 zeigen: Theologen und christliche Laien solidarisierten sich mit den Anliegen der Bevölkerung insgesamt. Sie teilten die Ängste und Hoffnungen mit allen anderen Bürgerinnen und Bürgern. Das machte sie gleichermaßen geistlich sprachfähig und glaubwürdig.

---

335 Ginsberg (1988, S. 258, Hervorhebungen im Text).
336 Ginsberg (1988, S. 7–24).
337 Vgl. dazu Sundermeier (1986).

2. Geistliche Sprachfähigkeit schließt nonverbale Dimensionen ein.

Geistliche Sprachfähigkeit umfasst auch nonverbale Dimensionen. Diese bewusst in die Kommunikation des Evangeliums zu integrieren, ist angesichts der Erlebnisorientierung der gegenwärtigen Gesellschaft ein Gebot der Stunde. Ein Beispiel stellt das Angebot einer persönlichen Segnung mit Handauflegung beziehungsweise das Krankengebet mit Salbung im Gottesdienst und in der persönlichen Seelsorge dar.[338] Der verbale Zuspruch durch das Evangelium wird auf diese Weise durch Handauflegung, Segnung und Salbung unterstützt. In unserer Gesellschaft scheint sich das Interesse vor allem auf das Erleben der eigenen Körperlichkeit zu konzentrieren. Verstärkte Sehnsucht nach Selbstvergewisserung wird vor dem Hintergrund einer permanenten Reizüberflutung verständlich. Ob Menschen zum christlichen Glauben Zugang finden, entscheidet sich nicht zuletzt daran, ob ihre Leiblichkeit darin vorkommt.[339] Zum Beispiel symbolisiert die Handauflegung während der Segnung auf körperliche Weise die Zuwendung und Nähe Gottes. Durch die Berührung erhält die Segnung in einer durch fortschreitende Individualisierungsschübe emotional abgekühlten Gesellschaft einen besonderen Stellenwert. Auch die Salbung ist ein sinnlich wahrnehmbares Ritual. Weil das Öl unmittelbar auf die Haut aufgetragen wird, kommt es dabei sogar zu einer noch größeren Nähe als bei der bloßen Handauflegung.

Neben der bewussten Integration der Dimension der Sinnlichkeit in die Kommunikation des Evangeliums erscheint mir auch die Integration der emotionalen Dimension notwendig. Ein Beispiel dafür stellt die fröhliche Atmosphäre bei den Abendmahlsfeiern auf den Kirchentagen dar. Sie haben wesentlich dazu beigetragen, das Vorurteil zu überwinden, dass es sich beim Abendmahl um »eine traurige Unterhaltung« handle (Immanuel Kant).[340]

3. Neue beziehungsweise wiederentdeckte Formen der Spiritualität bergen bisher ungenutzte Verkündigungspotenziale.

Das gilt für so unterschiedliche Spiritualitätsformen wie Meditation, Fasten und Pilgern. Faszinierend ist, dass in ihrem Zusammenhang die spirituelle Dimension vieler moderner Sehnsüchte sichtbar wird. In der Meditation etwa wird die Sehnsucht nach Stille und Entschleunigung beantwortet. Die genannten Praktiken bieten so die Chance, dass dem Glauben fernstehende Menschen Zugang zu christlicher Spiritualität finden.

---

338 Vgl. im Folgenden Zimmerling (2002).
339 So Michael Meyer-Blank im Hinblick auf den Gottesdienst allgemein (Meyer-Blank 1997, S. 52).
340 Kant (1977, S. 305).

4. Bilder aus dem Bereich der Natur eignen sich als Transparente für geistliche Sachverhalte.

Das wird besonders deutlich an Paul Gerhardts Lied »Geh aus, mein Herz, und suche Freud« (EG 503), das Volksliedcharakter besitzt. Die Erde wird darin zum Hinweis auf den Himmel. Dabei hat Paul Gerhardt es nicht nötig, die Schönheit der Welt klein zu machen, um auf diese Weise die Schönheit des Himmels groß zu machen. Er geht anders vor: Wenn die vergängliche Welt schon so schön ist, wie schön muss dann erst der unvergängliche Himmel sein! »Ach, denk ich, bist du hier so schön / und lässt du's uns so lieblich gehn / auf dieser armen Erden: / Was will doch wohl nach dieser Welt / dort in dem reichen Himmelszelt / und güldnen Schlosse werden, / und güldnen Schlosse werden!« (Strophe 9).

5. Vorgänge aus dem Bereich des Alltags und der Geschichte sind wesentliche Grundlagen geistlicher Sprachfähigkeit.

Die Gleichnisse Jesu lassen sich unter der Fragestellung interpretieren, wie hervorragend es dem irdischen Jesus gelungen ist, weltlich von Gott zu reden. Er bedient sich in ihnen einfacher Bilder aus dem Alltag seiner Zuhörer und Zuhörerinnen, die unmittelbar verständlich sind.[341] Das Gleichnis vom Schatz im Ackerfeld etwa lässt die Hörerinnen und Hörer unmittelbar erfassen, dass der Zugehörigkeit zum Himmelreich nichts vorzuziehen ist (Mt 13,44).

6. Poesie ist ein noch unausgeschöpftes Mittel geistlicher Sprachfähigkeit.

Die Poesie stellt ein ausgezeichnetes Mittel dar, um zu artikulieren, was Menschen existenziell bewegt. Im Gegensatz zur Informationssprache hält die Sprache der Poesie fest, dass Leben über immanente Vollzüge hinausreicht, eine transzendente Dimension besitzt.[342] Die Poesie bewahrt im Gedächtnis der Menschheit das Wissen, dass es hinter der wäg- und messbaren sichtbaren Wirklichkeit eine unsichtbare Wirklichkeit Gottes und des Himmels gibt.[343] Für den hohen Stellenwert der Poesie im Hinblick auf geistliche Sprachfähigkeit spricht auch die Beobachtung, dass weite Teile der biblischen Texte in poeti-

---

341 Vgl. dazu im Einzelnen Burgdorfer (2007).
342 Vgl. hierzu die Bedeutung der Metapher für die religiöse Sprache. »Denn die Metapher ist Ausdruck menschlicher Sprache und hat die menschliche Welt und ihre Vorstellungen zur Voraussetzung. Zugleich jedoch markiert die Metapher immer einen Überschuß gegenüber der Wirklichkeit, weil sie Wirklichkeit in ein neues Licht rückt. Damit kann die Sprachform [d]er Metapher Unterschiedenheit und Bezogenheit in einem ausdrücken. Sie wird damit zur theologischen Sprachform par excellence« (Grözinger 1991, S. 122).
343 Vgl. Klessmann (2007, S. 33–38).

scher Sprache abgefasst sind (vgl. die Psalmen und Propheten, aber auch viele hymnische Texte im Neuen Testament).

Der verstorbene Hamburger Praktische Theologe Peter Cornehl hat zu Recht die These aufgestellt, dass das Christentum durch seine Poesie mehr geprägt habe als durch Lehre und Appell. »Psalmen, Hymnen, Choräle, Spirituals, aber auch die neueren Songs, Lieder und Gedichte sind als poetisch gestaltete Erfahrung Träger religiöser Überzeugung in einer verdichteten Gestalt.«[344]

7.2 Offene Kirchen als missionarische Gelegenheit

Dass Kirchen und speziell offene Kirchen missionarische Gelegenheiten darstellen, möchte ich zunächst an zwei persönlichen Erfahrungen illustrieren. Danach soll das im Protestantismus lange Zeit vorherrschende funktionale Verständnis von Kirchenräumen und dessen Überwindung skizziert werden. Im Anschluss möchte ich exemplarisch drei neuere praktisch-theologische Deutungen von Kirchenräumen vorstellen. Danach geht es um Ursachen für die heutige Attraktivität von Sakralräumen. Außerdem sollen konkrete missionarische Gelegenheiten im Zusammenhang mit offenen Kirchen beschrieben werden. Schließlich sind aus dem Gesagten Konsequenzen im Hinblick auf die Umnutzung von Kirchen zu ziehen.[345]

7.2.1 Zwei persönliche Erfahrungen

Meine eigenen Erfahrungen mit Kirchenräumen bestätigen die Feststellung von Hartmut Rupp, einem der bekanntesten Vertreter der Kirchenpädagogik in Südwestdeutschland: »Die allermeisten persönlichen Erfahrungen mit der (evangelischen) Kirche sind nicht zuletzt von dem Kirchenraum geprägt, in dem sie gemacht wurden.«[346]

Die erste bewusste Erinnerung an ein Kircheninneres, die ich habe, ist mit dem jährlichen Besuch des Heiligabend-Gottesdienstes in der Kirche meiner Heimatstadt Nidda in Oberhessen verbunden. Als Kind erfüllten mich sowohl die Atmosphäre des großen Kirchenraumes als auch die beiden mir riesig erscheinenden Tannenbäume im Altarraum in ihrem Lichtermeer mit Ehrfurcht und Staunen. Damals, vor bald sechzig Jahren, wurde in der übervollen Kirche vor

---
344 Cornehl (1991, S. 300).
345 Teile der folgenden Überlegungen finden sich in Zimmerling (2020b).
346 Rupp (2006, S. 21).

dem Beginn des Gottesdienstes am Heiligen Abend noch geschwiegen. Darum lag über dem Raum mit seinen vielen Menschen eine feierliche Stille. Ich kann mich noch genau erinnern, wie stark meine kindliche Seele von der Erhabenheit dieses Momentes berührt wurde. Wahrscheinlich wurde dieser Eindruck durch die Stellung im Geschwisterkreis meiner Familie noch verstärkt. Ich hatte zwei zwanzig bzw. sechzehn Jahre ältere Geschwister. Immer wenn ich als Kind im Familienkreis etwas sagen wollte, meinte meine Mutter: »Wenn du einmal so alt sein wirst wie deine Geschwister, darfst du mitreden.« In der Kirche beeindruckte mich, dass auch die Erwachsenen nicht zu sprechen wagten. Es schien etwas Größeres zu geben, das ihnen den Mund verschloss. Manchmal denke ich, dass ich mich gerade aufgrund dieser Erfahrung später auf den Weg gemacht habe, diese mir unbekannte Wirklichkeit eines Größeren näher kennenzulernen.

Eine zweite Erfahrung: Ich stamme aus einer westdeutschen kirchendistanzierten Familie, in der die Mitgliedschaft in der evangelischen Kirche zwar nicht infrage gestellt wurde, die Teilnahme am kirchlichen Leben sich aber auf die Kasualien und den Besuch des Heiligabend-Gottesdienstes beschränkte. Dazu stand die Gewohnheit in einem gewissen Kontrast, bei Ausflügen und während des Urlaubs regelmäßig kunsthistorisch bedeutende Kirchen zu besichtigen. Dabei fiel mir schon als Kind auf, dass meine Eltern sich in den Kirchen anders als außerhalb verhielten. Mein Vater nahm seinen Hut ab (den er sonst immer trug) und wie meine Mutter schritt er schweigend und in Andacht durch den Kirchenraum.

7.2.2 Das rein funktionale Verständnis von Kirchenräumen und seine Überwindung

Die außerhalb der Gottesdienstzeiten geschlossene Kirche war jahrhundertelang ein Symbol für die Bedeutung des Kirchenraumes im Protestantismus. Die Reformation hatte zu einer Entsakralisierung des Raumes geführt! Er wurde in der Folgezeit weithin rein funktional verstanden. Der Entsakralisierung der Kirchen korrespondierte mit dem Verschwinden religiöser Symbole in der Landschaft insgesamt.[347] Wegkreuze, Kreuzwege, Kapellen, Klostergebäude, zum Teil auch Wallfahrtskirchen wurden in protestantischen Gegenden von einem gewaltigen Bildersturm beseitigt. Nur die Kirchen selbst mit ihren Türmen blieben erhalten – wenn auch häufig in reduzierter Anzahl – und erinnerten auf

---

347 Es wäre ein lohnendes Forschungsprojekt, einmal der Frage nachzugehen, ob die protestantische Entsakralisierung des Kirchenraumes den neuzeitlichen Säkularisierungsprozess der europäischen Gesellschaften beschleunigt hat.

räumlich-sichtbare Weise an die Gegenwart des Heiligen. Anders in katholischen Gegenden: Die überall in der Landschaft vorhandenen Hinweise auf die Präsenz Gottes halten bis heute sinnenfällig fest, dass es eine transzendente Wirklichkeit jenseits des naturwissenschaftlich Fassbaren gibt.

Auf die Spitze getrieben wurde die reformatorische Entsakralisierung des Kirchenraumes durch Bauprogramme der 1960er und 1970er Jahre, die unsakrale, dafür aber menschennahe kirchliche Räume schaffen wollten – nach dem Motto: Gemeindehaus statt Kirche. Gegenläufig zu dieser forcierten innerkirchlichen Entsakralisierung ereignete sich in der Gesellschaft spätestens seit den 1970er Jahren ein umgekehrter Prozess, eine neue Hochschätzung des Raumes – und in der Folge davon auch des Sakralraumes. »Während im Protestantismus die Entwicklung zu einer Aufwertung des Gottesdienstes und zu einer Abwertung des Sakralraums geführt hat, gilt für die säkulare Öffentlichkeit der Gegenwart das Umgekehrte: Geringschätzung des Gottesdienstes bei einer Hochschätzung des Raumes.«[348] Die neue Hochschätzung des Raumes in der Gesellschaft zeigte sich z. B. an der Wiederentdeckung historischer Gebäude und an der damit verbundenen Investitionsbereitschaft für deren Renovierung beziehungsweise Wiederaufbau.[349] In diesen Zusammenhang gehörten auch die Abkehr von der reinen Zweckbauweise und eine an markanten Stellen zu beobachtende Resakralisierung der Architektur, die an der baulichen Gestaltung von Einkaufszentren, Kinozentren, Bahnhöfen und Flughafenhallen, ja sogar von Autoproduktionsstätten, sichtbar wird.

Inzwischen hat die Wiederentdeckung des Raumes längst auch den Protestantismus erreicht. Das enorme Interesse und Engagement beim originalgetreuen Wiederaufbau der Dresdner Frauenkirche ist vielleicht das eindrücklichste Beispiel für diese Trendwende. Eine vergleichbare Deutung drängt sich im Hinblick auf die jahrelangen heftigen Auseinandersetzungen im Zusammenhang mit dem Bau der neuen Universitätskirche in Leipzig auf, deren mittelalterlicher Vorgängerbau 1968 von der damaligen SED-Führung aus ideologischen Gründen gesprengt wurde.[350]

Der Versuch, Kirchen durch multifunktionale Gemeinderäume zu ersetzen, muss heute als gescheitert betrachtet werden.[351] Die überwiegende Mehrzahl der Kirchenmitglieder – darüber hinaus auch der Kirche entfremdeter Menschen – scheint eine Sehnsucht nach sakralen Räumen zu besitzen. Das zeigt sich an

---

348 Ricker (2003, S. 142).
349 Es sei hier nur an den Wiederaufbau der Dresdner Frauenkirche, der Stadtschlösser von Berlin und Potsdam und der Eingangsfront des Braunschweiger Schlosses erinnert.
350 Winter (1998).
351 Vgl. dazu im Einzelnen Woydack (2005, S. 93 ff.).

der Beobachtung, dass, vor die Wahl gestellt, Kirche oder Gemeindehaus aufzugeben, Kirchgemeinden eher das Gemeindehaus verkaufen und entsprechende Gemeinderäume in ihre wilhelminische Kirche einbauen lassen, als die Kirche aufzugeben.[352] Eine »gemütliche« Gestaltung von Kirchen genügt ihnen offensichtlich nicht. Sie empfinden eine Diskrepanz zwischen den großen Worten der Liturgie und dem als Mehrzweckbau gestalteten Gemeindezentrum. Die neue protestantische Hochschätzung des Kirchenraumes zeigt sich darüber hinaus an der Forderung, die Kirchen auch außerhalb der Gottesdienstzeiten offenzuhalten, an der Entstehung und schnellen Verbreitung der Kirchenraumpädagogik,[353] am bürgerschaftlichen Engagement vieler eigens zum Erhalt von Dorf- und Stadtkirchen gegründeten Vereine (gerade auch in Ostdeutschland) und schließlich auch daran, dass der Raumbezug spirituellen Lebens zum Untersuchungsgegenstand der wissenschaftlichen Praktischen Theologie geworden ist.[354] 1997 erhob Wolf-Eckart Failing sogar die Forderung, Praktische Theologie als »eine theologische Theorie von möglichen Räumen und Orten gelebter christlicher Religion und den dort zu machenden Erfahrungen einer als christlich zu identifizierenden Praxis« zu entwickeln.[355]

7.2.3 Neuere praktisch-theologische Deutungen von Kirchenräumen

Eine Reihe von Praktischen Theologen versucht seit einiger Zeit, über das traditionelle reformatorische Verständnis von Kirchenräumen hinauszugehen. Sie nehmen dabei meist Raumtheorien aus dem Bereich der Religionswissenschaft, der Religionssoziologie und der Historie auf – besonders von Mircea Eliade, Alfred Lorenzer und Michel Foucault.[356] Die beiden ersteren gehen davon aus, dass es für den modernen Menschen keine heiligen Räume mehr geben kann, während letzterer durch seine Lehre von den Heterotopien zu begründen versucht, dass auch die Moderne noch heilige Orte kennt. Ich gehe im Folgenden

---

352 Ein Schulbeispiel dafür ist die evangelische Christusgemeinde in der Heidelberger Weststadt, die sich für den Verkauf des multifunktionalen Gemeindehauses und die Renovierung beziehungsweise den Umbau der historistischen Christuskirche entschied.
353 Dazu ausführlich: Klie (2003), Glockzin-Bever und Schwebel (2002) sowie Rupp und Schwebel (2006).
354 Vgl. dazu besonders die Dissertation von Woydack (2005) und die Habilitation von Umbach (2005).
355 Failing (1997, S. 391).
356 Vgl. dazu im Einzelnen Woydack (2005, S. 146–169), der in seiner Arbeit in Aufnahme des Raumbegriffs von Martina Löw auch einen eigenen Ansatz entwickelt, und Umbach (2005, S. 295–339); eine knappe Zusammenfassung der wichtigsten Theorien bietet auch Mertin (2003).

auf Manfred Josuttis, Klaus Raschzok und Rainer Volp ein, weil ihre Ansätze exemplarisch für eine Anzahl weiterer stehen.

Manfred Josuttis begründet die Heiligkeit des Kirchenraumes in Anknüpfung an den Kieler Religionsphänomenologen Hermann Schmitz phänomenologisch.[357] Mit diesem bestreitet er die Ansicht der neuzeitlichen Psychologie, dass menschliche Gefühle etwas Innerliches und die menschliche Psyche eine Projektionsmaschine von Affekten sei. Damit sollte die Autonomie des Individuums behauptet werden, Schöpfer seiner eigenen Gefühle zu sein. In Wahrheit aber werde der Mensch dadurch hoffnungslos überfordert, denn er sei weder Herr noch Schöpfer seiner Gefühle, wie ihm der neuzeitliche Cartesianismus einrede. Dagegen Schmitz: »Gefühle sind überpersönliche, räumlich ergossene Atmosphären, die ebenso als ergreifende Mächte Subjekte durch affektives, leibliches Betroffensein heimsuchen [...].«[358] Josuttis greift diese anticartesianische These auf und überträgt sie auf Kirchengebäude. Durch die Weihe werden diese von negativen Kräften befreit und von Gottes Kraft erfüllt: »[...] Worte, die bei der Kirchweihe in Lesungen, Predigt und Gebeten erklingen, haben, wie alle Worte, eine Raum erfüllende Macht.«[359] Die Kirche werde damit zur »Installation eines symbolischen Kraftfeldes, das für die Rezeption göttlicher Gegenwart wie für zwischenmenschliche Kommunikation gleichermaßen geeignet ist.«[360] Der Mensch habe im heiligen Raum sein Ziel erreicht, wenn er in seiner Leiblichkeit »durch befreienden Herrschaftswechsel« Christus lebt.[361] Auch wenn manche der Aussagen von Josuttis in Richtung eines ontologischen Raumverständnisses tendieren, versteht er die Heiligkeit des Kirchenraumes als »*symbolisches* Kraftfeld«.[362] Vor allem interpretiert er das Ziel der Heiligkeit des Kirchenraumes reformatorisch, wenn er es mit der Befreiung des Menschen von den lebenszerstörenden Kräften der Sünde und des Todes identifiziert und das Ziel des Sakralraumes in der gelingenden Kommunikation zwischen Gott und Mensch und den Menschen untereinander sieht.

Klaus Raschzok entfaltet in Aufnahme von Überlegungen des Lutheraners Hans Asmussen ein *Spurenmodell*.[363] Der Kirchenraum zeichnet sich einerseits aus durch Spuren des gottesdienstlichen und des persönlichen Gebrauchs,

---

357 Schmitz (1995).
358 Schmitz (1995, S. 80).
359 Josuttis (2002, S. 133).
360 Josuttis (2003, S. 38).
361 Josuttis (2003, S. 41); dahinter steht Luthers Sicht vom Menschen, der entweder von Gott oder vom Teufel beherrscht wird.
362 Mit Woydack (2005, S. 156) und gegen Rupp und Schwebel (2006, S. 22 f.).
363 Raschzok (2003).

andererseits durch Spuren Christi. Nach dem Gottesdienst ist Christus selbst zwar nicht mehr präsent, aber es finden sich Spuren seiner gottesdienstlichen Präsenz: »Nutzung hinterlässt Spuren an einem Gebäude und an einem Raum. Ein Raum wird deshalb zum heiligen Raum, weil sich in ihm Spuren der Christusanwesenheit mit Spuren der Lebensgeschichte seiner Nutzer verbunden haben.«[364] Raschzoks Ansatz bei der gottesdienstlichen Nutzung führt ihn zu folgender Definition der Heiligkeit des Kirchenraums: »Heiliger Ort meint damit, zu Christus gehörig, für ihn vorbehalten und für ihn ausgesondert zu sein, als Ort der Gemeinschaft der Heiligen, zu der alle Getauften gehören.«[365] Raschzok knüpft damit unmittelbar an die reformatorische Definition des Kirchenraumes als gottesdienstliche Versammlungsstätte an, führt die rein funktionale Deutung der Reformatoren aber weiter, indem er danach fragt, was durch den Gottesdienst mit dem Raum selbst geschieht.

Rainer Volp geht mit der Semiotik davon aus, dass der Kirchenraum eine eigene Sprache spricht. »Fassen wir zusammen, worin elementare Raumeinheiten ihre Symbolik entwickeln, dann fällt auf, dass kein Raum neutral ist, sondern immer schon vorentscheidet über kommunikative und existenziale Befindlichkeiten. Denn als ›Text‹ gibt er Entscheidungen des Bauens, der Umgestaltung und Benutzung weiter. Glaubenssituationen, die sich in Nischen ebenso wie in erhabenen Großräumen niedergeschlagen haben, wirken auf den Betrachter als Zeichen einer bestimmten theologischen Einstellung: gestaltete Räume geben ihre Bereitschaft für das zu erkennen, was in ihnen geschieht bzw. geschehen soll.«[366] Die »Heiligkeit« des Kirchenraumes könnte man, von Volps Ansatz ausgehend, als präsentisch-symbolisch bezeichnen.[367] »Der Kirchenraum ist heilig, weil er mit sinnlichen Symbolen auf das heilige Geschehen hinweist und Menschen für die Begegnung mit dem heiligen Gott präpariert.«[368] Auch dieses Modell ist durch seine Orientierung am Gottesdienst mit dem reformatorischen Denken verbunden, geht aber darüber hinaus, indem es nach den Wirkungen des Raumes selbst fragt. Während das Spurenmodell Raschzoks die Heiligkeit des Kirchenraums von den Wirkungen des vergangenen Gottesdienstes her bestimmt, gewissermaßen vergangenheitsorientiert ist, bestimmt

---

364 Raschzok (2003, S. 127).
365 Raschzok (2003) »... an keine Stätte noch Zeit aus Not gebunden« (Martin Luther). Zur Frage des heiligen Raumes nach lutherischem Verständnis vgl. Glockzin-Bever und Schwebel (2002, S. 108).
366 Volp (1993, S. 993).
367 Bucher (1990, S. 114 ff.).
368 Rupp und Schwebel (2006, S. 24).

das präsentisch-symbolische Modell die Heiligkeit des Raumes stärker von seinen zukünftigen Wirkungen her.

Halten wir fest: Alle drei skizzierten Modelle, die Heiligkeit des Kirchenraumes zu fassen, nehmen auf je eigene Weise reformatorisches Denken auf, wobei Josuttis stärker vom Erleben des einzelnen Menschen ausgeht, während Raschzok und Volp ihre Ansätze vom Gottesdienst her entwickeln. Gegen den Ansatz von Manfred Josuttis spricht Folgendes: Zwar wird sich »ubi et quando visum est Deo« – wo und wann Gott will – immer wieder ereignen, dass Menschen in Kirchenräumen mit der Wirklichkeit des Heiligen in Berührung kommen. Dafür gibt es gerade aus der Sowjetunion zahlreiche Beispiele. Der russische Astrophysiker Sergej Grib etwa beschrieb diese Erfahrung für sich so: »Ich betrat einmal die Kirche der Geistlichen Akademie in Leningrad, und sofort begriff ich, dass Gott hier in besonderer Weise gegenwärtig ist. Und als ich auf die Straße hinaustrat, da fühlte ich, dass Gott in den Menschen ist, dass er in den Bäumen ist, am Himmel und auf der Erde. Das Wissen um die Gegenwart Gottes in der Kirche ist es, was Menschen anzieht.«[369] Ich meine aber, dass aus dem Wunder keine Theorie entwickelt werden kann, wie Josuttis es im Rückgriff auf archaische Raumvorstellungen versucht. Klaus Raschzoks Spurenmodell hat den Vorteil, dass es anschlussfähig ist an das funktionalistische Raumverständnis der Reformatoren. Allerdings liegt genau an dieser Stelle auch seine Grenze: Die Heiligkeit von Kirchenräumen lässt sich von ihren Gebrauchsspuren her noch nicht hinlänglich erfassen. Die ausschließliche Orientierung am gottesdienstlichen Gebrauch führt zu einer zu engen Perspektive, was die Wirkungen von Kirchenräumen auf Besucherinnen und Besucher außerhalb der Gottesdienstzeiten betrifft.

Mich selbst hat der präsentisch-symbolische Ansatz am ehesten überzeugt, weil er die Möglichkeit eröffnet, die Wirkungen des gottesdienstlich genutzten Kirchenraumes auf den individuellen Besucher zu beschreiben – auch unabhängig von seiner Teilnahme am Gottesdienst. Grundlegend ist dabei die Erkenntnis, dass Symbole gleichermaßen vieldeutig und sprachlich nicht ausschöpfbar sind. In der Konsequenz bedeutet das, dass ein Kirchenraum für einen Menschen zum heiligen Raum werden kann, während ein anderer unbeeindruckt wieder herausgehen wird.

---

369 Zit. nach Zimmerling (1994, S. 160).

7.2.4 Ursachen für die heutige Attraktivität von Sakralräumen

Räume der Verlässlichkeit in einer Risikogesellschaft[370]

Um in der postmodernen Risikogesellschaft emotional überleben zu können, braucht es offensichtlich Orte der Verlässlichkeit. Hierin ist ein wesentlicher Grund für die wachsende Sehnsucht vieler Zeitgenossen nach sakralen Orten zu suchen. Von ihnen – offensichtlich eher als vom Gottesdienst – erhoffen sie sich symbolische und rituelle Vergewisserung ihres Lebens und Glaubens.[371] Diese Sehnsucht wird angesichts der prognostizierten Zunahme des globalen Risikopotenzials in Zukunft sogar noch stärker werden.

Ich möchte meine These von den Kirchen als Orten der Verlässlichkeit am Beispiel der Leipziger Universitätskirche illustrieren.[372] Der Freistaat Sachsen als Bauträger hatte sich nach jahrelangen heftigen Auseinandersetzungen mit der Universität Leipzig, der Stadt Leipzig und verschiedenen bürgerschaftlichen Gruppen darauf geeinigt, auf einen originalgetreuen Wiederaufbau der alten Universitätskirche zu verzichten, dafür aber einen Neubau zu errichten, der mit seiner äußeren und inneren Gestalt an die gesprengte Kirche erinnern sollte.[373] Dem dient nicht nur die äußere Baugestaltung, die jeden Betrachter sofort an eine Kirche denken lässt, sondern aufgrund der Nachahmung des gotischen Kreuzrippengewölbes, der Säulen, der Westempore mit der großen Orgel, der sogenannten Schwalbennestorgel im Altarraum und der Ausstattung mit den geretteten Epitaphien aus der alten Universitätskirche auch der Innenraum. Außerdem ist im Altarraum der ursprüngliche Paulineraltar, ein spätgotischer Schnitzaltar, wiederaufgestellt worden und soll nach dem Willen von Universitätsgottesdienst und Evangelisch-Lutherischer Landeskirche auch die aus der alten Kirche unmittelbar vor der Sprengung geborgene barocke Kanzel im Hauptraum in absehbarer Zeit an zentraler Stelle ihren Platz finden.[374] Die sakrale Anmutung des Gesamtraumes hat Konsequenzen für alle, die den Raum nutzen. Gerade an dieser Stelle drohte immer wieder die geplante gemeinsame Nutzung als Kirche und Aula zu scheitern.

Dass Menschen sich heute Kirchen als Räume der Verlässlichkeit wünschen, zeigen die folgenden eigenen Erfahrungen im Zusammenhang mit der Leip-

---

370 Eine ausführliche Version der folgenden Überlegungen findet sich in Zimmerling (2021b).
371 Ein Beleg für diese Sehnsucht ist gerade im Osten Deutschlands die Gründung vieler Vereine, die sich den Erhalt von Kirchen zum Ziel gesetzt haben. Oft das älteste Gebäude in einer Stadt oder einem Dorf, stellt die Kirche einen wesentlichen Identitätsmarker dar.
372 Vgl. dazu im Einzelnen Zimmerling (2021b).
373 Vgl. z. B. Häuser (2008, S. 15).
374 Das Finanzministerium des Freistaats Sachsen berief im August 2013 eine Expertenkommission ein, die nach Abschluss dem Rektorat der Universität Leipzig eine Empfehlung zur Aufstellung der Kanzel gab.

ziger Universitätskirche. Die Ehefrau eines früheren Angehörigen der Theologischen Fakultät schrieb mir unmittelbar vor dem Gottesdienst anlässlich des fünfzigsten Jahrestags der Sprengung, der am 30.5.2018 in der neuen Universitätskirche stattfand: »Für meinen Mann war die Sprengung der Paulinerkirche wie der Verlust einer nahen Angehörigen. Er hat jahrelang um die zerstörte Kirche getrauert. Darum ist es jetzt wie eine Auferstehung für ihn, dass die Kirche wieder steht und regelmäßig Gottesdienste gefeiert werden können.« Bei diesem früheren Kollegen löste die willkürliche Vernichtung der Paulinerkirche die gleichen Gefühle aus, wie sie sonst beim Tod eines geliebten Menschen typisch sind – mit allen Phasen, die den Trauerprozess charakterisieren: Fassungslosigkeit, Wut, Trauer, Annahme, Rückkehr in das Leben.

Schon vorher, beim ersten Universitätsgottesdienst auf der Baustelle der Aula und Universitätskirche St. Pauli am zweiten Advent 2009,[375] hatte ich als Prediger erlebt, dass viele Leipziger Bürgerinnen und Bürger intensive emotionale Erinnerungen mit der alten Universitätskirche verbinden, die anlässlich des ersten Gottesdienstes auf der Baustelle der neuen Kirche auf elementare Weise wachgerufen wurden. Im Anschluss an den Gottesdienst bildete sich im hinteren Teil des Raumes spontan eine lange Schlange von Menschen, die mir von ihren Erfahrungen in der alten Kirche erzählen wollten. Ich hörte anderthalb Stunden zu, ohne dass ich die Gelegenheit hatte, den Talar auszuziehen. Ein Ehepaar berichtete, dass sie sich bei den Proben des Universitätschors in der alten Universitätskirche kennen und lieben gelernt hätten und wie fassungslos und traurig sie damals über die Sprengung gewesen seien. Eine Frau war als Mitglied des Universitätschores Ende der 1950er Jahre wöchentlich bei den Proben und Aufführungen in der Kirche gewesen und hatte sie als ein Stück Heimat erlebt. Noch vor dem Mauerbau in den Westen geflohen, war sie heute zurückgekommen, um das besondere Ereignis des ersten Gottesdienstes nach vier Jahrzehnten am alten Ort mitzuerleben. Ein Mann erzählte, dass er für seine Fotografien von der Sprengung der Kirche sechs Monate lang in Stasiuntersuchungshaft gesessen habe.

Diese Berichte spiegeln die Breite und Intensität des Protestes von 1968 gegen die Sprengung. In den Tagen zwischen dem Beschluss der Leipziger Stadtverordnetenversammlung am 23.5. und der Sprengung am 30.5. kamen täglich – trotz strengen Versammlungsverbots und massiven Polizeiaufgebots – nach den Berichten der Staatssicherheit drei- bis vierhundert Personen zusammen. In der Erinnerung von Zeitzeugen waren es weit mehr, nämlich zwei- bis dreitausend.[376] Am Tag der Sprengung hatten sich mehrere Tausend Zuschauerinnen

---

375 Dokumentiert in Lux und Zimmerling (2010, S. 48–61).
376 Poumet (2009, S. 541).

und Zuschauer vor den Absperrungen versammelt.[377] Der Protest gegen die Sprengung der Universitätskirche im Mai 1968 war der letzte größere öffentliche Protest gegen das DDR-Regime vor der Friedlichen Revolution im Herbst 1989.[378] In der Folgezeit wurde ihre Zerstörung tabuisiert. Die verschwundene Kirche durfte weder in Reden noch in Büchern oder Stadtplänen öffentlich erwähnt werden. Der frühere Universitätsprediger Heinz Wagner, der den letzten Universitätsgottesdienst vor der Sprengung gehalten hat, sprach in seinen Lebenserinnerungen davon, dass die Seele der Leipziger Bürger verletzt worden sei.[379] Das galt für kirchliche wie nicht kirchliche Menschen gleichermaßen. Obwohl die Mehrheit der Leipziger gegen die Sprengung gewesen war, musste der Schmerz in den folgenden Jahren in der Öffentlichkeit unter Verschluss gehalten werden.[380] Erst durch den Bau der neuen Universitätskirche konnte eine Befriedung und Heilung erfolgen.

Hybridräume der Transzendenz

Der Direktor des EKD-Instituts für Kirchenbau und kirchliche Kunst der Gegenwart, Thomas Erne, fragt, warum es in einer zunehmend säkularer werdenden Gesellschaft trotzdem Kirchen braucht. Seine These ist, dass Kirchen heute »Hybridräume der Transzendenz« sind.[381] Voraussetzung dafür sei, dass sie weiterhin als Gottesdiensträume genutzt werden und dadurch »in sie etwas eingeschrieben ist von der religiösen Kommunikation der Gemeinde«.[382] Gleichzeitig seien Kirchen für eine (größer werdende) Anzahl von Menschen, die den Kirchenraum ästhetisch erleben, ein »Ort der Daseinsweiterung«.[383] Erne fordert,

---

377 Poumet (2009, S. 541).
378 Viele Beobachter nehmen einen Zusammenhang zwischen beiden Ereignissen an. Dieser lässt sich zwar organisatorisch nicht nachweisen, ist aber geistig nicht leicht von der Hand zu weisen (Fritzsch 1990, S. 166.62). Hat sich doch der Widerstand gegen das DDR-Regime während der Montagsgebete formiert, die in der Nikolaikirche nur wenige hundert Meter von der gesprengten Universitätskirche stattfanden, in der seit Oktober 1968 auch die zu »akademischen Gottesdiensten« degradierten Universitätsgottesdienste mit Erlaubnis und Finanzierung des SED-Regimes stattfanden.
379 Wagner (1992, S. 131–133).
380 Immerhin kam es nur zwanzig Tage nach der Sprengung noch einmal zu einem für DDR-Verhältnisse unerhörten Protestakt: »Auf der Abschlussveranstaltung des III. Internationalen Bach-Wettbewerbs entrollte sich über der Bühne ein Stoffplakat mit dem Umriss der Universitätskirche neben dem Abrissjahr und der Aufschrift: ›Wir fordern Wiederaufbau!‹« (Poumet 2009, S. 542); vgl. auch Fritzsch 1990.
381 Erne (2017, S. 18–31).
382 Erne (2017, S. 136).
383 Erne (2017, S. 136).

dass Kirchgemeinden in Zukunft bewusst dafür sorgen sollen, dass sich beide Erfahrungen »überlagern, wechselseitig vertiefen, aber auch abstoßen« können.[384]

Der neuen Leipziger Universitätskirche ist der von Erne festgestellte Hybridcharakter von Kirchenräumen gewissermaßen in den genetischen Code eingeschrieben. Als eine Art Simultaneum ist sie die Heimstätte des Universitätsgottesdienstes, der Universitätsmusik und akademischer Festakte sowie von Veranstaltungen von Nutzern außerhalb der Universität. Sie bietet seit ihrer Einweihung Menschen die Möglichkeit, im Gottesdienst die Aula als Kirche oder in Konzerten und anderen Veranstaltungen umgekehrt die Kirche als Aula zu erfahren. Der Mehrwert des Hybridcharakters liegt in einer Stadt mit nur 12 % evangelischen Kirchenmitgliedern auf der Hand: Viele Menschen kämen nicht auf die Idee, eine traditionelle Kirche zu betreten. Anders die neue Universitätskirche. Der Hybridcharakter der Aula und Universitätskirche St. Pauli führt aufgrund ihrer ganz unterschiedlichen Funktionen die verschiedensten Menschen in ihr zusammen.

Kirchen als äußerer Ausdruck von Gotteserfahrungen

Gestalt und Ausstattung von Kirchen stellen verdichtete, sinnlich wahrnehmbare Gotteserfahrungen dar. So ist früher die Gotik mit der Mystik in Verbindung gebracht worden. Danach stellte der gotische Kirchenbau eine Widerspiegelung der spezifisch abendländischen Form der Mystik dar. In der Gotik hätten das damals neu entstandene Verlangen nach Gottesnähe und das von Vergegenwärtigung des göttlichen Geheimnisses geprägte Verhältnis des Mystikers zu Gott räumlichen Ausdruck gefunden.[385]

Wenn Architektur und Innengestaltung von Kirchen räumlich-sichtbare Gotteserfahrungen darstellen, liegt es nahe, mit einem homiletischen Potenzial von sakralen Gebäuden und Räumen zu rechnen. Indem Gestalt und Ausstattung von Kirchen predigen, gewinnen sie eine Form von Offenbarungsqualität. Das homiletische Potenzial scheint mitverantwortlich dafür zu sein, dass viele Kirchenbesucher von einer Ahnung entsprechender Erfahrungen erfasst werden beziehungsweise selbst spirituelle Erfahrungen machen.

Dass ein Kirchengebäude durch seine bloße Existenz predigt, lässt sich wiederum sowohl mit der alten als auch der neuen Universitätskirche St. Pauli in Leipzig belegen. Die DDR-Führung wollte, dass im Zentrum Leipzigs und

---

384 Erne (2017, S. 137).
385 Vgl. dazu die Schriften des Abtes Suger zum Neubau von St. Denis, des ersten gotischen Kirchenbaus (dazu Wolf 1999, S. 1700 f.). Diese Auffassung lässt sich historisch heute nicht mehr halten (vgl. Leppin 2021, S. 169 f.).

seiner Universität nicht länger eine Kirche – die jahrhundertelang auch als Aula fungiert hatte – stand. Sie musste dem angeblich schönsten – sozialistisch geprägten – Universitätsneubau Europas Platz machen. Genauso belegen die jahrelangen Auseinandersetzungen um den Wiederaufbau der Universitätskirche das homiletische Potenzial einer Kirche.[386] Am gleichen Beispiel lässt sich zeigen, dass auch der sakral anmutende Innenraum eines Gebäudes zu predigen vermag. Er konfrontiert Besucherinnen und Besucher unüberhörbar mit seiner Botschaft. Hierin liegt letztlich der Grund, wieso in Leipzig ein längerer Streit darüber tobte, ob und inwieweit der Neubau von Aula und Universitätskirche St. Pauli einen sakral anmutenden Charakter haben durfte oder nicht.

7.2.5 Konkrete missionarische Gelegenheiten

Annäherungsmöglichkeiten an Gott als das Geheimnis der Welt

Ziemlich am Anfang meiner Tätigkeit in Leipzig wurde ich von meiner damaligen Kirchgemeinde gebeten, bei der Nacht der Kirchen mitzuwirken. Ich hatte die Aufgabe, mich einfach nur im von wenigen Kerzen beleuchteten Kirchenraum aufzuhalten und auf eventuelle Fragen zu antworten. Viele Leipziger nutzten die Gelegenheit, um zum Teil erstmals in ihrem Leben eine Kirche zu besuchen. Es war berührend, wie sich aus manchen Sachfragen längere Unterhaltungen über den Glauben und den Sinn des Lebens entwickelten.

Ein anderes Beispiel: Aufführungen von geistlichen Konzerten in Kirchen bieten auch säkularen Zeitgenossen die Möglichkeit, sich Gott als dem Geheimnis der Welt anzunähern. Während der DDR-Zeit wurde in den meisten Leipziger Kirchgemeinden Bachs Weihnachtsoratorium aufgeführt – mit überwältigender Resonanz. Unter den Hörerinnen und Hörern befanden sich viele Menschen, die nicht zur Kirche gehörten. In Bachs Musik wird das menschliche Leben in seiner ganzen Fülle und mit all seinen Emotionen thematisiert: Geburt und Tod, Erwachsenwerden und Altern, Gesundheit und Krankheit, tiefste Trauer und höchste Freude, bitterer Hass und innigste Liebe, schreckliches Leiden und völliges Glück. Bach ist es in seiner Musik gelungen, den gesamten Kosmos zum Klingen zu bringen. Ludwig van Beethoven meinte: »Nicht Bach, Meer sollte er heißen.« Im Kosmos von Bachs Musik fühlen sich Menschen unabhängig von ihrer religiösen Einstellung angesprochen. Auch der säkularste Zeitgenosse wird von Bachs Botschaft berührt, dass es Hoffnung auf Erlösung aus den Leiden dieses Lebens gibt. Sie lässt den Menschen erahnen, dass jenseits der Kerkermauern des eigenen Ichs noch eine andere Welt existiert. Die Botschaft von dieser neuen,

---

386 Ratzmann (2017).

anderen Welt verkündet Bachs Musik in herausragender Weise, ohne dass sie unbedingt als spezifisch christlich identifiziert werden müsste.

Kirchenpädagogische Zugänge

Bei Untersuchungen der Codierungen, die einen Raum als sakralen Raum wahrnehmen lassen, hat sich herausgestellt, dass die Raumvorlieben und -erwartungen von Menschen stark variieren. Es gibt nicht den Raum an sich, der von einer Mehrheit als positiv konnotierter sakraler Raum empfunden wird. Für manche wirkt eine gotische Kirche nicht erhebend, sondern einfach nur düster und abstoßend. Überdies bedarf es eines kulturellen Vermittlungsrahmens, um Räume in ihrer religiösen Besonderheit wahrzunehmen zu können. Damit sich Besucherinnen und Besuchern der spirituelle Gehalt eines Kirchenraumes erschließt, sind Vermittlungshilfen nötig. Auch wenn diese nicht ausschließlich verbaler Natur sein werden, ist dabei das deutende Wort unverzichtbar.

Als eine wichtige Vermittlungshilfe, um die spirituelle Dimension von Kirchenräumen näher zu erfassen, hat sich die Kirchenpädagogik entwickelt. Sie macht sich zur Aufgabe, Menschen mit Kirchenräumen in Beziehung zu bringen.[387] Dazu bedient sie sich unter anderem der Impulse und Methoden aus der Museumspädagogik. Ihr Ziel ist es, mittels der Erfahrung des Raumes einerseits Menschen die eigene Leiblichkeit bewusst zu machen, indem sie dazu anleitet, den Raum mit dem ganzen Körper und allen Sinnen zu erfahren. Andererseits öffnet sie den Blick für die Bedeutung des Raumes in der gottesdienstlichen Feier der Gemeinde. Um diese Ziele zu erreichen, werden besondere Kirchenführungen angeboten, durch die der Kirchenraum nicht nur sprachlich und visuell, sondern auch im Durchschreiten, Ertasten und Empfinden erschlossen wird. Dem gleichen Ziel dient das Angebot von speziell auf die Raumerfahrung ausgerichteten Veranstaltungen, wie z. B. besonderen Konzerten, aber auch Gottesdiensten bei Nacht in der dunklen Kirche.

Angebot niederschwelliger geistlicher Rituale

Eine missionarische Gelegenheit stellt auch das Angebot individuell zu vollziehender, niederschwelliger spiritueller Rituale in geöffneten Kirchen außerhalb der Gottesdienstzeiten dar. Ich denke hier an Lichterbäume, Gästebücher,

---

387 Vgl. hier und im Folgenden Klie (2003), von katholischer Seite Richter (1998) sowie Rupp und Schwebel (2006), Woydack (2005) und Umbach (2005); siehe auch den Internetauftritt des Bundesverbandes Kirchenpädagogik e. V.

Karten mit vorformulierten Gebeten, an Zettel zum Aufschreiben persönlicher Fürbitten, an Büchertische mit geistlicher Literatur, aber auch an Möglichkeiten zu Beichte, zur Segnung und zum Krankengebet, ebenso an das Angebot seelsorglicher Aussprache. Die genannten Angebote gibt es inzwischen in vielen kunsthistorisch bedeutsamen Kirchen, genauso in den Citykirchen.

Der Protestantismus hat sich im Hinblick auf spirituelle Symbole und Rituale lange Zeit schwergetan. Jede geprägte Form stand unter dem Verdacht, eo ipso eine tote Form zu sein. Dadurch wurde übersehen, dass Rituale hilfreich sind, um die eigene spirituelle Stummheit zu überwinden. Überdies war evangelische Spiritualität traditionellerweise stark auf den Intellekt ausgerichtet. Nicht zuletzt das wachsende ökumenische Miteinander seit dem Zweiten Vatikanischen Konzil hat hier ein Umdenken eingeleitet und zur Aufnahme von Impulsen vor allem aus der katholischen Spiritualität geführt. Dadurch sind geprägte, sinnliche Formen der Vergewisserung des Glaubens wiederentdeckt worden.

Orte öffentlicher Seelsorge

Einige Monate vor der Einweihung der neuen Leipziger Universitätskirche hatte ich folgendes Gespräch.[388] Meine Gesprächspartnerin hatte erfahren, dass ich Erster Universitätsprediger war, woraufhin sie mir spontan erzählte, dass sie bei der Sprengung 1968 dabei gewesen sei. Mit ihren Arbeitskollegen sei sie auf die Straße getreten und habe das In-sich-Zusammensacken der gesprengten Kirche beobachtet. Bis dahin sei sie von der Wahrheit der sozialistischen Weltanschauung überzeugt gewesen. In diesem Augenblick jedoch seien ihr erstmals Zweifel gekommen: Könne eine Ideologie recht haben, die ein derart bedeutendes kulturelles Bauwerk einfach zerstörte? Ihr Vater, ein frommer Mann, war wegen ihr aus der Kirche ausgetreten, um ihre berufliche Laufbahn nicht zu gefährden. Er sei zwar schon lange tot, aber sie habe nach der Wende in ihrem Heimatort eine beträchtliche Geldsumme zur Renovierung der Kirche gespendet. Auch in der neuen Universitätskirche habe sie sich an der Restaurierung eines der alten Epitaphien beteiligt.

Das Gespräch ist mir lange nachgegangen. Hier hatte eine junge Frau dem Sozialismus vertraut und sich am Aufbau einer neuen Gesellschaft beteiligen wollen. Ererbter Glaube und Kirche waren darüber in den Hintergrund getreten. Die Sprengung der Universitätskirche hatte jedoch ein Umdenken eingeleitet. Nach der Friedlichen Revolution hatte meine Gesprächspartnerin durch finan-

---

388 Die Züge der folgenden Gespräche sind so verfremdet, dass keine Rückschlüsse auf konkrete Personen möglich sind.

zielle Zuwendungen Wiedergutmachung geleistet. Das war für sie die Form, in der sie Verantwortung für ihre Mitschuld am Unrechtshandeln des SED-Staates übernahm. Ich habe meine Gesprächspartnerin nicht darauf hingewiesen, dass im Zentrum des christlichen Glaubens das Angebot Gottes steht, dem Menschen Versagen und Schuld ohne Vorleistungen zu vergeben. Intuitiv dachte ich an die biblische Aussage, dass Gott das Herz ansieht (1Sam 16,7). Allerdings habe ich sie zum Einweihungsgottesdienst eingeladen.

Darüber hinaus machte ich die Erfahrung, dass viele kirchendistanzierte Bürgerinnen und Bürger Leipzigs durch die neue Universitätskirche neugierig geworden sind und den Universitätsgottesdienst besuchen, um eine gottesdienstliche Transzendenzerfahrung »auf Probe« zu machen. Im sonntäglichen Gottesdienst besteht die Möglichkeit, die Botschaft von der voraussetzungslosen Vergebung durch Gott bekannt zu machen. Anders als im persönlichen Seelsorgegespräch geschieht das in der zurückhaltenden Form der »cura animarum generalis«, der allgemeinen Seelsorge. Der Schutzraum der Freiheit des Einzelnen kann dadurch besser als im seelsorgerlichen Einzelgespräch gewahrt werden. Die neue Universitätskirche erweist sich so als nicht zu unterschätzender Freiraum der Seelsorge.

7.2.6 Konsequenzen im Hinblick auf die Umnutzung von Kirchen

Aufgrund des Mitgliederschwunds der großen Kirchen und geringerer Finanzmittel werden in den kommenden Jahren viele Kirchengebäude nicht mehr für den Gottesdienst gebraucht. Dadurch wird sich vermehrt die Frage nach ihrer zukünftigen Nutzung stellen. Die beschriebene gesellschaftliche Gemütslage mit ihrer Sehnsucht nach sakralen Räumen lässt eine äußerst sensible Vorgehensweise bei der Umnutzung von Kirchen unerlässlich erscheinen. Der entsprechende Prozess sollte breit angelegt sein und nicht nur die Kirchen, sondern alle gesellschaftlich relevanten Gruppen einbeziehen. Dabei sollten möglichst vielfältige Artikulations- und Mitsprachemöglichkeiten eröffnet werden. Auch der Faktor Zeit ist zu berücksichtigen. Bis zu einer endgültigen Entscheidung sollte ein längerer Zeitraum eingeplant werden. Die Beteiligung vieler stellt eine wichtige Bedingung für die Entdeckung neuer kreativer Optionen der Kirchennutzung dar. Ausreichend Zeit ermöglicht den Betroffenen, den Weg zu einer unerlässlich gewordenen Umnutzung innerlich mitzugehen.

Im Hinblick auf eine nur partielle Umnutzung des Kirchenraumes zeigen die referierten praktisch-theologischen Ansätze zum Verständnis von Kirchen, dass im Rahmen der Umgestaltung des Innenraums für andere Nutzungsmöglichkeiten die Konsequenzen für die Aura des Raums sorgfältig beachtet werden sollten. Die Verschiebung oder gar Entfernung der Prinzipalstücke z. B. führt leicht zu einer Beeinträchtigung des Symbolgehalts. Mindestens jedoch sollte dafür Sorge getragen werden, dass die Umnutzung keine Gegensymbolik zum (früheren) Widmungszweck des Kirchenraumes entfaltet.[389]

Der Verkündigungscharakter vieler Kirchen macht auch verständlich, wieso bei einer Umnutzung die Übergabe an Gemeinschaften nicht christlicher Religionen nicht möglich ist. Die vereinzelt vertretene Ansicht, dadurch ein Zeichen für den interreligiösen Dialog im Sinne eines toleranten und friedlichen Zusammenlebens unterschiedlicher Religionen in unserer Gesellschaft setzen zu können, ist daher wenig überzeugend.[390] Die christliche Codierung einer Kirche ist gewöhnlich so stark, dass mit einer entsprechenden Umnutzung unwillkürlich konterkarierende Assoziationen im Sinne einer feindlichen Übernahme aufgerufen werden dürften.

Die gegenwärtige Sehnsucht nach Räumen der Verlässlichkeit kann bei der Umnutzung von Kirchen auf unterschiedliche Weise berücksichtigt werden. Häufig sind Kirchen die ältesten Gebäude einer Stadt oder eines Stadtteils. Ihre Stellung entweder inmitten eines Quartiers oder an hervorgehobenen Plätzen lässt sie automatisch zu Monumenten, zu öffentlichen Gebäuden und zu Identitätsmarkern einer Stadt oder sogar einer ganzen Landschaft werden.[391] Eine wichtige, bereits durch den Denkmalschutz gewährleistete, Möglichkeit besteht darin, für den Erhalt der äußeren Gestalt der Kirchengebäude Sorge zu tragen. Empfehlenswert ist überdies, bei einer Umnutzung wenn irgend möglich auch den sakralen Charakter des Innenraumes zu erhalten. Denn nicht nur die äußere Gestalt, sondern auch der Innenraum wird von kirchlichen und nicht kirchlichen Zeitgenossen gleichermaßen als Identitätsvergewisserung erfahren.[392] Eine Umnutzung, die eine zumindest gelegentliche kirchliche beziehungsweise gottesdienstliche Nutzung ermöglicht, sollte daher bevorzugt werden. Ebenso wichtig ist eine verlässliche, gleichbleibende Umnutzung.

Schließlich ergeben sich auch aus dem Hybridcharakter von Kirchen wichtige Aspekte im Hinblick auf deren Umnutzung. Dazu kommt, dass die reformatorische Theologie von Anfang an die Zuwendung Gottes zur Welt betont hat. Entsprechend sind eine Fülle von Funktionen von Kirchen bei Umnutzungen denkbar. Bevorzugt können sie als Treffpunkte und Versammlungsorte, als Orte von Kunst und Kultur und als Stätten diakonischer Hilfe dienen.

---

389 Vgl. dazu EKHN (2009, S. 850).
390 So z. B. Körs (2015).
391 Vgl. dazu Stückelberger (2015).
392 Dazu kritisch: Duttweiler (2015).

7.3 Kommunitäten und Einkehrhäuser als evangelische Gnadenorte

Angesichts der heutigen Krise, ja des Überlebenskampfes der Kirchen, sind spirituelle Zentren wie Kommunitäten und Häuser der Stille eine Gewähr dafür, dass das Christentum in Deutschland Zukunft hat.[393] Das soll im Folgenden näher begründet werden.

7.3.1 Ein kurzer Blick zurück

Evangelische Kommunitäten: Begriff und Entstehung

Als Begriff wird »Kommunität« (lat. »communitas«, eng. »community«, fr. »communauté«) im Deutschen in einem engeren und einem weiteren Sinn verwendet. Im engeren Sinn bezeichnet er evangelische Gemeinschaften, die nach der – häufig modifizierten – Regel der drei monastischen Gelübde auf Dauer zusammenleben: des Gehorsams gegen eine Leitungsinstanz, des Verzichts auf Privatbesitz und auf die Ehe. Im weiteren Sinn findet der Begriff für Schwesternschaften, Bruderschaften und Gemeinschaften von Frauen und Männern Verwendung, deren Mitglieder zwar nach einer verbindlichen Regel ihr Christsein gestalten und auch regelmäßig zu Tagungen und Einkehrzeiten zusammenkommen, ohne sich aber aus Familie und Beruf zu lösen. Es gibt auch Gemeinschaften, die beide Formen umfassen (z. B. die Jesus-Bruderschaft Gnadenthal in der Nähe von Frankfurt am Main). Die heutigen Selbstbezeichnungen der Gemeinschaften lassen eine bunte Vielfalt erkennen, die sich meist aus ihrer Eigenart und Entstehungszeit ergibt, aber nicht unbedingt ihre innere Struktur zum Ausdruck bringt (Kommunität, Bruder- und Schwesternschaft, Familie, Ring, Kreis, Gilde, Foyer, Oratorium, Kloster, Konvent, Cella, Priorat, Orden und andere).

Kommunitäten sind ein in der Geschichte der evangelischen Kirche relativ neues Phänomen.[394] Im vergangenen Jahrhundert gab es mehrere Entstehungswellen gemeinschaftlichen Lebens. Zunächst schlossen sich vor und nach dem Ersten Weltkrieg im Zusammenhang mit dem Aufbruch der Jugendbewegung, angesichts der Erschütterungen des Krieges, der Neuordnung des kirchlichen Lebens in der Weimarer Republik und der Neuorientierung der Theologie in den 1920er Jahren einzelne Bruderschaften ohne »vita communis«,

---

393 Die folgenden Überlegungen gehen zurück auf einen Vortrag anlässlich der Fünfzig-Jahr-Feier des Hauses der Stille der Nordkirche in Weitenhagen bei Greifswald am 25.6.2022. Zu kommunitärer Spiritualität habe ich ausführlichere Überlegungen vorgelegt in: Zimmerling (2010, S. 155–169).
394 Hage (1981).

ohne gemeinsames Leben, zusammen. Am bekanntesten und größten wurde die 1931 gegründete Michaelsbruderschaft. Einsamer Vorläufer der Kommunitäten mit gemeinsamem Leben war das von Bonhoeffer 1936 im Zusammenhang mit dem von ihm geleiteten Predigerseminar der Bekennenden Kirche ins Leben gerufene »Bruderhaus« in Finkenwalde bei Stettin. Es wurde allerdings bereits 1937 von der Gestapo geschlossen.[395] Die ersten Kommunitäten mit gemeinsamem Leben entstanden dann unmittelbar nach dem Zweiten Weltkrieg. Damals bildeten sich evangelische Orden in der Traditionslinie vorreformatorischer Regeln. Die 1950 gegründete Communität Casteller Ring gehört mit der schon 1940 entstandenen Bruderschaft von Taizé und der 1947 in Darmstadt gebildeten Evangelischen Marienschwesternschaft zu den ältesten. In den 1960er Jahren formierten sich Familiengemeinschaften als Erneuerungszellen in einer Zeit tief greifender gesellschaftlicher Umbrüche. Zu ihren bekanntesten zählen die Familienkommunität der Jesusbruderschaft Gnadenthal und die Offensive Junger Christen in Reichelsheim im Odenwald, die beide 1968 entstanden. In jüngster Zeit fällt auf, dass sich eine Vielzahl »niederschwelliger« christlicher Lebensgemeinschaften gebildet hat, die aus weniger Mitgliedern bestehen und zudem weniger langfristig angelegt sind als die traditionellen Kommunitäten.

Der Besucherzustrom nach Taizé ist bis heute beachtlich. Tausende von Jugendlichen unterschiedlichster kirchlicher Herkunft und Nationalität bevölkern vor allem in den Sommermonaten das Gelände, um an den gemeinsamen Gebetszeiten, Gottesdiensten und Bibelarbeiten teilzunehmen. Auch deutsche Kommunitäten erfreuen sich bei vielen Menschen großer Beliebtheit. In das Licht einer breiteren kirchlichen Öffentlichkeit sind sie durch ihre Mitarbeit beim Deutschen Evangelischen Kirchentag getreten. Viele Jahre lang wurde dort das »Evangelische Kloster« von ihnen gemeinsam verantwortet: mit Seelsorge- und Segnungsangeboten, Vorträgen und Möglichkeiten zum persönlichen Kennenlernen.

Die Entstehung von Häusern der Stille in der evangelischen Kirche

Unter Häusern der Stille oder Einkehrhäusern werden Orte verstanden, in denen Einzelne oder ganze Gruppen sich auf Zeit zu geistlichen Übungen zurückziehen können. Die meisten Landeskirchen unterhalten entsprechende, verschieden große, Einkehrhäuser.

Einkehrhäuser stellen nicht anders als Kommunitäten ein in der Geschichte der evangelischen Kirche junges Phänomen dar. Erste Überlegungen zur Grün-

---

[395] Zimmerling (2006, S. 57–76).

dung von Häusern der Stille in der evangelischen Kirche – damals unter dem Namen Retraite-Häuser – gehen auf die Michaelsbruderschaft in der Zeit nach dem Ersten Weltkrieg zurück.³⁹⁶ Das von Bonhoeffer gegründete und geleitete Bruderhaus in Finkenwalde bei Stettin war von Anfang an zugleich als eine Art Einkehrhaus für Pfarrer und Laien gedacht. Meines Wissens war das Bruderhaus sogar das erste Einkehrhaus in Deutschland.

Wilhelm Stählin hat 1954 die in Jahrzehnten erworbenen Retraite-Erfahrungen im Rahmen der Michaelsbruderschaft in seinem Buch »Die ausgesonderten Tage« zur Diskussion gestellt.³⁹⁷ Es handelt sich dabei um die erste größere Veröffentlichung zu diesem Thema im Bereich der evangelischen Kirche in Deutschland. Die Michaelsbruderschaft hatte die Retraite-Arbeit sowohl der anglikanischen Kirche als auch der lutherischen Kirchen Skandinaviens noch nicht im Blick, obwohl diese zum Zeitpunkt von Stählins Buchveröffentlichung bereits mehrere Jahrzehnte bestand.³⁹⁸ Schon um die Wende vom 19. zum 20. Jahrhundert gab es in der anglikanischen Kirche fünf Retraite-Häuser, die von Ordensgemeinschaften getragen wurden.³⁹⁹

Über ein Vierteljahrhundert später hat der sächsische Pfarrer und Leipziger Theologe Gottfried Wolff die Geschichte der Exerzitienarbeit in Deutschland aufgearbeitet. Er konnte zeigen, dass es nach dem Zweiten Weltkrieg im Raum des deutschen Protestantismus zu einer Ausbreitung des Retraite-Gedankens und im Gefolge davon zur Entstehung von Häusern der Stille kam. War in Westdeutschland dafür vor allem die Entstehung von Kommunitäten verantwortlich, speiste sich der Retraite-Gedanke in Ostdeutschland aus unterschiedlichen Einflüssen. Wolfgang Breithaupt, der langjährige Leiter des Hauses der Stille der damaligen Pommerschen Landeskirche in Weitenhagen bei Greifswald, schreibt: »Manche haben den Zugang zu Retraiten gefunden durch einen pietistischen Aufbruch, durch Gebetsgruppen; andere sind von anglikanischen Freunden eingeführt worden; daneben haben Lutheraner, vor allem aus Schweden, den Zusammenhang von Liturgie und Einkehr ans Licht gehoben; und nicht zuletzt haben die ignatianischen Exerzitien und verwandte spirituelle Formen der katholischen Christen vielen Protestanten auf dem Weg zu Sammlung und Stille geholfen.«⁴⁰⁰ In den 1970er Jahren rief der Hauptgeschäftsführer der Arbeitsgemeinschaft Missionarische Dienste in der DDR, Paul Toaspern, die »Arbeitsgemeinschaft für Evangelische Einkehrtage« ins Leben.

---

396 Vgl. hier und im Folgenden Wolff (1980, S. 11 ff.).
397 Stählin (1954).
398 Wolff (1980, S. 33 ff., 79 ff.).
399 Wolff (1980, S. 37).
400 Breithaupt (1996).

Was sind die Gründe, die zur Entstehung evangelischer Einkehrhäuser geführt haben? Mit der Entstehung von Bruder- und Schwesternschaften und Kommunitäten standen in der evangelischen Kirche in Deutschland plötzlich Fachleute für geistliche Übungen zur Verfügung, die es seit dem Wegfall der Orden im Protestantismus so nicht mehr gegeben hatte. Eine weitere Ursache stellte die ökumenische Annäherung zwischen den Konfessionen in den 1950er und 1960er Jahren dar. Dadurch wurde eine Reihe von gegenseitigen Vorurteilen abgebaut, was zu einer positiven Wahrnehmung der spirituellen Formen der jeweils anderen Konfession führte. Wichtig war seit dem Ende der 1960er Jahre eine gesamtgesellschaftliche Gemütsveränderung, die vor der Kirche nicht Halt machte. Die meisten Menschen interessierte nicht länger die richtige Theorie, sondern die richtige Praxis. Sie wollten den Glauben nicht länger bloß denken, sondern auch erfahren.

7.3.2 Kommunitäten und Häuser der Stille als Zentren evangelischer Spiritualität

Spirituelle Zentren wie Kommunitäten und Häuser der Stille sind Erprobungsräume, Orte der Einübung in den gelebten Glauben. Die theologische Voraussetzung dafür, dass Kommunitäten und Häuser der Stille im Raum des Protestantismus entstehen konnten, war dabei die Einsicht, dass geistliche Übungen den Rechtfertigungsglauben nicht schwächen, sondern im Gegenteil erst zur Erfahrung werden lassen.

Einer der ersten Theologen, der dies erkannte, war Dietrich Bonhoeffer. Im Predigerseminar der Bekennenden Kirche in Finkenwalde bei Stettin bestimmten geistliche Übungen, Exerzitien, den Tagesablauf. Eine gemeinsam gelebte verbindliche Glaubenspraxis sollte den Vikaren zeigen, dass der Aspekt der Übung für die Gestaltwerdung des Glaubens unerlässlich ist. Dagegen ist bald aus den eigenen Reihen der Vorwurf der Gesetzlichkeit erhoben worden. Die Kritik Karl Barths, des theologischen Vordenkers der Bekennenden Kirche und wichtigsten Lehrers Bonhoeffers, ist das prominenteste Beispiel dafür. Nach der Lektüre der Finkenwalder »Anleitung zur Schriftmeditation«[401] schrieb er: „Und wiederum störte mich in jenem Schriftstück ein schwer zu definierender Geruch eines klösterlichen Eros und Pathos [...].[402] Bonhoeffer hielt jedoch an seiner Überzeugung fest, dass spirituelle Übungen den Geschenkcharakter des Glaubens keineswegs schwächen, sondern ihn erst zur vollen Entfaltung kommen lassen.

---

401 Finkenwalde, 22.5.1936, verfasst zusammen mit Eberhard Bethge (Bonhoeffer 1994).
402 Brief vom 14.10.1936 (Barth 1996, S. 252 f.).

Barth hat übrigens nach dem Krieg sein Urteil revidiert und sich Bonhoeffers Position zu eigen gemacht.[403]

Eine wichtige Voraussetzung, dass Kommunitäten und Häuser der Stille ihrer spirituellen Aufgabe gerecht werden können, ist die Gestaltung der Räume. Dazu ist Geld nötig. Die Kirche gibt viel Geld für die unterschiedlichsten Aufgaben aus. Warum nicht auch, um die Einübung von Spiritualität zu ermöglichen, immerhin die grundlegende Lebensäußerung der Kirche? Die besondere Ästhetik von Kommunitäten und Einkehrhäusern trägt dazu bei, dass Menschen zur Ruhe kommen und sich für neue Einsichten, auch spiritueller Art, öffnen. Die gleiche Funktion erfüllt die in ihnen gepflegte Esskultur. Zur christlichen Gemeinschaft gehört das Fest. Am festlichen Miteinander ihrer Glieder wird sichtbar, dass eine christliche Gemeinschaft – auch eine auf Zeit wie die Tagungsgemeinschaft in einem Haus der Stille – keine bloße Zweckgemeinschaft ist. Theologisch betrachtet, konkretisiert sich im zweckfreien festlichen Miteinander die Erkenntnis, dass sich der Mensch nicht sich selbst verdankt, sondern Gott, dem Schöpfer. Am Sabbat vollendete Gott seine Schöpfung (Gen 2,2 f.). Vom Sabbat her erhält die Schöpfung eine festliche Dimension: »Am Sabbat wird die Erlösung der Welt vorweggefeiert.«[404] Franz Rosenzweig bezeichnete den Sabbat zu Recht als »das Fest der Schöpfung«.[405]

Spirituelle Zentren wie Kommunitäten und Einkehrhäuser stellen auch ganz praktisch eine geistliche Bereicherung dar, die für die Gesamtkirche unverzichtbar ist. Sie bieten als »evangelische Gnadenorte« ihren Gästen die Möglichkeit, geistlich aufzutanken. Diesem Zweck dient neben der Möglichkeit zum zeitweiligen Mitleben eine Vielzahl von Tagungsangeboten wie etwa Tage der Stille, Seelsorgeseminare und Exerzitien. Dazu kommen Angebote seelsorglicher Begleitung. Die Situation des Abstands vom normalen Alltagsleben während des Aufenthalts in einer Kommunität oder einem Einkehrhaus fördert die Bereitschaft, sich existenziellen Fragen zu stellen und Schritte der Veränderung zu gehen.[406] Kommunitätsmitglieder und Mitarbeiterinnen und Mitarbeiter in Häusern der Stille sind als Fachleute für Seelsorge bekannt geworden und werden von einer Reihe von Gemeindegliedern – gleichermaßen sogenannten Laien und Pastorinnen und Pastoren – regelmäßig aufgesucht.

---

403 Dabei stellte er in KD IV/2 fest, dass er sich in Bezug auf das Thema Rechtfertigung und Heiligung in großer Übereinstimmung mit Bonhoeffer befand (Barth 1964, 604.612 f.).
404 Moltmann (1985, S. 279).
405 Rosenzweig (1959, S. 64, zit nach Moltmann 1985, S. 280).
406 Vgl. Heinz-Mohr (1975, S. 44 f.).

7.3.3 In Kommunitäten und Häusern der Stille primär gepflegte Formen der Spiritualität

Tagzeitengebete: Betonung der rituellen Seite des Glaubens

Rituale verhelfen dem Glauben zur Gestaltwerdung. Sie sind unerlässlich, um den Glauben an die nächste Generation weiterzugeben. In unserer säkularen Gesellschaft besteht täglich die Gefahr, dass jedem Christen der Glaube regelrecht weggesogen wird. Darin liegt ein Grund für die wachsende Sehnsucht vieler nach Vergewisserung des Glaubens durch gleichbleibende Riten und Symbole. Die in Kommunitäten und Häusern der Stille praktizierten Tagzeitengebete stellen ein solches Ritual dar. Erhard Kästner schreibt in seiner »Stundentrommel vom Berg Athos«: »In Riten fühlt die Seele sich wohl. Das sind ihre festen Gehäuse. Hier lässt es sich wohnen […] Der Kopf will das Neue, das Herz will immer dasselbe.«[407]

Abendmahl: Wiederentdeckung der sinnlichen Seite des Glaubens

Lange Zeit ist die Frage nach der Bedeutung von Leiblichkeit und Sinnlichkeit von der evangelischen Spiritualität vernachlässigt worden. Gerade geistig beanspruchte Menschen wollen den Glauben heute nicht nur denken, sondern auch mit allen Sinnen spüren.

Dabei muss die regelmäßige Feier des Abendmahls, wie sie in Kommunitäten und Häusern der Stille praktiziert wird, die Konzentration evangelischer Frömmigkeit auf das Wort nicht infrage stellen. Vielmehr geht es darum, neben der verbalen Seite auch der sinnlichen Dimension des Glaubens zu ihrem Recht zu verhelfen. Der Glaube drängt zur Verleiblichung, worauf schon die Menschwerdung Jesu Christi hindeutet. Spiritualität ist nicht nur eine Sache der Innerlichkeit, sondern betrifft den ganzen Menschen: seinen Geist, seine Seele und eben auch seinen Leib.

Einzelbeichte: Heilsam bei sich selbst einkehren

Kommunitäten und Einkehrhäuser sind neben Kirchentagen die primären Orte, an denen im Raum der evangelischen Kirche heute gebeichtet wird.[408] Wenn es stimmt, dass der Kern des christlichen Glaubens in der Rechtfertigung des Gottlosen allein aus Gnaden besteht, dann sind spirituelle Formen nötig, die diesen Kern des Glaubens erfahrbar machen. Ansonsten verblasst der Rechtfertigungs-

---

407 Kästner (1974, S. 87).
408 Vgl. dazu im Einzelnen Zimmerling (2021a).

glaube zu einer Freiheitsideologie. Eine Möglichkeit, die Rechtfertigungslehre praktisch zu erfahren, stellt die Beichte in ihren unterschiedlichen Formen dar, vor allem aber die Einzelbeichte. Die Beichte und die Lehre von der Rechtfertigung bedingen einander: Keine evangelische Beichte ohne Rechtfertigungsglauben, aber auch kein Rechtfertigungsglaube ohne Praxis der Beichte! Die Beichte bildet den Lackmustest für die evangelische Rede von Schuld und Vergebung.

Die Zunahme von Schuldbekenntnissen im politischen Raum zeigt, dass die Frage nach Schuld und Vergebung auch in der modernen säkularen Gesellschaft auf der Agenda steht. Andererseits ist die Abwehr vieler Menschen gerade gegenüber der Predigt von Buße und Umkehr nur zu verständlich: Die Kirche hat die Rede von Sünde und Schuld in der Vergangenheit immer wieder dazu missbraucht, Menschen in Angst und Abhängigkeit zu halten. Schuldigwerden gehört zum Menschsein, auch zum Leben in der Nachfolge Jesu Christi, dazu. Ich nehme mein Menschsein dadurch ernst, dass ich meine Schuld eingestehe. Eine Leugnung, eine Bagatellisierung oder Verdrängung meiner Schuld bedeutet demgegenüber eine Missachtung meines Menschseins. Das Eingeständnis des Sünderseins wahrt den Unterschied zwischen Schöpfer und Geschöpf. Die Anerkennung eigenen schuldhaften Verhaltens bedeutet auch in psychologischer Hinsicht einen Akt der Reife. Sie trägt zur Integration verdrängter Persönlichkeitsanteile bei. Dabei ist mir bewusst: Dass die christliche Rede von Sünde und Schuld dem Menschen seine Verantwortlichkeit zurückgibt und damit zur Stärkung seines Selbstwertgefühls beiträgt, wird nicht von heute auf morgen im öffentlichen Bewusstsein Eingang finden.

Meditation: Chance zur Entschleunigung

Kommunitäten und Häuser der Stille sind meist auch Zentren der Meditation. Die Palette von Meditationsangeboten reicht vom Autogenen Training über die aus der orthodoxen Tradition stammende Meditation des Jesus-Gebetes bis zu Meditationsformen, die vom buddhistischen Zen inspiriert sind.[409]

Ein breiteres Interesse an Meditation setzte in Deutschland Ende der 1960er Jahre ein. Ein zunehmender Teil der Bevölkerung empfand ein Unbehagen gegenüber der Leistungsgesellschaft, die als Fremdbestimmung erlebt wurde. Die Meditation wirkte wie ein Gegenprogramm, indem sie Besinnung auf die eigene Existenz und als Folge davon die Gewinnung von Unabhängigkeit verhieß. Angesichts heute noch forcierter Reizüberflutung sehnen sich Menschen nach Freiräumen der Stille und des Schweigens. Die Meditation erweist sich

---

409 Vgl. im Einzelnen Zimmerling (2010, S. 146–155).

überdies als ein wichtiges Werkzeug zur Entschleunigung des rasanten Lebenstempos in der heutigen Gesellschaft.

Exerzitien: »dass der Schöpfer und Herr sich selbst seiner Seele mitteilt«

Zum spirituellen Basisangebot von Kommunitäten und Häusern der Stille gehören Exerzitien.[410] Einzel- und Gruppenexerzitien sind eine Zeit der Stille und des Gebets. Sie werden absolviert, um Erfahrungen mit Gott zu machen. Die unterschiedlichen Formen, in denen Exerzitien heute angeboten werden, gehen allesamt zurück auf das Werkbuch des Ignatius von Loyola für Exerzitienbegleiter mit dem Titel »Geistliche Übungen«. In dem 1522–1535 entstandenen dünnen Büchlein hat Ignatius seine persönlichen spirituellen Erfahrungen und die durch die geistliche Begleitung gewonnenen Erkenntnisse zusammengefasst. Durch die Exerzitien soll eine Vertiefung des persönlichen Glaubens und eine Veränderung der Lebensausrichtung zur größeren Ehre Gottes erreicht werden.

Viele Menschen sehnen sich heute nach einer authentisch gelebten Spiritualität. Der Exerzitienbegleiter ist eine wichtige Hilfe auf dem Weg dahin. Einerseits weist er Züge eines Seelsorgers, andererseits die eines Coachs auf. Dabei soll er sich nach dem Willen des Ignatius nicht etwa als statischer Wegweiser verstehen, der mir sagt, was ich zu tun oder zu lassen habe, sondern als Wegbegleiter, der mir hilft, eigene Antworten zu finden. Ziel ist, »dass der Schöpfer und Herr sich selbst seiner [des Exerzitanten!] Seele mitteilt« (Exerzitienbuch, 15). Damit ist zum einen dem modernen Bedürfnis nach Selbstbestimmung auch in spiritueller Hinsicht Rechnung getragen, zum anderen entspricht das tägliche Gesprächsangebot des Exerzitienbegleiters dem weitverbreiteten Wunsch nach persönlicher Aussprache.

Geistliche Begleitung: Antwort auf die Sehnsucht nach Vertiefung des Glaubens

Die meisten Kommunitäten und Häuser der Stille bieten heute Geistliche Begleitung (GB) an.[411] GB gehört in den Prozess der seit einiger Zeit zu beobachtenden Ausdifferenzierung der Seelsorgekonzepte im kirchlichen Raum. Sie will eine Kultur des Geistlichen unterstützen, indem sie die Relevanz des Glaubens für das Gelingen des Lebens des einzelnen Menschen betont. Das primäre Ziel der GB besteht darin, die Beziehung der begleiteten Menschen zu Gott beziehungsweise zu Jesus Christus

---

410 Vgl. im Folgenden Zimmerling (2010, S. 277–290).
411 Vgl. dazu Greiner, Noventa, Raschzok und Schödl (2007) sowie Greiner, Raschzok und Rost (2011).

zu fördern und zu vertiefen. GB ist weniger problemorientiert als die herkömmliche kirchliche Seelsorge. Vielmehr ist sie kontemplativ-christuszentriert, das heißt, sie geht von einer Haltung des inneren Hörens auf Gott aus. GB versteht sich wie die Exerzitien des Ignatius als Wegbegleitung und ist daher prozessorientiert. Sie will humanwissenschaftliche Formen der Seelsorge nicht ersetzen, sondern ergänzen. GB ist eine spirituelle Antwort auf die wachsende Bedeutung von Mentoring, Coaching und Beratung im säkularen Raum. Meist wird GB gegenwärtig als eine Form von Seelsorge an Seelsorgerinnen und Seelsorgern praktiziert.

7.3.4 Die Notwendigkeit von spirituellen Zentren wie Kommunitäten und Einkehrhäusern für die Zukunft der Gesamtkirche

Die Reformation hat neu ans Licht gebracht, dass sich der Glaube im Alltag zu bewähren hat. Dabei hat sie jedoch über der Nächstenliebe, über dem Alltagsgottesdienst nach Röm 12,1 f., die Notwendigkeit der Stille vor Gott, der Kontemplation, keineswegs vergessen. Das Leben aus der Stille bewahrt vor Kurzatmigkeit und verhindert, dass christliches Handeln zum Aktionismus verkommt. Es ist ein Glücksfall für die evangelische Kirche, dass in ihren Kommunitäten und Häusern der Stille seit Jahrzehnten Schritte auf dem Weg zur Wiedergewinnung der kontemplativen Dimension der Spiritualität im Protestantismus gegangen und eingeübt werden.

Kontemplation und Aktion, Gottesliebe und Nächstenliebe, Ewigkeitshorizont und politisches Engagement gehören im Rahmen evangelischer Spiritualität unauflöslich zusammen. Die evangelische Kirche hat jedoch jahrzehntelang primär das Engagement für den Nächsten und die Gesellschaft in Form von Diakonie und politischer Einflussnahme in das Zentrum ihres Lebens gestellt. Die Pflege der spirituellen Seite des Glaubens wurde demgegenüber sträflich vernachlässigt. Darüber ist sie zu einer bis in die Kerngemeinde hinein säkularisierten Kirche geworden. Darum ist in Zukunft die verstärkte Pflege und Einübung von spirituellen Formen dringend geboten. Hierzu leisten die evangelischen Kommunitäten und Einkehrhäuser einen unverzichtbaren Beitrag.

Wir stehen heute in weiten Teilen Europas vor dem Phänomen, dass ein Großteil der Menschen religiös desinteressiert ist. Die meisten Menschen scheinen für die Wunder des Himmels und der Ewigkeit kein Fassungsvermögen mehr zu haben.[412] Das Leben besitzt für viele Zeitgenossen Sinn und Ziel allein in sich selbst; es dient keinem großen übergeordneten Ziel mehr. »Wir haben die Ewigkeit verloren; die Weltzeit ist geschrumpft auf die individuelle Lebens-

---

412 Wittig (1990, S. 190).

zeit [...] Ein einziges Leben muss genügen, um die Träume vom Jenseits im Diesseits zu erfüllen« – so der Soziologe Peter Gross in seinem Buch »Die Multioptionsgesellschaft«.[413] Der spätmoderne Mensch hat kaum Zugang zu den Dimensionen von Geist und Seele, die doch unverzichtbar zum Menschsein gehören, ja dieses erst zur Erfüllung bringen. »Die Lebenswelt des postmodernen Menschen ist weit gespannt, wenn man sie am Verbrauch von Raum, Zeit und materiellen Gütern misst. Aber sie ist eine enge Welt, misst man sie an den Bedürfnissen von Geist und Seele.«[414] Nur eine Minderheit ist in den Räumen des Geistes und der Seele zu Hause und bereit, Zeit und Kraft in diese Bereiche des Menschseins zu investieren. Das Ergebnis ist eine »öffentliche Realitätsschrumpfung« (Hansjörg Hemminger). Kommunitäten und Häuser der Stille wirken mit ihrer bloßen Existenz und ihren geistlichen Angeboten dieser öffentlichen Realitätsschrumpfung entgegen. Sie sind himmlische Rettungsinseln im weiten Meer der Diesseitigkeit, des Verfallenseins an Materialismus und Konsum.

7.4 Pilgern heute – eine theologische und spirituelle Herausforderung und Chance für Kirche und Theologie[415]

7.4.1 Persönliche Vorbemerkungen

Seit über zehn Jahren pilgere ich zusammen mit drei Freunden auf dem Weg von Görlitz nach Santiago de Compostela: jedes Jahr im Sommer zwischen einer und zwei Wochen. Was haben mich diese Pilgerjahre persönlich gelehrt? Zunächst ganz schlicht, dass ich körperlich immer wieder an meine Belastungsgrenze kam, wobei meine Kondition in den vergangenen Jahren immer besser wurde. Latent begleitete mich die Frage: Wozu das Ganze? Warum quäle ich mich? Wieso diese jährlichen »Turnübungen«?

Dazu kamen im schlesischen Görlitz an der Grenze zu Polen, in Eisenach an der früheren innerdeutschen Grenze und im französischen Metz die Trauer, ja Fassungslosigkeit, und der Schmerz über die missratene deutsche Geschichte. Wie sollte ich mit der Erinnerung umgehen, einer Familie zu entstammen, die den Absturz Deutschlands mitverschuldet hat und am Ende des Zweiten Weltkriegs buchstäblich am eigenen Leib erleiden musste? Ich erschrak darü-

---

413 Gross (1996).
414 Hansjörg Hemminger (2006) und Baiersbronn (unveröffentlichtes Vortragsmanuskript).
415 Eine Vorform der folgenden Überlegungen habe ich vorgelegt in Zimmerling (2018b).

ber, wie sehr meine negative Erwartungshaltung gegenüber dem Leben und der Zukunft von der Familiengeschichte geprägt war. Statt »Das schaffen wir« beziehungsweise »Yes, we can«: »Nein, das schaffe ich nicht« beziehungsweise »Nein, das gelingt mir nicht« – so meine Gemütsbeschaffenheit an herausfordernden Wendepunkten des Lebens, aber auch im Alltag. Das Pilgern lehrte mich, Ja dazu zu sagen, dass zum Lebensweg gleichermaßen schöne und schwierige Phasen gehören. Dass nichts bleibt, wie es ist, sondern sich permanent alles verändert. Genauso lernte ich, dass einem in Schwierigkeiten Hilfe zuwächst: vonseiten der Mitpilger in Gestalt von Tabletten gegen Gliederschmerzen und Grippe oder in Form von freundlichen Worten und aufmunternden Gesten. Der Pilgerweg wurde mir umgekehrt auch darin zum Symbol, dass es immer noch schlimmer kommen kann: Wenn es von oben stundenlang regnete und ich meinte, es nicht mehr aushalten zu können, kam im Lauf der Zeit von unten der zunehmend glitschige Weg als weitere Herausforderung dazu. Ich erkannte, dass das Pilgern nicht alle Probleme löste, auf die ich im Alltag keine Antworten gefunden hatte. Die Probleme waren in den Tagen des Pilgerns lediglich in den Hintergrund getreten, weil der Abstand zu ihnen wuchs oder sich Probleme physischer Natur in den Vordergrund schoben. Auf dem Weg begegneten uns ganz unterschiedliche Menschen – wie im übrigen Leben auch. Meistens hatten wir Glück und sie ließen uns ihre Freundlichkeit spüren.

Im Verlauf des Pilgerns wurden mir drei theologische Problemfelder und sechs spirituelle Chancen bewusst.

7.4.2 Drei theologische Problemfelder

Stellung zu religiösen Traditionen

Evangelische Theologie und Kirche haben noch keine überzeugenden Kriterien entwickelt, um die spirituelle Bedeutung von Traditionen wahrzunehmen und diese angemessen zu integrieren. Wie gehen wir etwa damit um, dass seit eintausend Jahren Menschen den Jakobsweg gehen und von spirituellen Erfahrungen auf diesem Weg Zeugnis ablegen?

Reformatorische Spiritualität zeichnete sich durch eine starke Konzentrationsbewegung aus. Die Entdeckung der Bibel als alles andere überstrahlende Inspirationsquelle des Glaubens führte gleichzeitig zu einem starken Traditionsabbruch, der durch Aufklärung und Rationalismus noch forciert wurde. Heute ist eine Reintegration der spirituellen Traditionen auch der anderen Konfessionen in die evangelische Spiritualität nötig. Die Bibel darf nicht als traditionsloses Erneuerungsprinzip missverstanden werden! Auch die evangelische Spiritualität wird gespeist von einem breiten Traditionsstrom – und muss sich nicht immer neu erfinden. Sie darf von der Spiritualität früherer Generationen lernen. Nur vermittelt über die Väter und Mütter des Glaubens bekommen wir den Geist.[416] An ihnen wird sichtbar, wie der Glaube das Leben von Menschen verändern und prägen kann.

Traditionen halten das Bewusstsein für die Ökumene des christlichen Glaubens wach. Indem sie aus den unterschiedlichsten Epochen und Ländern stammen, wird an ihnen anschaulich, dass das Leben der Kirche alle Zeiten und Weltgegenden umfasst: Ich bin eingebettet in eine lange Generationenfolge von Menschen, die vor mir im Glauben gelebt haben und auch nach mir im Glauben leben werden. Die christliche Kirche existierte schon lange vor mir und wird auch nach meinem Tod noch Bestand haben; ebenso reicht ihr Leben über die eigene Konfession, erst recht aber über das Gebiet der eigenen Landeskirche hinaus.

Gerade Krisenzeiten der Kirche offenbaren, dass das mangelhafte Traditionsbewusstsein vieler protestantischer Christen leicht zu panischen oder resignativen Überreaktionen führt. Man wird der Spiritualität jedoch nicht gerecht, wenn man sie nur innerhalb der Grenzen der jeweiligen Gegenwart beurteilt. Die Kirche des dritten Glaubensartikels, die Una Sancta, ist mehr als eine aktuelle soziologische Größe. Sie lässt sich nur angemessen erfassen, wenn ihre geistliche Dimension mitbedacht wird. Die Wahrnehmung spiritueller Traditionen erlaubt eine nüchterne Deutung der kirchlichen Situation, wodurch es zu der notwendigen »Relativierung« der gegenwärtigen Probleme kommt.

Die Bedeutung der Volksfrömmigkeit

Pilgerwege, erst recht Wallfahrten, sind nicht zuletzt Zeichen für die ungebrochene Vitalität der Volksfrömmigkeit. Meine These ist: Die Volksfrömmigkeit stellt eine legitime Ausdrucksform des evangelischen Glaubens dar. Sie ist theologisch eine Konsequenz der Inkarnation und anthropologisch eine Folge der Ganzheitlichkeit des Menschen.

Die Bedeutung der Volksfrömmigkeit ist im Protestantismus lange übersehen, wenn nicht gar abgelehnt beziehungsweise bekämpft worden. Aufgrund ihrer Konzentration auf die Rechtfertigung allein aus Glauben kritisierte die lutherische Reformation nicht nur Lehren und Ordnungen der römischen Kirche, die dem Evangelium widersprachen, sondern auch die Volksfrömmigkeit und die mit ihr verbundenen volkstümlichen Sitten und Gebräuche, wozu viele Sym-

---

416 Vgl. Bohren (1994, S. 65).

bole und Rituale gehörten.[417] Noch radikaler bekämpfte die Schweizer Reformation die überlieferte Volksfrömmigkeit. In Lourdes ist mir ein anderer Umgang begegnet: Die katholische Kirche versucht dort, Auswüchse der volkstümlichen Marienfrömmigkeit von einem christologischen Ansatz her zu korrigieren.

Die liberale Praktische Theologie an der Wende vom 19. zum 20. Jahrhundert verstand die religiöse Volkskunde als Grundlagenwissenschaft.[418] Die »religiöse Seelen- und Volkskunde« hatte die grundlegende Aufgabe, die »gegebene Gemeinde«, also deren Situation, zu erfassen.[419] Die religiöse Volkskunde erfüllte in der liberalen Praktischen Theologie somit eine wichtige hermeneutische Aufgabe.

Nach Jahrzehnten der Vorherrschaft der dialektischen Theologie Karl Barths mit ihrer prinzipiellen Skepsis gegenüber jeglicher Volksfrömmigkeit einschließlich ihrer Symbole und Rituale lässt sich eine abermalige Veränderung der theologischen Situation beobachten. In der Praktischen Theologie setzte sich nach der empirischen Wende die Einsicht durch, dass der christliche Glaube kein bloßes Bewusstseinsphänomen darstellt, sondern sich legitimerweise auch in rituellen Handlungen ausdrückt. An die Stelle des theologischen Misstrauens ist inzwischen vielerorts die Sorge getreten, wie weithin vergessene christliche Rituale in einer traditionslosen Gesellschaft (und Kirche) so vermittelt werden können, dass sie liturgisch und seelsorgerlich gelingen.[420] Rituale und Symbole bieten die Chance, dem Glauben zur Gestaltwerdung zu verhelfen und ihm dadurch auch über dürre Zeiten hinwegzuhelfen. Jedenfalls waren sie in der Vergangenheit in den Augen der Mütter und Väter des Glaubens unerlässlich, um ihren Glauben zu bewahren.

Freiraum für unbürgerlich gelebte Spiritualität

Pilgern stellt sich als eine Form von Spiritualität für »Aussteiger« auf Zeit dar. Beim Blick in das Neue Testament wird erkennbar: Jesus zog während seiner öffentlichen Wirksamkeit als Wanderprediger durch Israel. Die Apostel haben diese Pilgerexistenz in der Zeit nach Pfingsten fortgesetzt. An Wallfahrtsorten wie Lourdes oder Taizé ist zu sehen, dass diese in einem erstaunlichen Ausmaß öffentliche Freiräume für Sinn suchende Jugendliche und Heilung suchende Behinderte bieten.

Wo eröffnet evangelische Theologie einen Freiraum für unbürgerlich gelebte Spiritualität, eine Spiritualität für Aussteiger? Die Reformation ist in ihrer

---

417 »... eitel Spott und Betrug« (Luther 1998, Schmalkaldische Artikel, III. Teil, 15, S. 461–463).
418 Vgl. den programmatischen Artikel »Religöse Volkskunde« von Drews (1901).
419 Niebergall (1919, S. 31–216).
420 Kutzner und Pierel (2015).

Frömmigkeit früh eine Symbiose mit den frühneuzeitlichen bürgerlichen städtischen Eliten eingegangen. In der Folgezeit kam es mehr und mehr zu einer Identifikation von Christsein und Bürgerlichkeit. Die evangelische Theologie hat sich darum mit einem etwas anders als bürgerlich gelebten Christsein immer schwergetan.

7.4.3 Spirituelle Herausforderungen[421]

Nach den theologischen ist nun auf die spirituellen Herausforderungen einzugehen, die das Pilgern für die evangelische Kirche mit sich bringt.

Notwendigkeit, die Schöpfungsdimension evangelischer Spiritualität wiederzuentdecken

Die Konzentration der reformatorischen Theologie auf Jesus Christus (»solus Christus«) ließ im Lauf der Zeit die Dimension des Ersten Glaubensartikels, des Artikels von der Schöpfung, im Rahmen der evangelischen Spiritualität mehr und mehr zurücktreten. Die Natur wurde nicht länger als Schöpfung Gottes wahrgenommen. Parallel dazu hat die fortschreitende Überlagerung der Natur durch die technisierte Zivilisation in den westlichen Industrienationen zu progressiven Erfahrungsverlusten geführt.

Angesichts dieser Situation ist die Sehnsucht vieler Menschen speziell nach Naturerfahrungen verständlich. Beim Pilgern wird diese ein Stück weit gestillt. Pilgerwege führen meist durch noch unverbaute beziehungsweise unversiegelte Natur. Dadurch ermöglichen sie ein unmittelbares Wahrnehmen von Licht und Farben, von Tönen, von Wärme und Kälte. Auf diese Weise bieten sie die Chance, Gottes Schöpfersein und seine Schöpferkraft in der Natur zu entdecken. Die sichtbare Welt kann transparent werden für die Realität des Heiligen, für die Existenz Gottes.

Einbeziehen von Leib und Seele beim Pilgern

Durch die Aufklärung kam es zu einer – auf René Descartes zurückgehende – Abwertung der »res extensa« auf Kosten der »res cogitans«, des Leibes auf Kosten des Denkens. Vor allem im Protestantismus traten in der Folge davon Sinnlich-

---

421 Vorformen der folgenden Überlegungen habe ich an verschiedenen Stellen veröffentlicht; zuerst in Zimmerling (2010, S. 263–269).

keit und Emotionalität in ihrer Bedeutung für den Glaubensvollzug zugunsten des Intellekts zurück.

Heute wird eine zunehmende Anzahl von Menschen im Berufsleben überwiegend intellektuell beansprucht. Das führt bei vielen zum verständlichen Wunsch nach körperlichen und emotionalen Erfahrungen. Zum Pilgern gehört gewöhnlich eine Form von Wandern. Es ermöglicht dem Pilgernden, die eigene Körperlichkeit zu spüren. Anders als die Beschleunigung des Lebens durch die modernen Verkehrsmittel entspricht das Wandern dem natürlichen Lebensrhythmus des Menschen, nach dem Motto: »Die Seele geht zu Fuß.« Überdies lassen sich dabei die Grenzen der körperlichen Belastbarkeit erfahren. Der Pilgernde lernt, seine Begrenztheit und Bedürftigkeit zu erkennen und eine Ahnung seines Geschaffenseins zu bekommen. Dem Pilgernden eröffnet sich so die Chance, heilsam bei sich selbst einzukehren.

Darüber hinaus ermöglicht das Pilgern, spirituelle Erkenntnisse auf dem Weg leiblicher Erfahrung zu gewinnen. Es lässt leibhaftig erfahren, dass Leben Unterwegssein heißt. Mit Gerhard Tersteegen gesprochen: »Ein Tag, der sagt dem andern, mein Leben sei ein Wandern zur großen Ewigkeit. O Ewigkeit, so schöne, mein Herz an dich gewöhne, mein Heim ist nicht in dieser Zeit« (EG 481,5). Sowohl im Alten als auch im Neuen Testament spielt das Motiv des Wanderns für die Existenz der Gläubigen eine herausragende Rolle. Für das Alte Testament sei nur an den Auszug Abrahams aus Ur in Chaldäa (Gen 12,1–3) und den des Volkes Israel aus Ägypten (Ex 3 ff.) erinnert. Gott begegnet Menschen dadurch, dass sie tragende Strukturen, aber auch vertraute Abhängigkeiten und Gefangenschaften verlassen und sich für Neues öffnen.

Im Neuen Testament haben das Johannesevangelium und der Hebräerbrief eine Theologie des Weges entwickelt.[422] Nach dem Johannesevangelium ist Jesus Christus der Weg zu Gott (Joh 14,3–6). Das heißt, auch für den christlichen Glauben gilt: Um zu Gott zu gelangen, müssen wir uns aufmachen, Liebgewordenes zurücklassen, uns auf Neues einlassen.

Jeder spirituelle Weg in der Nachfolge Jesu beinhaltet ein Stück von dessen Kreuzweg. Besonders der Hebräerbrief macht seinen Adressaten deutlich, dass das Unterwegssein, dass die irdische Heimatlosigkeit zum Schicksal der Nachfolger und Nachfolgerinnen Jesu Christi gehört. Trotz aller Anfechtungen sollen sie auf ihrem Weg weitergehen im Vertrauen darauf, dass dieser Weg sein Ziel in der Ewigkeit hat.

---

422 Grün (1983, S. 54 ff.).

Pilgern als spirituelle Erfahrung

Die frühe dialektische Theologie in den Jahren unmittelbar nach dem Ersten Weltkrieg ging davon aus, dass der Glaube in der Welt keine Bodenhaftung gewinnt. Sie verstand Martin Luthers Rechtfertigungslehre so, dass der Glaube nirgends zur gelebten Erfahrung wird. Zu dieser Auslegung trug nicht zuletzt Sören Kierkegaard bei, der den Glauben als eintausend Klafter »über dem Abgrunde erbaut«[423] definierte. Man muss auch den Glauben glauben!

In einer erfahrungsarmen Alltagswelt wächst heute bei vielen Menschen die Sehnsucht, etwas zu erleben. Neben der Überlagerung der Natur durch die technische Zivilisation ist die zunehmende Vermassung und das Zurücktreten nicht virtueller Kommunikation und Begegnung für diese Sehnsucht verantwortlich. Der Mensch ist nicht mehr als Person, sondern nur noch quantitativ, von seiner Funktion im Arbeitsprozess her wichtig. Viele Menschen wollen darum den Trott ihres Alltags um jeden Preis von Zeit zu Zeit durchbrechen. Die Sehnsucht nach Erlebnissen führt zu einer Offenheit für Neues und Fremdes. Diese schließt bei vielen Menschen auch die Offenheit für spirituelle Erfahrungen ein. Hinzu kommt, dass die mit der Technik verbundene Entzauberung der Welt als Gegenakzent nach einer Wiederentdeckung des Heiligen verlangt.

Das Pilgern zeichnet sich durch starke Erlebnisorientierung und hohe Erlebnisqualität aus. Die Möglichkeit, Nichtalltägliches zu erfahren, wirkt faszinierend – und Pilgern ist für die meisten Protestanten immer noch etwas Nichtalltägliches. Spirituelle Erlebnisse haben zudem hohen Erlebniswert. In ihnen findet die Suche nach »dem Transzendenten« eine Antwort. Sie bieten damit einen »Kick«, wie ihn viele Zeitgenossen ersehnen. Besonders attraktiv ist, dass Gott beim Pilgern gleichermaßen mit Leib, Seele und Geist erlebt werden kann.

Die Wiedergewinnung des sozialen Aspekts der Spiritualität durch das Pilgern

Evangelische Spiritualität zeichnet sich spätestens seit dem 19. Jahrhundert durch Individualität, Subjektivismus und Innerlichkeit aus. Die Bedeutung von Kirche und Gemeinde trat zunehmend in den Hintergrund. Parallel dazu wurde in den letzten Jahrzehnten ein forcierter Individualismus für die westlichen Gesellschaften prägend. Das hat in der Gegenwart als Gegenreaktion Familie und Freundschaft einen hohen Stellenwert beschert. Entsprechend ist heute der Wunsch nach Erfahrungen von Gemeinschaft auf Zeit weit verbreitet.

---

423 Kierkegaard (1967, S. 95).

Pilgern in der Gruppe stellt ein zeitlich begrenztes Gemeinschaftsangebot dar. Ohne längerfristige Festlegung erlaubt es, Gemeinschaft zu leben und dabei auch gemeinschaftlich gelebtes Christsein kennenzulernen. Regelmäßige gemeinsame Gottesdienste, Gebets- und Meditationszeiten auf dem Pilgerweg lassen die soziale Dimension evangelischer Spiritualität erfahren. Das Miteinander während des Pilgerns wird zum Abbild für den Sinn menschlicher Gemeinschaft überhaupt und speziell christlicher Gemeinschaft: dass Menschen sich gegenseitig beistehen und unterstützen – auch auf dem Weg des Glaubens und der Nachfolge.

Die kontemplative Dimension des Pilgerns

Reformatorische Spiritualität ist von Haus aus auf das Wort konzentriert. So konnte der Eindruck aufkommen, dass die evangelische Kirche permanent redet: in Predigten und Stellungnahmen zu gesellschaftspolitischen Problemen. Für Luther war dagegen der kontemplative Aspekt noch selbstverständlich integraler Bestandteil evangelischer Spiritualität.[424]

Das Pilgern trägt dazu bei, evangelischer Spiritualität den kontemplativen Aspekt neu zu erschließen. Angesichts pausenloser Reizüberflutung und Lärmbelästigung ist die Stille aus dem alltäglichen Leben verschwunden. Nicht zuletzt bei beruflich stark geforderten Menschen ist das Bedürfnis nach Schweigen groß. Wer pilgert, gewinnt einen Freiraum von den andrängenden Alltagsverpflichtungen. Die erhabene Ruhe der Natur stellt dabei eine Hilfe dar, auch innerlich zur Ruhe zu kommen und für das eigene Leben das menschliche Maß zu finden. In dem entstehenden Freiraum werden Pilgernde gleichzeitig fähig, eigene Probleme nicht länger zu verdrängen, sondern offen und angstfrei wahrzunehmen. Indem sich ein Raum der Stille öffnet, kann sich den Pilgernden die spirituelle Dimension ihrer persönlichen Fragen erschließen. In der Stille haben sie die Möglichkeit, besser auf Gott zu hören als im Lärm des Alltags.

Pilgern als geistliche Übung

Pilgern hilft, das Moment der Übung in die evangelische Spiritualität zu reintegrieren. Bei genauerem Hinschauen erweist sich das Pilgern als Übungsweg: Wer pilgert, übt! Pilgern eröffnet die Möglichkeit, die Bestimmung der eigenen Existenz nicht nur zu erkennen, sondern auch bewusst einzuüben: Beim Wandern erlebt sich der Mensch Tag für Tag als einer, der auf dem Weg ist. Niemand

---

424 Vgl. Luther (WA 10 I, S. 1, 62; das Zitat siehe Anm. 128).

ist in diesem Leben endgültig bei sich zu Hause. »Der Tod stellt jede Heimat in Frage.«[425] Nur wer weitergeht, kann sich selbst treu bleiben. Beim Pilgern hat jeder die Chance, mit Leib, Seele und Geist einzuüben, dass er auf dem Weg nach Hause ist, zu Gott hin.

Zum Pilgern in der Gruppe gehören häufig regelmäßige Gebets- und Meditationszeiten und Gottesdienste. Das hilft dem einzelnen Pilger – getragen von der Gemeinschaft –, einen spirituell geprägten Tagesrhythmus einzuüben, der später auch seinem Alltag Struktur zu geben vermag. Mit Tersteegens Pilgerlied »Kommt, Kinder, lasst uns gehen« (EG 393, 6) gesprochen: »Kommt, Kinder, lasst uns gehen, / der Vater gehet mit; / er selbst will bei uns stehen / bei jedem sauren Tritt; / er will uns machen Mut, / mit süßen Sonnenblicken / uns locken und erquicken; / ach ja, wir haben's gut, / ach ja, wir haben's gut.«

In einer pluralistischen Gesellschaft differenzieren sich die ästhetischen Milieus mehr und mehr aus. Es ist nicht länger möglich, sämtliche evangelischen Kirchenmitglieder oder gar alle Mitglieder der Gesellschaft auf wenige traditionelle Formen der Spiritualität – wie Gottesdienstbesuch und Sakramentsempfang, Bibellesen, Beten und Beichten – festzulegen. Eine Erweiterung der Formenvielfalt ist dringend geboten. Evangelische Spiritualität tut angesichts dieser Situation gut daran, bei den vorreformatorischen Konfessionen in die Schule zu gehen, um dort hilfreiche spirituelle Formen wie das Pilgern wiederzuentdecken, die diese über den reformatorischen Traditionsbruch hinweg bewahrt haben.

7.5 Erprobungsraum: senfkorn. STADTteilMISSION Gotha (von Ute Paul, Gotha)

7.5.1 Die Vorgeschichte

Mit einer evangelischen Kirchengemeinde, die sich in ihrer Umgebung genauer umschaute, fing alles an. Die realisierte, dass aus dem Plattenbauviertel in ihrer Nähe viele die Einladung in die Kirche nicht einmal wahrnahmen. Christen fingen an, sich Fragen zu stellen: Was beschäftigt eigentlich die Leute in der Platte? Haben wir sie jemals danach gefragt? Was denken sie über Gott? Welche Erfahrungen haben sie mit der Kirche gemacht? Wie müsste Kirche aussehen, um sie zu interessieren? Wovon sind sie überzeugt? Wie können wir als Christen für sie ansprechbar sein? Wenn sie wollen.

---

425 Grün (1983, S. 65).

In der Kirchengemeinde St. Helena in Gotha-Siebleben moderierte Pfarrer Michael Weinmann ab 2000 diese Suchbewegung. Gemeinsam mit seiner Frau Christiane ermutigten sie viele engagierte Gemeindemitglieder zum Blick über den Tellerrand, zum Leben außerhalb der Komfortzone.

Am anderen Ende von Gotha gab es ein weiteres großes Quartier aus Wohnblocks: Gotha-West. Man organisierte einen Abholdienst und lud Kinder zum Kinderprogramm in die Kirche in Siebleben ein. Das war nicht einfach für das Team, da es diesen Kindern schwerfiel, sich einzufügen, auf die Geschichte zu konzentrieren und ihr Verhalten laut, wild und manchmal gewalttätig in Worten und Taten war. In Siebleben selbst begann man monatliche Feste, sogenannte »Penny-Feste«, auf dem Parkplatz des Supermarktes im lokalen Plattenbauviertel zu organisieren. Was immer ging? Kaffee, Kuchen, Spiele für die Kinder.

Einige junge Leute aus der Gemeinde empfanden, die Herausforderung sei größer: Was wäre, wenn man dort hinzöge? Bei den Leuten lebte? Als junge Ehepaare »STADTteilLEBEN« zu realisieren begannen, ins Stadtviertel zogen, außer der Initiative auch eine »Community« bildeten, wurden sie mit großem Interesse von der Gemeinde begleitet. Eine Graswurzelbewegung hat begonnen, die »Begegnung fördern, Menschen stärken, Hoffnung teilen« möchte.[426]

Gleichzeitig hatte die Leitung des Kirchenkreises ganz andere Sorgen. Wie konnte bei rückläufiger Mitgliederzahl die kirchliche Arbeit lebendig bleiben, durch fortschreitende Gemeindefusionen persönliche Kontakte und befriedigende geistliche Arbeit für Pfarrer und Pfarrerinnen nicht unnötig erschwert werden? Und was war mit den zehntausend Bewohnern und Bewohnerinnen von Gotha-West, von denen die allermeisten keinen Zugang zu Gemeinde und Glauben hatten? Unter der Leitung von Superintendent Friedemann Witting und mit dem Motto »Wenn die Leute nicht in die Kirche gehen, dann muss die Kirche zu den Leuten gehen«, wurde auf der Kreissynode 2015 einstimmig beschlossen, für Gotha-West die Stelle eines Stadtteilmissionars zu schaffen. Dieser sollte bei den Leuten wohnen und »[…] in großer Freiheit auf die Menschen im Quartier zugehen, die noch keinen Kontakt zur Kirche haben«. Stadtteilmissionar – nicht Sozialarbeiter. Jemand, der große Offenheit, Dialog- und Beziehungsfähigkeit und Experimentierfreude für geistliche Prozesse und Formen mitbrächte.

Pfarrer Michael Weinmann wurde auf diese Stelle berufen und begann gemeinsam mit seiner Frau Christiane im Sommer 2015 die senfkorn. STADTteilMISSION in Gotha-West.[427] So entstanden in Gotha zwei Schwesterinitiativen,

---

426 www.stadtteileben.de
427 www.senfkorn-gotha.de

eine »von unten« (STADTteilLEBEN) und die andere gezielt aus der Kirchenleitung heraus, gewissermaßen »von oben« (senfkorn. STADTteilMISSION).[428]

Das Stadtviertel aus Wohnblocks wurde in der DDR-Zeit in den 1980er Jahren gebaut. Damals war man stolz auf den Wohnstandard mit Heizung, warmem Wasser und guter Infrastruktur. Viele erinnern sich heute noch an das Privileg, dass ihnen dort eine Wohnung zugewiesen wurde. Nach der Friedlichen Revolution 1989 entwickelte sich Gotha-West jedoch zu einem spannungsreichen Stadtviertel. Viele zogen weg. Zu den verbliebenen vormaligen Bewohnern, davon heute viele Senioren, zogen neue auf der Suche nach bezahlbarem Wohnraum, darunter viele Niedriglohnangestellte, Sozialhilfeempfänger, alleinerziehende Mütter. Dazu kamen zahlreiche Migranten aus Osteuropa, aus dem Balkan, seit 2015 auch aus dem Vorderen Orient und afrikanischen Ländern und seit 2022 aus der Ukraine.

In Gotha-West gibt es heute verschiedene Grundschulen, eine Regelschule und ein Berufsschulzentrum, Kitas, das städtische Jugendzentrum »die Zelle«, einen Fußballverein, mehrere Supermärkte. Außerdem engagieren sich diverse Vereine, Organisationen und Baugesellschaften zum Wohl der Menschen. Ein Stadtteilmanagement koordiniert die Arbeit der sozialen Akteure.

Dennoch ist das Zusammenleben im Stadtviertel nicht einfach. Nicht wenige Menschen leben isoliert. Die Verbindung zwischen den Deutschen und den aus anderen Ländern Zugezogenen – auch aufgrund von Schwierigkeiten in der sprachlichen Verständigung – gelingt nur mäßig. Immer wieder entstehen Vorurteile, Ängste und Konflikte.

Ein hoher Anteil von Konfessionslosen, der bei über 90 % liegt, kennzeichnet das Stadtviertel. Die meisten davon sind Menschen in der zweiten oder dritten Generation ohne Kirchenmitgliedschaft, außerdem Angehörige anderer Religionen, vor allem Muslime. Das Kirchengebäude liegt am Rand des Stadtteils. In Gotha-West leben heute fast ein Viertel der Einwohner und Einwohnerinnen der Stadt Gotha.

7.5.2 Grundverständnis der senfkorn. STADTteilMISSION

Das Ehepaar Weinmann konnte mit seinem Zuzug 2015 ins Quartier sowohl an verschiedene Kontakte aus dem Kirchenasyl in Siebleben als auch an jahrelange Netzwerkarbeit in der Stadt anknüpfen. Zu vielen Akteuren aus der Stadtverwaltung, Initiativen und Vereinen bestanden bereits Beziehungen; neue, im

---

428 Vgl. zu den sogenannten Erprobungsräumen in der EKM insgesamt Schlegel und Kleeman (2021).

Hinblick auf das Stadtviertel relevante, kamen dazu. Auch Gemeindemitglieder aus St. Helena in Siebleben und aus der Evangelisch-Freikirchlichen Gemeinde (Baptisten) gehörten zum Kernteam.

Eine kleine Zweiraumwohnung am zentralen Coburger Platz konnte als Büro und Treffpunkt (Senfkorn-Wohnzimmer) angemietet werden. 2020 kam ein kleines Ladenlokal mit großer Fensterfront hinzu.

Von Anfang ging es darum, »neue Formen von Gemeinschaft und Gemeinde« zu erproben. »Ziel ist es, Glaube, Liebe und Hoffnung zu teilen mit Menschen, die in äußerer oder innerer Distanz zu traditionellen Formen von Kirche leben. Aufmerksam hörend mit den Menschen in Gotha-West zu leben, ihre Fragen und Freuden, ihre Sorge und Sehnsucht zu teilen und gemeinsam zu entdecken, wie und wo Gott hier anwesend ist, mitten im Alltag, ist zentrales Anliegen dieser Initiative«, so Michael Weinmann. Deshalb standen auch nicht Veranstaltungen im Vordergrund, sondern die »Bodenbearbeitung« für wachsende Beziehungen: Zeit, Gespräch, Besuche, Zur-Verfügung-Stehen für »zufällige« Begegnungen und natürliche Lebensvollzüge im Quartier. Auf der Bank sitzen oder sonntags mit Kaffee und Spielmaterial auf einer Freifläche – und warten, was passiert. Denn mittendrin zeigt sich überraschend »heiliger Boden«: In einer Begegnung entsteht Lachen, Lebensfreude, eine Frage oder eine Sorge wird geäußert. Menschen kommen einander näher. Manchmal wird auch eine Frage nach Gott gestellt oder eine Erfahrung mit der Kirche erzählt. Anknüpfungspunkte entstehen durch »wache und aufmerksame Präsenz«: vor allem durch Zuhören und Ernstnehmen des Gegenübers. Diese wache Präsenz rechnet damit, dass etwas zwischen Menschen geschieht – und auch mit Gottes Gegenwart und Wirklichkeit in, durch, vor und hinter allen Dingen. Der Jahwe-Gott sucht seine Menschen und ist immerzu zu ihnen auf dem Weg. »Gott wird Mensch, um uns zu begegnen, und so sendet er bis heute Menschen zu Menschen, um uns gemeinsam in seine Freiheit zu führen.«[429]

Auf diese Weise entstand ein Beziehungsnetz im Quartier aus sehr unterschiedlichen Menschen: solchen, die schon lange hier lebten, manche schon in der DDR-Zeit, Adventisten aus Serbien, jungen Erwachsenen aus Eritrea mit orthodox-christlicher Prägung, Muslimen aus dem Vorderen Orient, suchenden Atheisten, Kindern und Jugendlichen, Alleinstehenden und Familien.

Am Anfang standen zwar ganz bewusst nicht Veranstaltungen. Allerdings kam nach wenigen Monaten bereits die Bitte von einigen nach einem Gottesdienst. Daraufhin wurde 14-tägig zu »Wohnzimmergottesdiensten« eingeladen, geprägt von familiärer intergenerationaler Atmosphäre, interkultureller Begegnung, dia-

---

429 Weinmann (2022, S. 39).

logischer und erzählerischer Verkündigung und gemeinsamem Essen. Angebote für Kinder und Jugendliche waren besonders im Fokus, mal kleine feste Gruppen (Jugendbibelkreis, Kindergruppe), mal ganz offene Angebote (Kinderwerkstatt, Ausflüge). In den Ferien kamen mehrtägige christliche Freizeiten in befreundeten Werken dazu (Siloah-Familienkommunität, Himmelsfels), auch mit Familien.

Keine formelle Mitgliedschaft legt die Grundlage für Zugehörigkeit zur senfkorn. STADTteilMISSION, sondern eine individuell gelebte, die ihren Ausdruck in der (gelegentlichen oder regelmäßigen) Teilnahme an Begegnungsformaten verschiedener Art findet oder der (spontanen beziehungsweise verabredeten) Mitarbeit. Es gehört dazu, wer sich (für kürzer oder länger) dazu hält. Das bringt Fluktuation mit sich; diese ist aber auch bedingt durch Umzug, Abschiebung, Distanz wegen persönlicher Krisen oder anderer Faktoren. Das Mitarbeitenden-Team ist auf der einen Seite gefordert, die Menschen immer wieder freizugeben, und gleichzeitig weiterhin Interesse zu signalisieren und Beziehung anzubieten. Hohe Flexibilität ist gefordert, um passende Formate für die jeweils sich zugehörig fühlenden Menschen zu gestalten. Das führte in den vergangenen Jahren zu wechselnden Angeboten. Mal ein Jugendbibelkreis (dessen Jugendliche dann zu Ausbildungszwecken wegzogen), mal eine feste kleine Kindergruppe und anderes.

Neben der intensiven Beziehungsarbeit mit den Menschen im Stadtviertel ist die senfkorn. STADTteilMISSION explizit als Netzwerkarbeit angelegt. Das 2022 formulierte Selbstverständnis sagt es unter der Überschrift »Leben gestalten« so: »Gemeinsam mit allen, die in Gotha-West leben und arbeiten, gestalten wir das Leben in unserem Stadtteil. Dass die vielen unterschiedlichen Menschen, die hier leben, miteinander Verantwortung übernehmen und Gotha-West zu einem schönen, freundlichen und wertvollen Lebensraum machen: dafür setzen wir uns ein. Im Netzwerk mit Bewohnerinnen und Bewohnern, anderen Akteuren und Vereinen, dem Stadtteilmanagement, den Wohnungsbaugesellschaften, Schulen und Kindergärten u. v. a. engagieren wir uns für das Wohl des Stadtteils: Wir unterstützen konkrete Ideen und Initiativen, die die lebens- und beziehungsfördernden Potentiale der Menschen fruchtbar werden lassen.« Dazu gehören die Mitorganisation von Stadtteil- und Sonntagsfesten, Müllsammelaktionen, Ferienspiele für Kinder, die Beteiligung am Aufbau eines Stadtteilgartens, die Mitarbeit bei Initiativen wie »Gotha verbindet«, die Gründung des »Runden Tischs der Religionen«, das »wirdeinfestival« 2021 und vieles mehr.

Im Jahr 2016 wurde die senfkorn. STADTteilMISSION von der Evangelischen Kirche in Mitteldeutschland als »Erprobungsraum«[430] anerkannt und als solcher

---

430 www.erprobungsraeume-ekm.de.

pastoral und wissenschaftlich begleitet und finanziell gefördert. Im Evaluationsbericht von 2021 heißt es:

»Das Projekt durchbricht die klassisch-volkskirchliche Logik in mehreren Bereichen: Bezugsraum des Handelns ist keine parochiale Struktur, sondern der Sozialraum, einerseits territorial gekennzeichnet durch das Quartier, andererseits geprägt von den Lebenswelten der hier lebenden Menschen. Die konkreten Treffpunkte und Räume sind eingebettet in eine private Wohnatmosphäre (Büro- und Wohnzimmer mit Küche im Plattenbau) und den halböffentlichen Raum des Ladenlokals. Haus- und Ladenkirche kennzeichnen das Raumprogramm, kein vom Alltag getrennter Sakralbau. Die Gottesdienstformen sind vom Kontext geprägt und weichen aufgrund ihrer Interaktionsdichte, ihrer lebensweltlichen Bezogenheit und ihrer ›Liturgie‹ von agendarischen Gottesdiensten deutlich ab.«[431]

Auch regional und überregional beteiligt sich die senfkorn.STADTteilMISSION an der Verbindung und Reflexion mit Kollegen und Kolleginnen über Themen, die für die Arbeit relevant sind: »Gemeinde auf Augenhöhe«,[432] »Netzwerk Kirche in der Platte« und »freshX-Kirche anders ausdrücken«.

7.5.3 Mit Gottes Wirken rechnen

Die senfkorn.STADTteilMISSION versteht sich nicht als Sozialwerk, auch wenn die Arbeit ganzheitliche Zuwendung, bei Bedarf auch Unterstützung oder Hilfeleistung einschließt, orientiert an den konkreten Menschen und an einer positiven Entwicklung des Stadtviertels.

Mit der Namensgebung »Senfkorn« ist die Überzeugung verbunden, als kleines Werk Anteil zu haben am (geheimnisvollen) Säen, Wachsen und Werden des Reiches Gottes, so wie es Jesus im Gleichnis in Mk 4,30–32 erzählt: »Und er sprach: Womit wollen wir das Reich Gottes vergleichen, und durch welches Gleichnis wollen wir es abbilden? Es ist wie mit einem Senfkorn: Wenn das gesät wird aufs Land, so ist's das kleinste unter allen Samenkörnern auf Erden; und wenn es gesät ist, so geht es auf und wird größer als alle Kräuter und treibt große Zweige, sodass die Vögel unter dem Himmel unter seinem Schatten wohnen können.«

So lautet auch der erste Punkt des formulierten Auftrags »Hoffnung säen«:[433] »Im Alltag, im Schönen und im Schweren ist Gott bei seinen Menschen. Das glauben wir. Diese Hoffnung verändert das Leben. Jesus erzählt dazu die

---

431 Witt/Hein/Schendel/Elhaus (2021, 4f.).
432 www.gemeinde-auf-augenhoehe.de
433 www.senfkorn-gotha.de

Geschichte vom Senfkorn: Es ist klein. Wenn es in die Erde fällt, wächst es, wird groß und bietet Schutz. Das motiviert uns. Aufmerksam möchten wir hören auf die Fragen und Freuden, die Sorgen und die Sehnsucht der kleinen und großen Menschen in Gotha-West, um mit ihnen gemeinsam zu entdecken, wo und wie Gott als Quelle von Freude, Versöhnung und Verbundenheit zu finden ist.«[434]

Prozesse, die das Leben der Menschen (und dadurch auch ihre ganze Umgebung) verwandeln, werden viel weniger durch die etwaige Kompetenz, Professionalität oder Persönlichkeit der Mitarbeitenden erwartet als vielmehr durch die Zuwendung zu und von Gott. Diese immer wieder not-wendende Neuausrichtung schließt die Team-Mitglieder mit ein. »Es [...] geht einfach um die Präsenz vor Gott oder das Leben mit Gott, das Leben vor ihm, und anders geht das gar nicht« (Michael Weinmann).

Deshalb hat das Beten eine zentrale Bedeutung. Es wird nicht nur in unterschiedlichen Formen geübt, sondern kennzeichnet die Grundhaltung der Verantwortlichen. Das Gebet ist der Atem der gemeinsamen Kultur im Senfkorn. Ausdruck findet diese Grundhaltung z. B. im gemeinsamen liturgischen Mittagsgebet des Teams. Es ist inspiriert von der Liturgie der ökumenischen Kommunität OJC e. V.,[435] zu der das 2021 hinzugekommene Ehepaar Ute und Frank Paul gehört.[436] In (organisatorischen) Besprechungen sind Stille und Hören wichtige Elemente.

Ebenso zentral ist die Begegnung mit biblischen Texten und Erzählungen in vielen Bereichen der Arbeit. Das können Alltagsgespräche sein oder Veranstaltungen. In KINDERzeit, im Laden-Gottesdienst, in der Entdeckergruppe (für Erwachsene) haben besonders die in den Evangelien übermittelten Ereignisse, Gleichnisse und Lehren über und von Jesus ihren Platz. Dabei wird sorgfältig darauf geachtet, eine konkrete (nicht konzeptuelle, abstrakte) Sprache zu verwenden, die auch mit geringem deutschem Wortschatz verständlich ist und möglichst keine »frommen« religiösen Begriffe enthält beziehungsweise diese angemessen umschreibt oder erklärt. Beispiele und Vergleiche gehen auf die Lebenswelt der Gesprächspartner ein.

In der Begegnung mit der biblischen Botschaft ist Raum für das Hin und Her, also die Freiheit zur Anwendung auf das persönliche Leben, die eigene Interpretation des Gehörten, den Dialog, die Reibungen oder auch den Widerstand – und nicht ein Überzeugtwerden von einer »richtigen« Antwort. Die Mitarbeitenden werden dabei getragen von der Erfahrung, dass Gottes Geist

---

434 www.senfkorn-gotha.de
435 www.ojc.de
436 Dazu Paul (2021).

sehr persönlich und in langen Zeiträumen mit Menschen im Gespräch bleibt. Angelehnt an Edith Stein könnte das heißen: »Mit dir selbst [und den anderen] hab Geduld – der Herr hat sie auch!«

»Die Übergänge zwischen Small Talk, Seelsorge, konkreter Hilfeleistung und Glaubensgespräch sind fließend. Die Kommunikation des Evangeliums ereignet sich in vielfältiger Gestalt und ist verbunden mit Aufmerksamkeit, Zuwendung, Hilfsbereitschaft und explizit christlichem Zeugnis. Die dialogische Grundform führt dabei auch zu intensiven Lernerfahrungen der Akteur*innen, vor allem im interreligiösen Bereich. In wachsendem Respekt verbindet sich die Entdeckung von Gemeinsamkeiten in der religiösen Praxis und Haltung (Gebet, Gottesfurcht) mit bleibendem Differenzbewusstsein.«[437]

Dazu ein Beispiel: Um im Dialog zu lernen, wurde in Zusammenarbeit mit der Johanniter-Unfallhilfe (Servicestelle Integration) 2018 der Runde Tisch der Religionen ins Leben gerufen. Er trifft sich seitdem circa zweimal im Jahr im Senfkorn-Laden. Wichtige Anliegen sind Begegnung und gegenseitiges Kennenlernen. Es entstehen Brücken zwischen eritreisch-orthodoxen Christen, Muslimen unterschiedlicher Prägung, antiochenisch-orthodoxen Syrern, rumänischen Pfingstlern, Katholiken, Evangelischen und suchenden Agnostikern. Im Gespräch miteinander kann man hören, was den anderen wichtig und heilig ist. Auch die demokratische Teilhabe der nicht christlichen Religionen, Unterstützung bei Vereinsbildung oder andere Themen des religiösen Lebens (z. B. Bestattungen, Versammlungsorte) kommen zur Sprache. Lösungen werden gemeinsam mit Vertretern von Stadt und Landkreis gesucht.

Die »Geh-Kultur« der Arbeit im Senfkorn wird wörtlich verstanden, nämlich als investierte Zeit für das Unterwegssein im Stadtviertel. Besuche von denen, die einladen, werden gerne angenommen (möglichst ohne Agenda) und werden von den Gastgebern fast immer als deutliches Zeichen der Wertschätzung verstanden. Die spezifischen Rollen als Gastgeber und Gast stärken das Miteinander auf Augenhöhe und lassen Vertrautheit wachsen.

Beispiel für die Ausrichtung auf das Hineinwirken ins Stadtviertel außerhalb der eigenen Räume ist auch die Präsenz in der Advents- und Weihnachtszeit auf dem öffentlichen Platz. Gemeinsam mit der Siloah-Familienkommunität fanden »Mitmach-Weihnachtsgottesdienste« statt, bei denen kurzfristig Schauspieler und Schauspielerinnen für die benötigten Rollen gesucht, mit einfachen Requisiten versorgt und so die biblische Erzählung veranschaulicht wurde.

2021 und 2022 gestaltete das Senfkorn-Team täglich »10 Minuten im Advent« zur Dämmerstunde mit Liedern, sehr kurzen Impulsen und anschließender Zeit

---

437 Paul (2021).

für Begegnung. Es wurde versucht, so kultursensibel wie möglich, in 24 kleinen Portionen, die Ereignisse rund um die Geburt Jesu zu erzählen und durch eine ganz simple Technik zu veranschaulichen: ein Overhead-Projektor, darauf eine extra Glasplatte mit feinem Sand. Im Licht an der Rückwand des Supermarktes entstand jeden Tag ein einfaches Symbol. Mit langsamen Bewegungen gemalt, begleitete es die kurze Erzählung. Dazu gab es ein Merkwort – auf ein Babykleid aufgenäht. Das Format erwies sich als geeignet, das Interesse der Passanten zu wecken und nach ein paar Tagen auch einige zum Verweilen auf den Bänken einzuladen. Andere konnten aus einer ihnen angemessenen Entfernung zuhören. Einige von denjenigen, die während der vier Wochen fast täglich kamen, äußerten den Wunsch: »Jetzt haben wir gehört, wie das mit der Geburt von Jesus war. Wie ging es denn dann weiter? Wann können wir kommen?« So entstand eine »Entdeckergruppe« mit weiteren (mündlich erzählten) Jesus-Geschichten und intensivem Gespräch. Diese Art des flexiblen Eingehens auf das Interesse der Menschen, die sich annähern, kennzeichnet die Vorgehensweise der Senfkorn-Arbeit.

7.5.4 Das Team als Community

Besonders wichtig für das Team der senfkorn. STADTteilMISSION ist eine enge persönliche und geistliche Verbundenheit untereinander, die über die gemeinsame Aufgabe deutlich hinausgeht. Inspiriert vom Jesuswort »Ihr sollt einander lieben, wie ich euch geliebt habe. An eurer Liebe zueinander werden alle erkennen, dass ihr meine Jünger seid« (Joh 13,34 f., NGÜ), aber auch durch kommunitäre Prägung,[438] wird Wert auf Ehrlichkeit und Versöhnung, Konspiration und Rekreation, Annahme der Gaben und Unterschiede, Herzlichkeit und Anteilnahme gelegt. Der Wunsch, »Hoffnung [zu] säen« (wie im Motto formuliert), betrifft so zunächst den innersten Kern selbst und ist nicht nur etwas, was an andere weitergegeben wird.

7.5.5 Ausblick

Was mit einer innovativen Vision des Kirchenkreises Gotha, dem Commitment eines Ehepaares und engagierten Menschen im Stadtviertel 2015 seinen Anfang nahm, steht 2023 vor der Herausforderung, sich nachhaltig weiterzuentwickeln. In poetischer Sprache drücken das die Initiatoren Weinmann so aus: »Was hier entstanden ist, ist nicht unser Werk. Wir haben uns nur hineinsäen

---

438 Klenk und OJC (2013).

lassen in diese Beton-Plattenbau-Welt in der Erwartung, dass Gott schon hier ist, dass sein Reich auch leuchtet, wo es nicht so hübsch ist. Ein paar Blättchen sind gewachsen, ein Baum ist es noch nicht, aber nun gilt es, dieses Gewächs zu schützen, zu umgeben mit *Glauben, Leben* und *Dienen:* und das in *Gemeinschaft.*« Deshalb stellen sie die Frage: »[Wer ist bereit], uns Menschen an die Seite zu geben, die mit uns dieses Senfkorn hüten, es beim Wachsen unterstützen und begleiten […] zur Stärkung unserer missionarischen Präsenz und […] im Blick auf die Nachhaltigkeit dessen, was gewachsen ist und noch wachsen kann?« Das gegenwärtige Team aus zwei Ehepaaren wünscht sich, »eine Basis [zu] bilden, an der junge Menschen […] Anteil nehmen können und darauf aufbauen, bzw. das Begonnene dann weiterführen werden.«[439]

Dabei ist an vielfältige Mitgestaltungsformen gedacht und nicht in erster Linie an (nicht vorhandene) vergütete Stellen. Das kann die Kooperation mit anderen Werken, teilzeitliches Engagement, Jahrespraktika, Kloster auf Zeit und anderes bedeuten. Besonders im Fokus ist, die lokalen Leute selber einzubinden und zu fördern.

Offen bleibt die anzustrebende Sozialform. Sie kann sowohl so etwas wie ein »Durchlauferhitzer« sein, also ein Ort, an dem Menschen in Berührung kommen mit der lebensspendenden Botschaft des Evangeliums – und dann weiterziehen, um an anderen Orten wiederum selber zu Zeugen zu werden. Oder es kann einer Hauskirche ähnlich sein, als eine kleine bewegliche Gemeinschaft, integriert in und relevant für das Stadtviertel.[440] Auch der bewusste Zuzug von untereinander vernetzten Christen ins Quartier im Sinne der Move-in-Bewegung[441] wäre eine erfreuliche Entwicklung. Der interkulturelle und ökumenische Charakter, den die senfkorn. STADTteilMISSION von Anfang an hatte, könnte sich weiter vertiefen und Menschen im Quartier ermutigen und zurüsten, sich in ihrer jeweiligen Kirche oder Gemeinschaft (z. B. der eritreisch-orthodoxen Kirche, der rumänischen Pfingstkirche, der Muslim-Background-Believer-Bewegung) aktiv einzubringen.

Diejenigen, die sich haben »hineinsäen lassen« in die Erde von Gotha-West, erwarten voller Hoffnung, dass Kleines durch Gottes Geist wachsen, blühen und gute Früchte hervorbringen wird – denn Gott liebt Gotha!

---

439 Aus einem Brief von Christiane und Michael Weinmann, 2020.
440 Vgl. Simon (1999).
441 https://movein.global/eu/de/

7.6 »GLAUBE.DIGITAL«, ein Arbeitsbereich der überkonfessionellen christlichen Missionsgesellschaft Campus für Christus. Ein Interview mit dessen Leiter Jochen Geck (Berlin)

Hallo Jochen! In deinem Arbeitsbereich geht es um Glaubensvermittlung im Digitalen. Versteht ihr euch als Kirche im Internet?

Ja und nein – wir verstehen uns als Teil der Gemeinschaft aller Gläubigen, aber nicht spezifisch als Kirche. Oft sind wir eine Station auf dem Weg in eine lokale Kirche.

Wie sehen die Angebote aus, die ihr macht?

Wir schaffen im Digitalen Räume, in denen Menschen gemeinsam den Glauben entdecken. Das sieht konkret so aus, dass wir Websites wie z. B. www.gottkennen.de anbieten, auf denen man sich über Glaubensthemen informieren und Fragen stellen kann. Es gibt auch das Angebot, mit einem unserer ehrenamtlich arbeitenden E-Coaches ins Gespräch zu kommen. Außerdem bieten wir Glaubensgrundkurse an, die wie ein Art E-Learning-Angebot funktionieren.

Wer sind diese E-Coaches?

Das sind aktuell circa vierzig Freiwillige, die das Herzstück unserer Arbeit bilden, weil interessierte Menschen so auf ein echtes Gegenüber treffen können. Sie werden von uns in den inhaltlichen Grundlagen unserer Kurse (z. B. »Wer ist Jesus?«, »Was ist das Evangelium?«, »Vergebung«, »Schritte der Jüngerschaft«) und in Gesprächsführung, dem sogenannten »Coachen durch Fragen«, geschult.

Wie sehen die Glaubensgrundkurse aus, die ihr anbietet?

Unsere Kurse laufen im Selbststudium ab, wobei man einem Kurscurriculum folgt, das aus Texten und Videos besteht. Dabei ist es uns möglich, individuell und im eigenen Tempo zu lernen. In jeder Einheit gibt es einen Reflexionsteil, in dem Fragen beantwortet werden und Gelerntes festgehalten wird. Bei einigen der Kurse werden die Teilnehmenden von einem E-Coach begleitet, der die Antworten sieht, nachfragt, erklärt, erzählt und ermutigt. Teilnehmerinnen und Teilnehmer melden sich mit Namen, E-Mail-Adresse und Lernmotivation an und können selbst entscheiden, wie weit sie sich öffnen. Inhaltlich werden Grundinhalte des Glaubens vermittelt, und in sich anschließenden Aufbaukursen geht es um die praktische Umsetzung.

Wen versucht ihr zu erreichen?

Wir machen Angebote für alle, die Lebens- und Glaubensfragen haben. Ganz praktisch erreichen wir Menschen, die ihre Fragen bei Google eingeben – genau wie andere Fragen, die sie sich stellen. Wer bei Google die Frage »Wer ist Gott?« oder »Wie kommt man in den Himmel« eintippt, landet bei uns. Damit versuchen wir einen Zugang zum Evangelium zu vermitteln, der nahe an den Lebensgewohnheiten von Menschen liegt.

Wir bekommen Rückmeldungen von Menschen, die keinen Bezug zu Kirche oder anderen Christen haben, die den Inhalt ihrer Fragen gar nicht mit Kirche in Verbindung bringen oder das Gefühl haben, mit ihren Erfahrungen nicht gut genug für Kirche zu sein. Deshalb ist es uns wichtig, Fragen Raum zu geben und die Fragestellerinnen und Fragesteller ernst zu nehmen.

Speziell konzentrieren wir uns auf Menschen zwischen 25 und 40 und entwickeln Aktionen, die sich auf ihre Lebensrealitäten beziehen – z. B. ganz aktuell eine Kampagne zum Thema Hoffnung, das für viele Menschen dieser Altersgruppe fast schon zum Fremdwort geworden ist, weil sie durch Krieg, Inflation und Klimakrise ihre Zukunft existenziell bedroht sehen. Wir möchten dort ansetzen und eine Million Menschen durch Google- und Instagram-Anzeigen erreichen, um sie auf eine Website hinzuweisen, wo sie mit uns ins Gespräch kommen und nächste Schritte gehen – etwa sich zu einem unserer Onlineglaubenskurse anmelden können.

Wie siehst du den Zusammenhang zwischen Glauben im Digitalen und im Analogen? Was ist eure Aufgabe in der Gestaltung des Übergangs zwischen beidem?

Einerseits sehe ich die Grenze zwischen Digitalem und Analogem als etwas künstlich an – längst findet viel an Kommunikation hauptsächlich digital statt. Gleichzeitig sehe ich aber auch die Herausforderungen der digitalen Kommunikation, die oft einseitig ist und zu Einsamkeit führt. Wir betonen in unserem Coaching und unseren Kursen den Wert christlicher Gemeinschaft und vermitteln Teilnehmende oft an lokale Kirchen weiter. Wir haben den Anspruch, eine Art Anfahrtsweg beziehungsweise eine Station auf dem Weg in Kirchen vor Ort zu sein.

Kannst du eine beispielhafte Geschichte erzählen, wie Menschen mit euch in Kontakt kommen und was dann passiert?

Ein Beispiel ist die Geschichte einer vierzigjährigen alleinerziehenden Mutter, die zu uns Kontakt aufnahm und gleich in ihrer ersten Nachricht deutlich machte, dass sie auf der Suche nach Lebenssinn ist. Sie formulierte sehr klar, dass sie rein äußerlich eigentlich alles hat, was man sich so wünschen kann, und ein sorgenfreies Leben führt. Dennoch fehlte ihr der innere Friede und eine Antwort auf die Frage, wozu sie überhaupt lebt. Unser E-Coach schlug ihr vor, dieser Frage in unserem Onlinekurs »Warum Jesus?« nachzugehen. Sie willigte ein und ging die Inhalte dieses Kurses zügig durch. Am Ende des Kurses kam folgende Reaktion von ihr: »Ich habe heute Jesus so etwas wie eine Mail geschrieben und ihm alles gesagt, was mich bewegt. Ich habe ihm mein Leben anvertraut. Jetzt möchte ich die Bibel besser kennenlernen.« Außerdem wollte sie noch wissen, ob sie im Matthäus- oder besser im Johannesevangelium zu lesen beginnen sollte.

Die Fragen stellte Paul Geck (Heidelberg).

Nachwort vom Ratsvorsitzenden i. R. Nikolaus Schneider

»*Nun aber bleiben Glaube, Hoffnung, Liebe, diese drei; aber die Liebe ist die größte unter ihnen.*« – diese Gewissheit bezeugte Paulus der Gemeinde in Korinth (1Kor 13,13). Stellen wir uns vor, wir könnten bei Paulus noch einmal nachfragen:
Und was ist mit der Zukunft unserer Kirche? »*Bleibt*« *die Kirche nicht auch bei allen gegenwärtigen und zukünftigen Zeitenwenden?*
Ich denke, Paulus würde uns darauf verweisen, dass es mehr auf das Bleiben des Evangeliums als um eine konkrete Gestalt von Kirche ankommt. Die von Menschen gelebte und geordnete Kirche könne gewiss auf die Zusage Christi im Evangelium vertrauen, dass »[…] die Pforten der Hölle […] sie nicht überwältigen« (Mt 16,18). Diese Zusage aber, dass die Kirche »*bleibt*« bis zur Wiederkunft Christi, ist nicht gleichzusetzen mit einer Garantie für die jeweiligen Gestalten und Ordnungen von Kirche. Wir können darauf vertrauen, dass unsere Kirche ihrer Kernaufgabe, das Evangelium durch die Zeit zu tragen, immer noch und immer neu nachkommen wird. Dieses Vertrauen gründet sich in der Erfahrung und in der Gewissheit: Gottes Geist war, ist und bleibt Weggefährte unseres Kirche-Seins, welche Gestalt auch immer das Kirche-Sein morgen haben mag. Das bekennen die Kirchen der Reformation in weltweiter Gemeinschaft – mit der römisch-katholischen Kirche, der Orthodoxie, der altkatholischen Kirche und den anglikanischen Kirchen – durch das »*Apostolische Glaubensbekenntnis*«. Dort heißt es im dritten Artikel: »*Ich glaube an den Heiligen Geist, die heilige christliche Kirche, Gemeinschaft der Heiligen, Vergebung der Sünden, Auferstehung der Toten und das ewige Leben.*«
Dietrich Bonhoeffer verdanken wir die weiterführende Erkenntnis, dass der Heilige Geist der »*rechte Zeitgeist*« sei. Dieser Erkenntnis ist auch im Blick auf konkrete Veränderungen von Kirche Geltung zu verschaffen.
Dass die Kirche Jesu Christi sich immer neuen Prozessen von Veränderungen zu stellen hat, ist in den Kirchen der Reformation unbestritten. Es ist geradezu Teil ihrer »reformatorischen DNA«, die jeweilige Gegenwart von Kirche kritisch zu hinterfragen und zu verändern. Dieser kritische Blick auf Gestalt und

Struktur von Kirche und Gemeinden erhält gegenwärtig eine neue Dringlichkeit durch die Tatsache, dass in unserem Land der Anteil von kirchengebundenen Christinnen und Christen erstmals unter den Wert von 50 % an der Gesamtbevölkerung gesunken ist. Noch dramatischer ist die Lage in den neuen Bundesländern. Wenn aber mit Martin Luther und in kirchlicher Tradition gilt: »*Ecclesia semper est reformanda*« – »Die Kirche muss immer reformiert werden« – und wenn wir glauben und bekennen, dass der Heilige Geist auch heute als »rechter Zeitgeist« Christenmenschen bewegt und die Kirche erhält, dann muss uns um ihre Zukunft nicht bange sein – trotz neuer Dringlichkeit. Für Christinnen und Christen gilt darüber hinaus: Gott wurde für Menschen greifbar und erfahrbar in Jesus Christus. Der christliche Glaube bezeugt Jesus Christus als das *lebendige Gotteswort*. Und als lebendigen Herrn der Kirche. Gott wurde nicht Buchstabe! Gottes Wort ist nicht *eins zu eins* – also nicht eindeutig und nicht widerspruchsfrei – zu identifizieren mit den schriftlich fixierten Worten und Texten der Bibel. Eben darin ist die Freiheit und Notwendigkeit begründet, biblische Texte als Spiegel menschlicher Erfahrungen und Urteile aus anderen Zeiten und in anderen gesellschaftlichen und staatlichen Systemen zu verstehen. Und damit gewinnt auch die Freiheit Raum, immer wieder neu um notwendige und evangeliumsgemäße Kirchenreformen zu ringen. Oder wie Peter Zimmerling es in seinem Vorwort formuliert hat: »*Der Auftrag, das Evangelium zu verkündigen, bleibt unabhängig von Größe und Gestalt der Kirche allezeit in Kraft. […] Von dieser Auftragsgewissheit her […] ist […] im Hinblick auf die zukünftige Struktur der Kirche ein Spielraum der Freiheit eröffnet.*« Um diesen Spielraum der Freiheit in Bindung an den bleibenden Auftrag, das Evangelium durch die Zeit zu tragen, geht es Peter Zimmerling in und mit seinem Buch »Morgen Kirche sein«.

Das Buch von Peter Zimmerling verdankt sich der Zeitgenossenschaft eines Hochschullehrers, der in den neuen Bundesländern wirkt. Als Professor für Praktische Theologie hat er in unserer und für unsere Kirche die Reformdebatten und Reformvorschläge der letzten Jahrzehnte umfassend wahrgenommen. Sein Buch bietet einen sachkundigen Überblick über die Vielfalt kirchlicher Formen und Strukturen von der neutestamentlichen Zeit bis in unsere Gegenwart. Peter Zimmerling beschreibt aber nicht nur. Er kommentiert und gewichtet auf der Basis von theologischen Impulsen, die ihm aus dem theologischen Vermächtnis Dietrich Bonhoeffers erwachsen. Bonhoeffer ging es in seiner noch ganz anders bedrückenden Situation um eine von *Dankbarkeit* geprägte Glaubens- und Lebenshaltung: um eine tiefe und von konkreten Beschwernissen unabhängige *Dankbarkeit* für das Geschenk des Evangeliums. Eine solche Dankbarkeit sieht Peter Zimmerling als eine wesentliche Voraussetzung dafür, dass unsere Kirche bei allen notwendigen Reformen und manchem Reformstress für die Menschen in unserem Land *existenzrelevant* bleibt. Lesenswert ist dieses Buches schon durch seine weitgespannte historische Übersicht über Kirchen- und Gemeindeformen sowie durch seinen orientierenden Überblick über Vorschläge und Versuche von Kirchen- und Gemeindereformen in den vergangenen Jahrzehnten. Entscheidend aber ist die implizite und explizite Frage des Buches: *Wie sind Kirche und Gemeinde in sich verändernden Zeiten so zu denken und zu gestalten, dass sie evangeliumsgemäße Kraftquellen für unsere Gegenwart und Hoffnungsgrund für die Zukunft bleiben?*

Explizit legt Peter Zimmerling zu dieser Frage kein Programm im Sinne eines Masterplanes vor. Er begnügt sich mit elf begründeten *»Thesen zur Zukunft der Kirche«*, die den Auftakt des Buches bilden. Ist das enttäuschend? Für mich liegt gerade darin eine Stärke des Autors und des Buches. Mehr wäre weder angemessen noch möglich. Denn das Bekenntnis zu *Christus als dem Herrn der Kirche* und das Vertrauen auf den Heiligen Geist als den *rechten Zeitgeist* lehren uns hier Demut: Baupläne für unser *»Morgen Kirche sein«* können nicht am universitären Reißbrett entwickelt werden. Wissenschaftliches Arbeiten kann theologische Impulse und Wegzeichen für Veränderungen und Reformen geben. Konkret erwachsen wird die Kirche von morgen aber aus dem Leben der Gemeinden. Jesus Christus begann nach dem Lukasevangelium sein öffentliches Auftreten mit dem Jesaja-Zitat: *»Der Geist des Herrn ist auf mir, weil er mich gesalbt hat, zu verkündigen das Evangelium den Armen; er hat mich gesandt, zu predigen den Gefangenen, dass sie frei sein sollen, und den Blinden, dass sie sehen sollen, und den Zerschlagenen, dass sie frei und ledig sein sollen, zu verkündigen das Gnadenjahr des Herrn«* (Luk 4,18 f.) In Bindung an diese Tradition gilt – Zeiten und Kulturen übergreifend – für die Kirche Jesu Christi: Gottes Geist inspiriert Kirchen und Gemeinden zur *Diesseits-Verantwortung*. Peter Zimmerling formuliert das in seiner vierten These zur Zukunft der Kirche so: *»Die Verkündigung des Evangeliums und die gesellschaftliche Mitverantwortung bilden die beiden Brennpunkte des kirchlichen Handelns. [...] Der persönliche Glaube an Jesus Christus und die Teilhabe am Leben der Mitmenschen in der Gesellschaft gehören zusammen. [...] Die Frage ist, an welchen Stellen die Kirche heute gegen Entwicklungen der gegenwärtigen Gesellschaft das konkrete Gebot Jesu Christi zu verkündigen hat.«*

Dieses Buch hält dieses Fragen offen und motiviert Leserinnen und Leser gleichzeitig dazu, um konkrete Antworten für ihre Kirche und ihre Gemeinde zu ringen. Um im *»Beten und Tun des Gerechten«* eine evangeliumsgemäße und menschendienliche Kirche zu leben und zu gestalten. Damit das Evangelium für die Menschen und für Beschwernisse und Herausforderungen unserer Zeit Früchte trägt. Dass dies geschieht, wünsche ich Peter Zimmerling und diesem Buch.

Literaturverzeichnis

Abromeit, H. J./Böhlemann, P./Herbst, M./Strunk, K.-M. (Hg.) (2001): Spirituelles Gemeindemanagement. Chancen – Strategien – Beispiele. Göttingen.
Adam, I./Schmidt, E.-R. (Hg.) (1977): Gemeindeberatung. Ein Arbeitsbuch zur Methodik, Begründung und Beschreibung der Entwicklung von Gemeinden. Gelnhausen.
Anderson, T./Hopkins, B. (1991): Planting New Churches. George Carey and others, Guildford.
Arnoldshainer Konferenz (1985): Was gilt in der Kirche? Die Verantwortung für Verkündigung und verbindliche Lehre in der Evangelischen Kirche. Ein Votum des Theologischen Ausschusses der Arnoldshainer Konferenz. Neukirchen-Vluyn.
Banks, R. J. (2000): Art. Gemeinde III. Neues Testament. In: RGG, Bd. 3 (4. Aufl.; S. 611–612), Tübingen.
Barth, K. (1964): Die Kirchliche Dogmatik, Bd. IV: Die Lehre von der Versöhnung, Zweiter Teil (2. Aufl.). Zürich.
Barth, K. (1996): Brief an Dietrich Bonhoeffer vom 14.10.1936. In: O. Duduz/J. Henkys (Hg.): Illegale Theologenausbildung: Finkenwalde 1935–1937, Dietrich Bonhoeffer Werke (DBW), Bd. 14 (S. 249–254). Gütersloh.
Bedford-Strohm, H./Bubmann, P./Dallmann, H.-U./Meireis, T. (Hg.) (2022): Kritische Öffentliche Theologie, Öffentliche Theologie, Bd. 42. Leipzig.
Berger, P. L. (1994): Pluralistische Angebote. Kirche auf dem Markt? In: Kirchenamt der EKD (Hg): Leben im Angebot – Das Angebot des Lebens. Protestantische Orientierung in der modernen Welt, Synode der Evangelischen Kirche in Deutschland, im Auftrag des Rates der Evangelischen Kirche in Deutschland (S. 33–48). Gütersloh.
Berger, P. L. (1998): An die Stelle von Gewißheiten sind Meinungen getreten. Frankfurter Allgemeine Zeitung, 7.5.1998, S. 14.
Bethge, E. (1969): Eberhard Bethge, Was heißt: Kirche für andere? Überlegungen zu Dietrich Bonhoeffers Kirchenverständnis. In: Bethge, E., Ohnmacht und Mündigkeit. Beiträge zur Zeitgeschichte und Theologie nach Dietrich Bonhoeffer (S. 152–169). München.
Bethge, E. (2004): Dietrich Bonhoeffer. Theologe – Christ – Zeitgenosse. Eine Biographie (8. Aufl.). Gütersloh.
Beyerhaus, P./Peter, A. J. D./Graham, B. (Hg.) (1974): Alle Welt soll sein Wort hören. Lausanner Kongress für Weltevangelisation. Lausanner Dokumente Bd. 1, TELOS-Dokumentation 901. Stuttgart.
Beyschlag, K. (1988): Grundriss der Dogmengeschichte, Bd. 1. Darmstadt.
Biser, E. (1994): »Das Christentum ist eine therapeutische Religion«. Fragen zur Situation von Glaube und Christentum an Eugen Biser. Herder-Korrespondenz, 48, S. 452–458.
Böckenförde, E.-W. (1992): Die Entstehung des Staates als Vorgang der Säkularisation. In: E.-W. Böckenförde (Hg.): Recht, Staat, Freiheit. Studien zur Rechtsphilosophie, Staatstheorie und Verfassungsgeschichte (2. Aufl., S. 92–114). Frankfurt a. M.
Bockmühl, K. (1980): Das größte Gebot. Gießen.
Böhme, W. (Hg.) (1985): Lerne leiden. Lebensbewältigung in der Mystik. Beiträge von Martina Wehrli-Johns. Herrenalber Texte 67. Karlsruhe.

Bohren, R. (1963): Unsere Gemeinden – Gemeinde Jesu Christi? In: R. Bohren (Hg.): Predigt und Gemeinde (S. 183–206). Zürich.

Bohren, R. (1979): Unsere Kasualpraxis – eine missionarische Gelegenheit? Theologische Existenz heute Nr. 147 (5. Aufl.). München.

Bohren, R. (1994): Mit dem Geist bekommen wir Väter und mit den Vätern einen Geist. In: P. Zimmerling (Hg.): Aufbruch zu den Vätern. Unterwegs zu neuer Vaterschaft in Familie, Kirche und Kultur (S. 44–65). Moers.

Bonhoeffer, D. (1992): Brautbriefe Zelle 92. Dietrich Bonhoeffer, Maria von Wedemeyer 1943–1945, hg. von R.-A. von Bismarck/U. Kabitz. München.

Bonhoeffer, D. (1996a): An den Rat der Evangelischen Kirche der altpreußischen Union. Finkenwalde, 6.9.1935. In: O. Duduz/J. Henkys (Hg.): Illegale Theologenausbildung: Finkenwalde 1935–1937, Dietrich Bonhoeffer Werke (DBW), Bd. 14 (S. 75–80). Gütersloh.

Bonhoeffer, D. (1996b): Brief von Gerhard Vibrans. Rosian, 24.6.1936. In: O. Duduz/J. Henkys (Hg.): Illegale Theologenausbildung: Finkenwalde 1935–1937, Dietrich Bonhoeffer Werke (DBW), Bd. 14 (S. 171–174). Gütersloh.

Bonhoeffer, D. (1996c): Brief an Wolfgang Staemmler. Finkenwalde, 27.6.1936. In: O. Duduz/J. Henkys (Hg.): Illegale Theologenausbildung: Finkenwalde 1935–1937, Dietrich Bonhoeffer Werke (DBW), Bd. 14 (S. 175–178). Gütersloh.

Bonhoeffer, D. (1996d): Brief an Gerhard Vibrans. Finkenwalde, 27.6.1936. In: O. Duduz/J. Henkys (Hg.): Illegale Theologenausbildung: Finkenwalde 1935–1937, Dietrich Bonhoeffer Werke (DBW), Bd. 14 (S. 180–182). Gütersloh.

Bonhoeffer, D. (1996e): Rundbrief an die Brüder des ersten und zweiten Kurses. Finkenwalde, 22.7.1936. In: O. Duduz/J. Henkys (Hg.): Illegale Theologenausbildung: Finkenwalde 1935–1937, Dietrich Bonhoeffer Werke (DBW), Bd. 14 (S. 194–200). Gütersloh.

Bonhoeffer, D. (1996f): Homiletikvorlesung von 1936/37. In: In: O. Duduz/J. Henkys (Hg.): Illegale Theologenausbildung: Finkenwalde 1935–1937, Dietrich Bonhoeffer Werke (DBW), Bd. 14 (S. 513–517). Gütersloh.

Bonhoeffer, D. (1996g): Anleitung zur Schriftmeditation. In: O. Duduz/J. Henkys (Hg.): Illegale Theologenausbildung: Finkenwalde 1935–1937, Dietrich Bonhoeffer Werke (DBW), Bd. 14 (S. 945–950). Gütersloh.

Bonhoeffer, D. (1996h): Brief an Eberhard Bethge. Klein-Krössin, 9.10.1940. In: J. Glenthoj/U. Kabitz/W. Krötke (Hg.): Konspiration und Haft (1940–1945), Dietrich Bonhoeffer Werke (DBW), Bd. 16 (S. 65–67). Gütersloh.

Bonhoeffer, D. (1996i): Studie zum Thema »›Personal‹- und ›Sach‹ethos«. 1942 [?]. In: J. Glenthoj/U. Kabitz/W. Krötke (Hg.): Konspiration und Haft (1940–1945), Dietrich Bonhoeffer Werke (DBW), Bd. 16 (S. 550–562). Gütersloh.

Bonhoeffer, D. (1998a): Ethik. In: E. Feil/C. J. Green/H. E. Tödt/I. Tödt (Hg.): Dietrich Bonhoeffer Werke (DBW), Bd. 6 (2. Aufl.). Gütersloh.

Bonhoeffer, D. (1998b): Widerstand und Ergebung. Briefe und Aufzeichnungen aus der Haft. In: Chr. Gremmels/E. Bethge/R. Bethge (Hg.): Dietrich Bonhoeffer Werke (DBW), Bd. 8. Gütersloh.

Bonhoeffer, D. (1998c): Brief an Eberhard und Renate Bethge. Tegel, 19.5.1944. In: Chr. Gremmels/E. Bethge/R. Bethge (Hg.): Widerstand und Ergebung. Briefe und Aufzeichnungen aus der Haft, Dietrich Bonhoeffer Werke (DBW), Bd. 8 (S. 436–438). Gütersloh.

Bonhoeffer, D. (1998d): Brief an Eberhard Bethge. Tegel, 20.5.1944. In: Chr. Gremmels/E. Bethge/R. Bethge (Hg.): Widerstand und Ergebung. Briefe und Aufzeichnungen aus der Haft, Dietrich Bonhoeffer Werke (DBW), Bd. 8 (S. 439–441). Gütersloh.

Bonhoeffer, D. (1998e): Entwurf für eine Arbeit. Tegel, August 1944. In: Chr. Gremmels/E. Bethge/R. Bethge (Hg.): Widerstand und Ergebung. Briefe und Aufzeichnungen aus der Haft, Dietrich Bonhoeffer Werke (DBW), Bd. 8 (S. 556–561). Gütersloh.

Bonhoeffer, D. (1998f): Gedicht »Von guten Mächten«. Berlin, Dezember 1944. In: Chr. Gremmels/E. Bethge/R. Bethge (Hg.): Widerstand und Ergebung. Briefe und Aufzeichnungen aus der Haft, Dietrich Bonhoeffer Werke (DBW), Bd. 8 (S. 607 f.). Gütersloh.

Bonhoeffer, D. (2002a): Nachfolge. In: M. Kuske/I. Tödt (Hg.): Dietrich Bonhoeffer Werke (DBW), Bd. 4. München.

Bonhoeffer, D. (2002b): Gemeinsames Leben/Das Gebetbuch der Bibel. In: G. L. Müller/A. Schönherr (Hg.): Dietrich Bonhoeffer Werke (DBW), Bd. 5 (2. Aufl.). Gütersloh.

Bonhoeffer, D. (2021): Freiheit zum Leben. Ausgewählte Texte zur Ethik, hg. und mit Einführungen versehen von Peter Zimmerling. Gießen.

bpb – Bundeszentrale für politische Bildung (2020): Soziale Situation in Deutschland. Katholische und evangelische Kirche. https://www.bpb.de/kurz-knapp/zahlen-und-fakten/soziale-situation-in-deutschland/61565/katholische-und-evangelische-kirche/ (Zugriff am 14.02.2023).

Braoudakis, P. (1998): Das Willow Creek Handbuch. Asslar.

Breitenbach, G. (1994): Gemeinde leiten. Eine praktisch-theologische Kybernetik. Stuttgart u. a.

Breithaupt, W. (1996): Warum diese Dokumentation? In: W. Breithaupt/W. Knoch (Hg.): Herr, komm in mir wohnen. Orte der Einkehr in der DDR. Erinnerungen und Berichte aus der »Arbeitsgemeinschaft für Evangelische Einkehrtage« bis 1989. Eine Dokumentation (S. 6–8). Reutlingen.

Brummer, A./Nethöfel, W. (Hg) (1997): Vom Klingelbeutel zum Profitcenter? Strategien und Modelle für das Unternehmen Kirche. Hamburg.

Bucher, A. A. (1990): Symbol – Symbolbildung – Symbolerziehung. Philosophische und entwicklungspsychologische Grundlagen. St. Ottilien.

Burgdorfer, L. (2007): Auf Wellenlänge. Kirche im Radio als missionarische Gelegenheit. In: U. Laepple/V. Roschke (Hg.): Die so genannten Konfessionslosen und die Mission der Kirche, Festgabe für Hartmut Bärend (S. 85–89). Neukirchen-Vluyn.

Burgsmüller, A. (Hg.) (1981): Kirche als »Gemeinde von Brüdern« (Barmen III). Votum des Theologischen Ausschusses der EKU, Bd. 2. Gütersloh.

Burkhardt, H. (1993): Haben alle Religionen mit einem und demselben Gott zu tun? Theologische Beiträge, 1993 (24), 305–316.

Bürkle, H. (Hg.) (2002): Die Mission der Kirche, AMATECA. Lehrbücher zur katholischen Theologie, Bd. 13. Paderborn.

Büro der Landessynode der Evangelischen Kirche in Berlin-Brandenburg (Hg.) (1998): Wachsen gegen den Trend. Auf dem Weg zu einer missionarischen Kirche. Berlin.

Carey, G. (1992): Gemeindegründung in der anglikanischen Kirche. In: F. Aschoff/K. Eickhoff/J. Knoblauch (Hg.): Gemeinde gründen in der Volkskirche (S. 67–70). Moers.

Chagall, B. (1966): Brennende Lichter. Reinbek bei Hamburg.

Christenson, L. (1989): Komm Heiliger Geist. Informationen, Leitlinien, Perspektiven zur Geistlichen Gemeinde-Erneuerung. Metzingen/Neukirchen-Vluyn.

Cornehl, P. (1991): Lieder, Lyrik, Liturgien. In: D. Zilleßen/S. Alkier/H. Schroeter (Hg.): Praktisch-theologische Hermeneutik. Ansätze, Anregungen, Aufgaben (S. 297–305). Rheinbach-Märzbach.

Davison, A./Milbank, A. (2010): For the parish: A critique of Fresh Expressions. London.

Dombois, H. (1974): Das Recht der Gnade. Ökumenisches Kirchenrecht II. Bielefeld.

Douglass, K./Scheunemann, K./Vogt, F. (1999): Ein Traum von Kirche. Wie ein Gottesdienst für Kirchendistanzierte eine Gemeinde verändert (2. Aufl.). Asslar.

Drews, P. (1901): »Religiöse Volkskunde«, eine Aufgabe der praktischen Theologie. Monatsschrift für die kirchliche Praxis, 1901 (1), 1–8.

Dürig, G./Herzog, R./Maunz, T. (1973): Kommentar zum Grundgesetz, Lieferung 1973, Bd. 4. München.

Duttweiler, St. (2015): Kirchenumnutzungen aus politischer Sicht oder: Debatten um die ›gute‹ Stadt. In: In: J. Stückelberger (Hg.): Kirchenumnutzungen. Der Blick aufs Ganze. Kunst und Kirche 4/2015 (S. 44–47). Wien/New York.

Eichler, A. (2010): Gott hat gewonnen. Unsere Grenzen sind seine Möglichkeiten. Witten.
Eickhoff, K. (1992): Gemeinde entwickeln für die Volkskirche der Zukunft. Anregungen zur Praxis. Göttingen.
Engelhardt, K./Loewenich, H. von/Steinacker P. (Hg.) (1997): Fremde Heimat Kirche. Gütersloh.
Erne, T. (2017): Hybride Räume der Transzendenz. Wozu wir heute noch Kirchen brauchen. Studien zu einer postsäkularen Theorie des Kirchenbaus. Leipzig.
EKD – Evangelische Kirche in Deutschland (o. D.): Informationen zur Studie »Kirche im Umbruch – Projektion 2060«. https://www.ekd.de/projektion2060-interview-raffelhueschen-45527.htm (Zugriff am 14.02.2023).
EKD – Evangelische Kirche in Deutschland/AMD – Arbeitsgemeinschaft Missionarische Dienste (Hg.) (2011): Erwachsen glauben. Missionarische Bildungsangebote. Grundlagen – Kontexte – Praxis. Gütersloh.
EKD – Evangelische Kirche in Deutschland (2020): Hinaus ins Weite – Kirche auf gutem Grund. Zwölf Leitsätze zur Zukunft einer aufgeschlossenen Kirche. Hannover.
EKD/Deutsche Bischofskonferenz (1997): Für eine Zukunft in Solidarität und Gerechtigkeit. Wort des Rates der EKD und der Deutschen Bischofskonferenz zur wirtschaftlichen und sozialen Lage in Deutschland. Hannover/Bonn.
EKHN – Evangelische Kirche in Hessen und Nassau (2009): Orientierungshilfe zur Nutzung von kirchlichen Gebäuden und Räumen, 17.2.2009. Darmstadt.
Failing, W.-E. (1997): »In den Trümmern des Tempels«. Symbolischer Raum und Heimatbedürfnis als Thema der Praktischen Theologie. Eine Annäherung. In: Pastoraltheologie, 1997 (86), 375–391.
Feldtkeller, A./Sundermeier, T. (Hg.) (1999): Mission in pluralistischer Gesellschaft, Frankfurt a. M.
Fischer, U. (2000): Über die Schwelle treten. Missionarische Herausforderungen in der Zeitenwende, Bericht zur Lage auf der Frühjahrstagung der Landessynode der Evangelischen Landeskirche in Baden, 13.4.2000. Bad Herrenalb.
Fritzsch, H. (1990): Flucht aus Leipzig. Eine Protestaktion und ihre Folgen, München.
Geyer, H. (2007): Nikolaikirche, montags um fünf. Die politischen Gottesdienste der Wendezeit in Leipzig. Darmstadt.
Giesriegl, R. (1989): Die Sprengkraft des Geistes. Charismen und Apostolischer Dienst des Paulus im 1. Korintherbrief, Hochschulschriften Forschungen, Bd. 2. Thaur.
Ginsberg, E. (1998): Abschied. Erinnerungen, Theateraufsätze, Gedichte, hg. von Elisabeth Brock-Sulzer. Darmstadt.
Glasson, B. (2006): Mixed-up blessing. A new encounter with being church. Werrington.
Glockzin-Bever, S./Schwebel, H. (Hg.) (2002): Kirchen – Raum – Pädagogik, Ästhetik – Theologie – Liturgik, Bd. 12. Münster.
Greiner, D./Noventa, E./Raschzok, K./Schödl, A. (Hg.) (2007): Wenn die Seele zu atmen beginnt ... Geistliche Begleitung in evangelischer Perspektive. Leipzig.
Greiner, D/Raschzok, K./Rost, M. (Hg.) (2011): Geistlich begleiten. Eine Bestandsaufnahme evangelischer Praxis. Leipzig.
Grethlein, C. (1991): Christliche Lebensformen – Spiritualität. In: Glaube und Lernen, 1991 (6), 111–120.
Grethlein, C. (2007): Gemeindeentwicklung. In: W. Gräb/B. Weyel (Hg.): Handbuch Praktische Theologie (S. 494–506). Gütersloh.
Gronemeyer, M. (1996): Das Leben als letzte Gelegenheit. Sicherheitsbedürfnisse und Zeitknappheit. Asslar.
Gross, P. (1996): Die Multioptionsgesellschaft (4. Aufl.). Frankfurt a. M.
Grözinger, A.(1989): Erzählen und Handeln. Studien zu einer trinitarischen Grundlegung der Praktischen Theologie. München.
Grözinger, A. (1991): Die Sprache des Menschen. Ein Handbuch. Grundwissen für Theologinnen und Theologen. München.

Grün, A. (1983): Auf dem Wege. Zu einer Theologie des Wanderns, Münsterschwarzacher Kleinschriften, Bd. 22. Münsterschwarzach.

Grünberg, W. (1972): Gemeindeaufbau und Gemeinwesenarbeit. Gelnhausen.

Hage, G. (Hg.) (1981): Die evangelische Michaelsbruderschaft. 50 Jahre Dienst an der Kirche. Kassel.

Hahn, H.-C./Reichel, H. (Hg.) (1977): Zinzendorf und die Herrnhuter Brüder. Quellen zur Geschichte der Brüder-Unität von 1722 bis 1760. Hamburg.

Harrold, P./Moynagh, M. (2012): Church for Every Context: An Introduction to Theology and Practice. London.

Häuser, F. (2008): Restauration oder Modernisierung. Der bauhistorische Weg zum Campus für eine 600-jährige Universität. In: Rektor der Universität Leipzig (Hg.): Zum Gedenken an die Sprengung der Universitätskirche St. Pauli am 30. Mai 1968 (S. 7–15). Leipzig.

Heidenreich, H. (1985): Gemeindeberatung – Organisationsentwicklung – (pastorale) Supervision. Ein Überblick über Konzepte, Literatur, Aus-/Fortbildung und Institutionen. Pastoraltheologische Informationen, 1985, 144–167.

Heinz-Mohr, G. (1975): Die Kunst des geöffneten Lebens. Stuttgart.

Hemminger, H. (2006): »Weltanschauliche Trends 2006. Gründe für den Auszug aus den Volkskirchen«. In: Theologische Beiträge, 2006 (37), 80–93.

Hempel, J. (2006): Diasporagemeinde verantwortlich gestalten. Erfahrungen und Einsichten für den Auftrag der evangelischen Kirche in der Zeit der früheren DDR. In: Evangelische Diaspora. Beihefte, Quellen und Forschungen zur Diasporawissenschaft, 2006 (3), S. 41–48.

Hempelmann, R. (1993): Charismatische Bewegungen und neue Gemeindegründungen. Materialdienst der EZW, 1993 (56), 129–137.

Herbst, M. (2001): Kirche wie eine Behörde verwalten oder wie ein Unternehmen führen? Zur Theologie des Spirituellen Gemeindemanagements. In: H. J. Abromeit/P. Böhlemann/M. Herbst/K. M. Strunk (Hg.): Spirituelles Gemeindemanagement. Chancen – Strategien – Beispiele (S. 82–110). Göttingen.

Herbst, M. (2003): Spiritualität, Gemeindeaufbau und Marketing. Worum geht es im Spirituellen Gemeindemanagement? In: M. Herbst (Hg.): Spirituelle Aufbrüche. Perspektiven evangelischer Glaubenspraxis. Festschrift für Manfred Seitz zum 75. Geburtstag (S. 178–198). Göttingen.

Herbst, M. (2006): Mission bringt Gemeinde in Form: Gemeindepflanzungen und neue Ausdrucksformen gemeindlichen Lebens in einem sich wandelnden Kontext. Neukirchen-Vluyn.

Herbst, M. (2010): Missionarischer Gemeindeaufbau in der Volkskirche (5. Aufl.). Neukirchen-Vluyn.

Hild, H. (Hg.) (1974): Wie stabil ist die Kirche? Gelnhausen/Berlin.

Holtz, G. (1967): Die Parochie. Geschichte und Problematik. Gütersloh.

Höhner, F./Höhner P. (1999): Handbuch Führungspraxis Kirche. Entwickeln, Führen, Moderieren in zukunftsorientierten Gemeinden. Gütersloh.

Honecker, M. (2020): Denkschriften und Spiritualität. In: P. Zimmerling (Hg.): Handbuch Evangelische Spiritualität, Bd. 3 (S. 783–809). Göttingen.

Hopkins, B. (1996): Gemeinde pflanzen. Church planting als missionarisches Konzept, Bausteine Gemeindeaufbau, Bd. 1. Neukirchen-Vluyn.

Huber, W. (1999): Kirche in der Zeitenwende. Gesellschaftlicher Wandel und Erneuerung der Kirche (2. Aufl.). Gütersloh.

Huber, W. (2002): Im Geist wandeln. Die evangelische Kirche braucht eine Erneuerung ihrer Frömmigkeitskultur. Zeitzeichen, 2002 (7), 20.

Hull, J. M. (2006): Mission Shaped Church. A Theological Response. London.

Josuttis, M. (2002): Religion als Handwerk. Zur Handlungslogik spiritueller Methoden, Gütersloh.

Josuttis, M. (2003): Vom Umgang mit heiligen Räumen. In: T. Klie (Hg.): Der Religion Raum geben. Kirchenpädagogik und Religiöses Lernen. Grundlegungen. Veröffentlichungen des Religionspädagogischen Insitiuts Loccum, Bd. 3 (3. Aufl.; S. 241–251). Münster.

Jüngel, E. (1989): Leben nach dem Tod? Evangelische Kommentare, 1989 (22), 31–32.
Kant, I. (1977): Der Streit der Fakultäten, Werke Bd. XI. Berlin.
Karle, I. (2011): Kirche im Reformstress. Gütersloh.
Karstein, U./Schaumburg, C./Wohlrab-Sahr, M. (2005): »›Ich würd‹ mir das offenlassen‹. Agnostische Spiritualität als Annäherung an die ›große Transzendenz‹ eines Lebens nach dem Tode«. Zeitschrift für Religionssoziologie, 2005 (13), 153–173.
Käsemann, E. (1964): Amt und Gemeinde im Neuen Testament, In: E. Käsemann (Hg.): Exegetische Versuche und Besinnungen, Bd. 1 und 2 (3. Aufl.; S. 109–134). Göttingen.
Käsemann, E. (1972): Der gottesdienstliche Schrei nach der Freiheit. Paulinische Perspektiven (2. Aufl.; S. 211–236). Tübingen.
Kästner, E. (1974): Stundentrommel vom Berg Athos. Frankfurt a. M.
Kaufmann, T. (2013): Luthers kopernikanische Wende. Frankfurter Allgemeine Zeitung. http://www.faz.net/aktuell/politik/die-gegenwart/reformationstag-luthers-kopernikanische-wende-12636264-p5.html?printPagedArticle=true#pageIndex_5 (Zugriff am 21.02.2023).
Kierkegaard, S. (1967): Philosophische Brocken, Gesammelte Werke, Bd. 10. Düsseldorf.
Kirchenamt der EKD (Hg.) (1999): Evangelisation und Mission. Ein Votum des Theologischen Ausschusses der Arnoldshainer Konferenz, Veröffentlichungen aus der Arnoldshainer Konferenz. Neukirchen-Vluyn.
Kirchenamt der EKD (Hg.) (2000): Das Evangelium unter die Leute bringen. Zum missionarischen Dienst der Kirche in unserem Land, EKD-Texte 68. Hannover.
Kirchenamt der EKD (Hg.) (2006a): Kirche der Freiheit. Perspektiven für die Evangelische Kirche im 21. Jahrhundert. Ein Impulspapier des Rates der EKD. Hannover.
Kirchenamt der EKD (Hg.) (2006b): Klarheit und gute Nachbarschaft. Christen und Muslime in Deutschland. Eine Handreichung des Rates der EKD, EKD-Texte 86. Hannover.
Kirchner, H./Planer-Friedrich, G./Sens, M./Ziemer, C. (Hg.) (1984): Charismatische Erneuerung und Kirche. Im Auftrag der Theologischen Studienabteilung beim Bund der Evangelischen Kirchen in der DDR, Berlin (Ost) 1983. Neukirchen-Vluyn.
Klenk, D./OJC (2013): Wie Gefährten leben, eine Grammatik der Gemeinschaft. Basel/Gießen.
Klessmann, M. (2001): Pfarrbilder im Wandel. Ein Beruf im Umbruch. Neukirchen-Vluyn.
Klessmann, M. (2007): Seelsorge und Sprache. Anregungen Gert Ottos zu einem vernachlässigten Thema. Praktische Theologie, 2007 (42), 32–39.
Klie, T. (Hg.) (2003): Der Religion Raum geben. Kirchenpädagogik und religiöses Lernen, Grundlegungen. Veröffentlichungen des Religionspädagogischen Instituts Loccum, Bd. 3 (3. Aufl.). Münster.
Knospe, G. (1964): Emil Sulze und sein Gemeindeideal in zeitgenössischer und reformatorischer Sicht. In: G. Fuß (Hg.): Verantwortung, FS für Gottfried Noth (S. 105–121). Berlin.
Koordinierungsgruppe der Charismatischen Erneuerung in der Katholischen Kirche (Hg.) (2007): Der Geist macht lebendig. Theologische und pastorale Grundlagen der charismatischen Erneuerung in der Katholischen Kirche Deutschlands. Erarbeitet vom Theologischen Ausschuss der Charismatischen Erneuerung in der Katholischen Kirche. Bestätigt durch die Bischofskonferenz bei der Frühjahrsvollversammlung 1987. 5. Aufl. Maihingen.
Kopfermann, W. (1983): Charismatische Gemeindeerneuerung. Eine Zwischenbilanz, Charisma und Kirche, Heft 7/8 (2. Aufl.). Hochheim.
Körs, A. (2015): Kirchenumnutzungen aus soziologischer Sicht. Wenn eine Kirche zur Moschee wird und weshalb dies ein gesellschaftlicher Gewinn sein kann. In: J. Stückelberger (Hg.): Kirchenumnutzungen. Der Blick aufs Ganze. Kunst und Kirche 4/2015 (S. 55–63). Wien/New York.
Krötke, W. (2003): Missionarisch-theologische Kompetenz in den neuen Bundesländern Deutschlands, EPD-Dokumentation 42/2003. Frankfurt a. M.
Kupisch, K. (1975): Deutschland im 19. und 20. Jahrhundert, Die Kirche in ihrer Geschichte, Bd. 4, Lieferung R (2.Teil) (2., durchgesehene Auflage). Göttingen.

Kutzner, H.-J./Pierel, F. (2015): Popularia – Gottesdienst und Brauchtum, Folkert Fendler i. A. der Liturgischen Konferenz (Hg.): Qualität im Gottesdienst (S. 320–328).
Lange, E. (1967): Kirche für andere. In: Evangelische Theologie, 1967 (10), 513–546.
Leppin, V. (2021): Ruhen in Gott. Geschichte der christlichen Mystik. München.
Lewis, C. S. (1988): Über den Schmerz. Gießen/Basel.
Lienhard, F. (2012): Strukturen einer Kirche der Zukunft. In G. Lämmlin (Hg.): Die Kirche der Freiheit evangelisch gestalten. Michael Nüchterns Beiträge zur Praktischen Theologie, Heidelberger Studien zur Praktischen Theologie, Bd. 17 (S. 27–40). Berlin.
Lindner, H. (1997): Spiritualität und Modernität. Das Evangelische München-Programm. Pastoraltheologie, 1997, 244–264.
Löwe, J. A. (1994): Die Gemeindepflanzer sind unterwegs. »Churchplanting« in Pforzheim und Karlsbad. In: Aufbruch, 1994 (51), 24–25.
Lübbe, H. (1986): Religion nach der Aufklärung. Graz u. a.
Lück, W. (1977): Organisationsentwicklung auf theologisch. In: I. Adam/E.-R. Schmidt (Hg.): Gemeindeberatung. Ein Arbeitsbuch zur Methodik, Begründung und Beschreibung der Entwicklung von Gemeinden (S. 69–73). Gelnhausen.
Luther, M. (1883): Werke. Kritische Gesamtausgabe, Weimar 1883ff (WA; WA Br; WA Tr).
Luther, M. (1962): Ausgewählte Werke, Bd. 3 (3. Aufl.). München.
Luther, M. (1998): Schmalkaldische Artikel, III. Teil, 15, In: Deutscher Evangelischer Kirchenausschuss (Hg.): Bekenntnisschriften der evangelisch-lutherischen Kirche (BSLK, 12. Aufl.), S. 461–463. Göttingen.
Lux, R./Zimmerling, P. (Hg.): Ich muss rumoren. 600 Jahre Universität Leipzig. Predigten und Ansprachen, Edition Kirchhof und Franke, Abt. Regionalgeschichte, Bd. 4. Leipzig/Berlin.
Male, D./Weston, P. (2013): The word's out. Speaking the gospel today. Abingdon.
Melanchthon, P. (1910): Supplementa Melanchthoniana VI/1. Leipzig.
Mertin, A. (2003): »... räumlich glaubet der Mensch.« Der Glaube und seine Räume. In: T. Klie (Hg.): Der Religion Raum geben. Kirchenpädagogik und religiöses Lernen, Grundlegungen. Veröffentlichungen des Religionspädagogischen Instituts Loccum, Bd. 3 (3. Aufl.; S. 51–76). Münster.
Meyer-Blanck, M. (1997): Inszenierung des Evangeliums. Ein kurzer Gang durch den Sonntagsgottesdienst nach der Erneuerten Agende. Göttingen.
Möller, C. (1984): Art. Gemeinde, christliche. In: TRE, Bd. 12 (S. 316–335). Berlin/New York.
Möller, C. (1990a): Gottesdienst als Gemeindeaufbau. Ein Werkstattbericht (2., durchgesehene Aufl.). Göttingen.
Möller, C. (1990b): Lehre vom Gemeindeaufbau, Bd. 2: Durchblicke, Einblicke, Ausblicke. Göttingen.
Möller, C. (1991): Lehre vom Gemeindeaufbau, Bd. 1: Konzepte, Programme, Wege (3. Aufl.). Göttingen.
Möller, C. (2004): Einführung in die Praktische Theologie (UTB 2529). Tübingen/Basel.
Moltmann, J. (1985): Gott in der Schöpfung, Ökologische Schöpfungslehre. München.
Moltmann, J. (1991): Der Geist des Lebens. Eine ganzheitliche Pneumatologie. München.
Moltmann, J. (2002): Kein Monotheismus gleicht dem anderen. Destruktion eines untauglichen Begriffs. Evangelische Theologie, 2002 (62), 112–122.
Moynagh, M. (2016): Fresh X – das Praxisbuch, übersetzt von Christiane Vorländer. Gießen.
Moynagh, M. (2017): Church in Life. Innovation, Mission and Ecclesiology. London.
Mühlen, H. (1982): Einübung in die christliche Grunderfahrung, Teil 1: Lehre und Zuspruch, unter Mitarbeit von Arnold Bittlinger, Erhard Griese und Manfred Kießig, Topos-Taschenbücher, 40 (12. Aufl.). Mainz.
Mühlen, H. (1984): Einübung in die christliche Grunderfahrung, Teil 2: Gebet und Erwartung, unter Mitarbeit von Arnold Bittlinger, Erhard Griese, Manfred Kießig, Topos-Taschenbücher, 49 (12. Aufl.). Mainz.
Müller, K. (2002), Die Mission der Kirche in systematischer Betrachtung. In: H. Bürkle (Hg.): Die Mission der Kirche. Amecta – Lehrbücher zur katholischen Theologie 13 (S. 43–167). Paderborn.

Müller, S. (2016): Fresh Expressions of Church. Ekklesiologische Beobachtungen und Interpretationen einer neuen kirchlichen Bewegung. Zürich.

Nethöfel, W. (1997): Gebet und Controlling. Die Chancen des Unternehmens Kirche, in: A. Brummer/W. Nethöfel (Hg.): Vom Klingelbeutel zum Profitcenter? Strategien und Modelle für das Unternehmen Kirche (S. 15–24), Hamburg.

Niebergall, F. (1918): Praktische Theologie. Lehre von der kirchlichen Gemeindeerziehung auf religionswissenschaftlicher Grundlage, Bd. 1: Grundlagen. Die ideale und die empirische Gemeinde. Aufgaben und Kräfte der Gemeinde. Tübingen.

Nigg, W. (1953): Vom Geheimnis der Mönche. Zürich/Stuttgart.

Nigg, W. (1986): Große Heilige. Zürich.

Nüchtern, M. (1997): Kirche in Konkurrenz. Herausforderungen und Chancen in der religiösen Landschaft. Stuttgart.

Paul, U. (2021): Glanz im Plattenbau. Salzkorn 2021 (02). https://www.ojc.de/salzkorn/2021/hoffnung-gefaehrten-gemeinschaft/plattenbau-gotha-ute-paul/ (Zugriff am 19.02.2023).

Perels, H.-U. (1990): Wie führe ich eine Kirchengemeinde? Möglichkeiten des Managements. Gütersloh.

Pesch, O. H. (2001): Kleines Plädoyer für die christliche Mission. Versuch einer Ehrenrettung – mit Blick auf die Zukunft. Zeitschrift für Missionswissenschaft, 2001, 46–64.

Petuchowski, J. J. (1987): Feiertage des Herrn. Die Welt der jüdischen Feste und Bräuche (2. Aufl.). Freiburg u. a.

Plathow, M. (1985): Heiliger Geist. Hoffnung der Schwachen. Hannover.

Pohl-Patalong, U. (2003): Ortsgemeinde und übergemeindliche Arbeit im Konflikt. Eine Analyse der Argumentationen und ein alternatives Modell. Göttingen.

Poumet, J. (2009): Die Universitätskirche Leipzig. In: M. Sabrow (Hg.): Erinnerungsorte der DDR (S. 536–544). München.

Prüfer, T. (2015): Der Heilige Bruno. Die unglaubliche Geschichte meines Urgroßvaters am Kilimandscharo. Reinbek.

Pytches, D./Skinner, B. (1992): Die Parochie verhindert die Evangelisation. In: J. Knoblauch/K. Eickhoff/F. Aschoff (Hg.): Gemeinde gründen in der Volkskirche. Modelle der Hoffnung (S. 71–74). Moers.

Ranke, S. (1997): Dem persönlichen Glauben neues Leben geben. Alpha-Kurse – ein Angebot für Gemeindeglieder und Fernstehende. Deutsches Pfarrerblatt, 1997 (97), 236–239.

Raschzok, K. (2003): Der Feier Raum geben. Zu den Wechselbeziehungen von Raum und Gottesdienst. In: T. Klie (Hg.): Der Religion Raum geben. Kirchenpädagogik und religiöses Lernen,Grundlegungen. Veröffentlichungen des Religionspädagogischen Instituts Loccum, Bd. 3 (3. Aufl.; S. 112–135). Münster.

Ratschow, C. H. (1981): Art. Charisma I. Zum Begriff in der Religionswissenschaft. In: TRE, Bd. 7 (S. 681–682). Berlin/New York.

Ratzmann, W. (1980): Missionarische Gemeinde. Ökumenische Impulse für Strukturreformen, Theologische Arbeiten, Bd. 39. Berlin.

Ratzmann, W. (1985): Gemeinde für andere – Gemeinde mit anderen. In: werkstatt gemeinde, 1985 (3), S. 268–281.

Ratzmann, W. (2017): Faszinierend und heftig umstritten. Stationen und Positionen beim Bau des neuen symbolischen Zentrums der Leipziger Universität. In: P. Zimmerling (Hg.): Universitätskirche St. Pauli. Vergangenheit, Gegenwart, Zukunft. Festschrift zur Wiedereinweihung der Universitätskirche St. Pauli zu Leipzig (S. 162–174). Leipzig.

Rebell, W. (1989): Alles ist möglich dem, der glaubt. Glaubensvollmacht im frühen Christentum. München.

Richter, K. (1998): Kirchenräume und Kirchenträume. Die Bedeutung des Kirchenraums für eine lebendige Gemeinde. Freiburg.

Ricker, C. (2003): Brücke zwischen Sehen und Hören. Kirchenpädagogik und ihre Vermittlungsfunktionen. In: T. Klie (Hg.): Der Religion Raum geben. Kirchenpädagogik und religiöses Lernen,Grundlegungen. Veröffentlichungen des Religionspädagogischen Instituts Loccum, Bd. 3 (3. Aufl.; S. 136–148). Münster.
Rosenzweig, F. (1959): Der Stern der Erlösung. Heidelberg.
Ross, M. G. (1955): Community organization. Theory and principles. New York.
Ross, M. G. (1971): Gemeinwesenarbeit (2. Aufl.). Freiburg.
Roßner, B. (2005): Das Verhältnis junger Erwachsener zum Gottesdienst. Empirische Studien zur Situation in Ostdeutschland und Konsequenzen für das gottesdienstliche Handeln. Leipzig.
Ruhbach, G. (1987): Theologie und Spiritualität. Beiträge zur Gestaltwerdung des christlichen Glaubens. Göttingen.
Rupp, H./Schwebel, H. (Hg.) (2006): Handbuch Kirchenpädagogik. Kirchenräume wahrnehmen, deuten und erschließen. Stuttgart.
Scharf, K. (1980): Brücken und Breschen. Biographische Skizzen. Gütersloh.
Scheffbuch, R. (1993): Art. Lausanner Bewegung. In: H. Hempelmann/U. Swarat/R. Gebauer/W. E. Heinrichs/Chr. Raedel/P. Zimmerling (Hg.): Evangelisches Lexikon für Theologie und Gemeinde (ELThG), Bd. 2 (S. 1216), Wuppertal/Zürich.
Schindler, B. (Hg.) (1975): Grundkurs des Glaubens. Hamburg.
Schlatter, A. (1962): Paulus der Bote Jesu. Eine Deutung seiner Briefe an die Korinther (3. Aufl.). Stuttgart.
Schlaudraff, K.-H. (1997): Die Gemeinde bekommt neue »Ableger«. In: Gemeindeerneuerung, 1997 (64), S. 20–23.
Schlegel, T./Kleemann, J. (Hg.) (2021): Erprobungsräume. Andere Gemeindeformen in der Landeskirche, midiKontur 2. Leipzig.
Schleiermacher, F. (o. J.): Reden, hg. von Martin Rade. Berlin.
Schleiermacher, F. (1799/1997): Über die Religion. Reden an die Gebildeten unter ihren Verächtern. Stuttgart.
Schleiermacher, F. (1843). Sämtliche Werke, II, 1. Predigten. Berlin.
Schleiermacher, F. (1985): Die praktische Theologie nach den Grundsätzen der evangelischen Kirche im Zusammenhange dargestellt, hg. von Jacob Frerichs. Berlin.
Schleiermacher, F. (1960): Der christliche Glaube, Bd. 1, Nachdruck der 7. Auflage. Berlin.
Schleiermacher, F. (2012): Kurze Darstellung des theologischen Studiums zum Behuf einleitender Vorlesungen. Kritische Ausgabe, hg. von Heinrich Scholz. Darmstadt.
Schmitz, H. (1995): Das Göttliche und der Raum, System der Philosophie III/4 (2. Aufl.). Bonn.
Schmoll, H. (Hg) (1999): Kirche ohne Zukunft? Evangelische Kirche – Wege aus der Krise, Berlin.
Schütz, P. (1951/1986): Zur Kritik der reformatorischen Grundlagen. Entwurf einer Denkschrift. In: P. Schütz: Freiheit, Hoffnung, Prophetie. Von der Gegenwärtigkeit des Zukünftigen, Gesammelte Werke, Bd. 3 hg. von Hans F. Bürki (S. 11–24). Moers.
Schütz, P. (1987): Das Mysterium der Geschichte. Von der Anwesenheit des Heilenden in der Zeit, Gesammelte Werke, Bd. 2, hg. von Hans F. Bürki. Moers.
Schwarz, F. (1979): Überschaubare Gemeinde, Bd. 1: Grundlegendes. Ein persönliches Wort an Leute in der Kirche. Herne.
Schwarz, F./Schwarz, C. A. (1985): Theologie des Gemeindeaufbaus. Ein Versuch (2. Aufl.). Neukirchen-Vluyn.
Schwöbel, C. (1996): Das Richtige tun. Kirche auf der Schwelle zum dritten Jahrtausend. Evangelische Kommentare, 1996 (29), 24–27.
Seeberg, R. (1953): Lehrbuch der Dogmengeschichte, Bd. 2 (4. Aufl.). Darmstadt.
Seiferlein, A. (1996): Projektorientierter Gemeindeaufbau. Gütersloh.
Seitz, M. (1978): Praxis des Glaubens. Gottesdienst, Seelsorge und Spiritualität. Göttingen.
Seitz, M. (1991): Gemeindeaufbau in den achtziger Jahren. In: M. Seitz (Hg.): Erneuerung der Gemeinde. Gemeindeaufbau und Spiritualität (2. Aufl.; S. 47–56). Göttingen.

Seppel, A. (1989): Art. Gemeinwesenarbeit. In: E. Fahlbusch (Hg.): Evangelisches Kirchenlexikon (EKL), Bd. 2 (S. 81–83). Göttingen.
Simon, W. (1999): Häuser, die die Welt verändern. Emmelsbüll.
Smolik, J. (1976): Kirche ohne Privilegien In: H. Pfeifer (Hg.): Genf '76. Ein Bonhoeffer-Symposion, Internationales Bonhoeffer-Forum, Bd. 1 (S. 129–145). München.
Sorg, T. (1977): Wie wird die Kirche neu? Ermutigungen zur missionarischen Gemeinde. Wuppertal.
Sorg, T. (1988): Christus vertrauen – Gemeinde erneuern: Beiträge zum missionarischen Gemeindeaufbau in der Volkskirche (2. Aufl.). Stuttgart.
Stählin, W. (1954): Die ausgesonderten Tage. Kassel.
Steffensky, F. (2000): Was ist liturgische Authentizität? In: Pastoraltheologie, 2000 (89), S. 105–116.
Strobel, L. (1995): Beim Wort zum Sonntag schalt' ich ab. Die Welt eines Kirchendistanzierten verstehen. Wiesbaden.
Stückelberger, J. (2015): Kirchenumnutzungen aus städtebaulicher Sicht. In: J. Stückelberger (Hg.): Kirchenumnutzungen. Der Blick aufs Ganze, Kunst und Kirche 04/2015 (S. 18–25). Wien/New York.
Stuhlmacher, P. (1992): Biblische Theologie des Neuen Testaments, Bd. 1: Grundlegung: von Jesus zu Paulus. Göttingen.
Sundermeier, Th. (1986): Konvivenz als Grundstruktur ökumenischer Existenz heute. In: W. Huber/D. Ritschl/Th. Sundermeier (Hg.): Ökumenische Existenz heute, Bd. 1 (S. 49–100). München.
Thielicke, H. (1978): Theologie des Geistes. Tübingen.
Umbach, H. (2005): Heilige Räume – Pforten des Himmels. Vom Umgang der Protestanten mit ihren Kirchen. Göttingen.
VELKD (1982): Zur Entwicklung von Kirchenmitgliedschaft – Aspekte einer missionarischen Doppelstrategie, Texte aus der VELKD Nr. 21/83. Hannover.
Volp, R. (1993): Liturgik. Die Kunst, Gott zu feiern, Bd. 2: Theorien und Gestaltung. Gütersloh.
Wagner, H. (1992): Zeugenschaft. Glaubenserfahrungen in meinem Leben. Leipzig.
Wagner, P. C. (1990): Gemeindegründung. Die Zukunft der Kirche. Mainz-Kastel.
Weimer, M. (2016): Gekommen, um zu bleiben – Methodologische Aspekte einer missionalen Initiative innerhalb der Church of England. In: H.-H. Pompe/P. Todjeras/C. J. Will. (Hg.): Fresh X – Frisch.Neu.Innovativ. Und es ist Kirche (S. 22–29). Neukirchen-Vluyn.
Weinmann, M. (2022): Eine neue Sprache finden. In: Salzkorn, 3/2022, S. 38–39.
Welker, M. (1992): Gottes Geist. Theologie des Heiligen Geistes. Neukirchen-Vluyn.
Welker, M. (1999): Missionarische Existenz heute. In: A. Feldtkeller/Th. Sundermeier (Hg.), Mission in pluralistischer Gesellschaft (S. 53–70). Frankfurt a. M.
Weymann, V. (2003): Management und geistliche Kirchenleitung, Texte aus der VELKD 115/2003. Hannover.
Wilken, W. (1973): Ein Betrieb namens Kirche. Menschenführung in Kirche und Gemeinde. München.
Winkler, E. (1995): Tore zum Leben. Taufe, Konfirmation, Trauung, Bestattung. Neukirchen-Vluyn.
Winkler, E. (1997): Praktische Theologie elementar. Ein Lehr- und Arbeitsbuch. Neukirchen-Vluyn.
Winkler, E. (1998): Gemeinde zwischen Volkskirche und Diaspora. Eine Einführung in die praktisch-theologische Kybernetik. Neukirchen-Vluyn.
Winter, C. (1998): Gewalt gegen Geschichte. Der Weg zur Sprengung der Universitätskirche Leipzig, Arbeiten zur Kirchen- und Theologiegeschichte, Bd. 2. Leipzig.
Witt, C. J./Hein, U./Schendel, G./Elhaus, Ph. (2021): 5. Evaluationsbericht zu den Erprobungsräumen der EKM. Vorgelegt vom Institut zur Erforschung von Evangelisation und Gemeindeentwicklung der Universität Greifswald und dem Sozialwissenschaftlichen Institut der Evangelischen Kirche in Deutschland. https://www.ekmd.de/asset/ylD3f0pYQY2r2R9LTdWN0g/ds-9-2-anlagen-zu-ds-9-1.pdf?ts=1651134258570 (Zugriff am 25.03.2023).
Wittig, J. (1990): Roman mit Gott. Tagebätter der Anfechtung, mit einem Vorwort von Eugen Drewermann und einem Nachwort von Horst-Klaus Hofmann, Reihe Apostroph. Moers.

Wolf, F. (1999): Art. Gotik. In: RGG, Bd. 2 (S. 1699-1701).
Wolff, G. (1980): Zeiten mit Gott. Evangelische Exerzitien. Stuttgart.
Woydack, T. (2005): Der räumliche Gott. Was sind Kirchengebäude theologisch? Kirche in der Stadt, Bd. 13. Berlin.
Zeddies, H. (1998): Kirche mit Hoffnung. Leitlinien künftiger kirchlicher Arbeit in Ostdeutschland. Hannover.
Zezschwitz, G. von (1876): System der Praktischen Theologie. Paragraphen für academische Vorlesungen. Leipzig.
Ziemer, J. (1992): Die Bibel als Sprachhilfe. Zum Bibelgebrauch in den Kirchen während der »Wende« im Herbst 1989. In: Pastoraltheologie, 1992 (81), S. 280-291.
Zimmerling, P. (1994): Russlands religiöse Wiedergeburt. In: Evangelische Kommentare, 1994 (27), S. 159-160.
Zimmerling, P. (2002): Gebet und Salbung für Kranke. Überlegungen zu einem neuen liturgischen Angebot der Evangelischen Kirche. In: Praktische Theologie, 2002 (37), S. 218-228.
Zimmerling, P. (2006): Bonhoeffer als Praktischer Theologe. Göttingen.
Zimmerling, P. (2008): Der Ruf der Wüste. Charles de Foucauld – ein herausforderndes Leben. Gießen.
Zimmerling, P. (2009): An der Grenze des kirchlichen Christentums: Die Religion der Konfessionslosen in Ostdeutschland – Konfessionslosigkeit als Konfession? In: F. Schweitzer (Hg.): Kommunikation über Grenzen. Kongressband des XIII. Europäischen Kongresses für Theologie 21.–25. September 2008 in Wien, Veröffentlichungen der Wissenschaftlichen Gesellschaft für Theologie 33 (S. 747-760). Gütersloh.
Zimmerling, P. (2010): Evangelische Spiritualität. Wurzeln und Zugänge (2. Aufl.). Göttingen.
Zimmerling, P. (2011): Privilegierte Partnerschaft zwischen Staat und Kirche: Auslauf- oder Zukunftsmodell. In: Rektorin der Universität Leipzig (Hg.): Leipziger Universitätsreden, Neue Folge Heft 111, Vorträge der Tagung zum Thema »Staat und Kirche« vom 26. bis 29. Oktober 2009, aus Anlass zum 600jährigen Bestehen der Universität Leipzig (S. 91-99). Leipzig.
Zimmerling, P. (2014): Die Losungen. Eine Erfolgsgeschichte durch die Jahrhunderte. Göttingen.
Zimmerling, P. (2015): Evangelische Mystik (2. Aufl.). Göttingen.
Zimmerling, P. (2018a): Charismatische Bewegungen (UTB 3199; 2. Aufl.). Göttingen.
Zimmerling, P. (2018b): Pilgern heute – eine theologische und spirituelle Herausforderung an die Kirchen? In: Pilgerzentrum im Norden St. Jacobi Hamburg (Hg.): In die Fremde gehen. Texte der Hamburger Pilger-Symposien, Lutherische Verlagsgesellschaft (S. 8-19). Kiel.
Zimmerling, P. (2019): »Eine neue Sprache – befreiend und erlösend« (Dietrich Bonhoeffer). Geistliche Sprachfähigkeit in säkularer Umgebung. In: T. Arnold/M. Meyer (Hg.): Seht, da ist der Mensch. Und Gott? Herausforderungen missionarischer Spiritualität (S. 39-55). Mainz.
Zimmerling, P. (2020a): Handbuch Evangelische Spiritualität, Bd. 3: Praxis. Göttingen.
Zimmerling, P. (2020b): Kirchenräume als Orte der Verlässlichkeit. Zur Bedeutung des Raumes im Rahmen evangelischer Spiritualität. In: P. Zimmerling: Handbuch Evangelische Spiritualität, Bd. 3 (S. 374-394). Göttingen.
Zimmerling, P. (2021a): Beichte – Gottes vergessenes Angebot (4. Aufl.). Gießen.
Zimmerling, P. (2021b): Der Leipziger Universitätsgottesdienst – ein Ort öffentlicher Seelsorge. In: Wege zum Menschen, 2021 (73), S. 345-359.
Zimmermann, J. (2006): Gemeinde zwischen Sozialität und Individualität. Herausforderungen für den Gemeindeaufbau im gesellschaftlichen Wandel, Beiträge zu Evangelisation und Gemeindeentwicklung, Bd. 3. Neukirchen-Vluyn.
Zimmermann, W.-D. (Hg.) (1964): Begegnungen mit Dietrich Bonhoeffer. Ein Almanach, 4. Auflage. München.
Zinzendorf, N. L. von (1948): Evangelische Gedanken. Gewißheit, Freude, Kraft, hg. von Otto Uttendörfer. Berlin.